# LITERATUR KOMPAKT

Herausgegeben von Gunter E. Grimm



Tectum

Thomas Emmrich

# FRIEDRICH HÖLDERLIN

**Dr. Thomas Emmrich** studierte Germanistik, Klassische Philologie und Philosophie an der Universität Regensburg. Von 2012 bis 2014 war er als wissenschaftlicher Mitarbeiter am Seminar für Klassische Philologie an der Universität Heidelberg tätig. Seit 2014 ist er wissenschaftlicher Mitarbeiter am Institut für Allgemeine und Vergleichende Literaturwissenschaft an der Johann Wolfgang Goethe-Universität in Frankfurt am Main. Daneben übernahm er Gastdozenturen am Institut für Germanistik der Universität Bern sowie am Institut für deutsche Sprache, Literatur und für Interkulturalität an der Universität Luxemburg. 2018 wurde er mit der Dissertation *Ästhetische Monsterpolitiken. Das Monströse als Figuration des eingeschlossenen Ausgeschlossenen* in der Allgemeinen und Vergleichenden Literaturwissenschaft promoviert. Zu seinen Schwerpunkten gehören die Literatur- und Philologietheorie, das Verhältnis von Literatur und Philosophie, die antike Literatur und deren Rezeption in der Moderne sowie die deutschsprachigen, anglo- und frankophonen Literaturen des 18. bis 21. Jahrhunderts.

Herzlich gedankt sei dem Frankfurter „Forschungszentrum Historische Geisteswissenschaften" für die Bewilligung einer Schreibklausur.

Mein besonderer Dank gilt Janneke Rauscher.

Thomas Emmrich

**Friedrich Hölderlin**

Literatur Kompakt – Bd. 21
ISBN 978-3-8288-4285-4
eISBN 978-3-8288-7234-9



Reihenkonzept und Herausgeberschaft: Gunter E. Grimm

Bildnachweis Umschlag: Friedrich Hölderlin, Pastell von Franz Karl Hiemer (1792)

Gesamtverantwortung für Druck und Herstellung
bei der Nomos Verlagsgesellschaft mbH & Co. KG

Besuchen Sie uns im Internet
www.tectum-verlag.de
www.literatur-kompakt.de

*Bibliografische Informationen der Deutschen Nationalbibliothek*
Die Deutsche Nationalbibliothek verzeichnet diese Publikation in der Deutschen Nationalbibliografie; detaillierte bibliografische Angaben sind im Internet über http://dnb.d-nb.de abrufbar.

# Inhalt

Hymne an die Menschheit
Der Tod des Empedokles
Die Titanen
Erhabenes
Georg Wilhelm Friedrich Hegel
Friedrich Gottlieb Klopstock
Johann Friedrich Cotta
Fremdheit
Isaac von Sinclair
Hofmeisterei
Wilhelm Heinse
Susette Gontard
Übersetzungen
Der Tod fürs Vaterland
Andenken
Jean-Jacques Rousseau
Der Ister
Friedrich Schiller
Prosa
Friedrich Hölderlin
Pietismus
Zorn
Philosophie
Antike
Scardanelli
Rastatter Kongress
Jakobinismus
Johann Wolfgang Goethe
Johann Gottlieb Fichte
Lyrik
Natur und Kunst oder Saturn und Jupiter
Interkulturalität
Stuttgart
Der Zeitgeist
Die Eichbäume
Platon
Jena
Mnemosyne
Casimir Ulrich Böhlendorff
Nürtingen
Johann Gottfried Herder
Friedrich Wilhelm Joseph Schelling
Weimar
Französische Revolution
Suche nach Einheit
harmonischentgegengesetzt
Tübingen
Frankfurt am Main
Schönheit
Drama
Achill
Hälfte des Lebens
Napoleon Bonaparte
Hyperion oder Der Eremit in Griechenland

## I. „Komm! ins Offene, Freund!"

Hölderlin und die Pest

In Friedrich Hölderlins gesamtem Werk finden sich Spuren der Pest, des Inbegriffes kollektiver Infektionskrankheiten. In dem Jugendgedicht *Die Meinige* zum Beispiel ist der „Pesthauch" (KA II, 24, V. 147) ein Attribut des Diabolischen. In Variation hierzu wird in dem späten Gedichtentwurf ... *Der Vatikan* ... die „Pestluft" (KA II, 418, V. 32) erwähnt. Die Begriffe „Pesthauch" und „Pestluft" spiegeln die bis in das 19. Jahrhundert hinein gültige Miasma-Theorie wider. Die Miasmen, so die von Hippokrates von Kos begründete Vorstellung, sind Fäulnisgase, die für die Entstehung von Seuchen verantwortlich gemacht wurden. Erst mit der sogenannten *Laboratory Revolution* um 1900 und der Entdeckung von Viren und Bakterien hatte die Miasma-Theorie ausgedient (vgl. Cunningham/Williams 1992; King/Rütten 2013). Hölderlin verwendete die Pest aber auch als Metapher für eine unkontrolliert um sich greifende Gefahr. In seinem Tragödienprojekt *Der Tod des Empedokles* vergleicht er die Macht der Rede mit ihr (vgl. KA III, 336, V. 1396). Sprache ist in diesem Zusammenhang ein ansteckender Erreger, der sich, dem Mund des Rhetors entströmend, im Kreis der Zuhörer ausbreitet: ein Pesthauch. Reflexe des Schwarzen Todes gibt es zudem in den Übersetzungen Hölderlins. Als Schüler widmete er sich dem ersten Buch von Homers *Ilias*, in dem von einer Pest berichtet wird, die Apoll den Griechen als Strafe dafür sandte, dass sie seinen Priester Chryses beleidigt hatten. Die Quelle für eine Pestepidemie ist Apoll gleichfalls in Sophokles' *König Ödipus*, den Hölderlin in seiner letzten Schaffensphase vor seiner Hospitalisierung ins Deutsche übertrug. In dem Kommentar zu seiner Sophoklesübersetzung bestimmt er die Epoche, von der

Friedrich Hölderlin, Pastell von Franz Karl Hiemer (1792)

der Ödipus zeugt, als „müßige[ ] Zeit" (KA III, 856), in der „Pest und Sinnesverwirrung und allgemein entzündete[r] Wahrsagergeist" (ebd.) grassieren. Während bei Sophokles wie bei Homer die Pest eine gottgesandte Strafe für menschliches Vergehen ist und damit die bedrohliche Anwesenheit des Göttlichen anzeigt, deutet sie Hölderlin als Symptom einer nicht minder bedrohlichen Götterferne, der er eine geschichtsphilosophische Wendung gibt.

Pandemisches Jubiläum

Das Motiv der Pest ist damit bei Hölderlin über alle Werkperioden und Textsorten hinweg verstreut. Dennoch haben infektiöse Massenerkrankungen keine programmatische Bedeutung für sein Œuvre. Nirgends verleiht er der Seuche, welcher auch immer, eine theoretische Tiefe. Nirgends ist sie zu einem Narrativ entfaltet wie in Mary Shelleys apokalyptischem Roman *The Last Man* (*Der letzte Mensch*), Edgar Allan Poes *The Masque of the Red Death* (*Die Maske des Roten Todes*) oder Jeremias Gotthelfs *Die schwarze Spinne* – allesamt Erzählungen, die zu Hölderlins Lebzeiten verfasst wurden. Seuchenzüge sind auch für Hölderlins persönliches Leben ohne Belang, sehr wohl aber für sein Nachleben. 2020 feierte man seinen Geburtstag zum 250. Mal, oder besser: Man wollte ihn feiern. Allein in Europa waren über 650 Veranstaltungen zu Ehren des Dichters angekündigt. Die Sars-CoV-2-Pandemie durchkreuzte die geplanten Feierlichkeiten (vgl. Schmidt 2020). Konferenzen, Vorträge, Ausstellungen, Theateraufführungen und viele weitere Festakte wurden verschoben oder gleich ganz abgesagt. In sonderbarer Weise entspricht der unerwartete Abbruch des Jubiläums dem Leben und dem Werk des Jubilars. In diesem wie in jenem überschlugen sich die Abbrüche, Krisen und Verzögerungen: Abbrüche der Liebesbeziehungen, abrupte Auflösungen von Beschäftigungsverhältnissen, der geistige Zusammenbruch, die Brüchigkeit der Texte und deren reichlich verspätete Würdigung.

Zwei ungleiche Jubilare

Die Corona-Pandemie ist auch Georg Wilhelm Friedrich Hegel in die Quere gekommen, der wie Hölderlin 2020 seinen 250. Geburtstag hatte. Über das

Georg Wilhelm Friedrich Hegel

misslungene Jubiläum hinaus teilten sich Hegel und Hölderlin Etliches, am Anfang zumindest. Gemeinsam mit Friedrich Wilhelm Joseph Schelling bewohnten sie eine Stube im Tübinger Stift. Ebenso waren ihre geistigen Grundlagen die gleichen, etwa die philosophische Prägung durch Platon, Baruch de Spinoza und den Pantheismus, durch Immanuel Kant und Johann Gottlieb Fichte, und für beide war die Französische Revolution das politische Schlüsselerlebnis. Nachdem Hegel und Hölderlin 1793 Tübingen verlassen hatten, kamen sie im Jahr 1797 in Frankfurt am Main noch einmal zu einem produktiven Gespräch zusammen. Darin versicherten sie sich ihres gemeinsamen Programmes: der Forderung nach einer neuen, gemeinschaftsstiftenden Mythologie im Zeichen der Vernunft und einer freiheitlichen Gesellschaftsordnung, der Metaphysik der Schönheit und der Annahme, dass die Dichtung eine treibende, wenn nicht gar die maßgebliche Instanz einer kulturellen Revolution sei. Schon bald trennten sich ihre Wege erneut, ohne jemals wieder zusammenzufinden. Die Freunde entfernten sich so weit voneinander, dass am Ende ihrer Freundschaft Hegel fast jede Erinnerung an sie getilgt hat: „Die Freundschaft Hegels mit Hölderlin", stellt Dieter Henrich fest, „endete im Schweigen. Im ganzen Werk Hegels ist Hölderlins Name nicht einmal genannt. Auch wo Briefe an ihn erinnern, ist Hegels Antwort stets karg" (Henrich 2010, S. 9).

Philosophie vs. Dichtung

Die gemeinsamen Tübinger und Frankfurter Träume von einer neuen, poetischen Mythologie waren bald ausgeträumt. Hegels Vertrauen in die Leistungsfähigkeit der Dichtung schwand zusehends, umso entschiedener wandte er sich dem philosophischen Diskurs zu. Der Hegemonialanspruch der Philosophie, den Hegel schließlich erhob, führte dazu, dass er in den *Vorlesungen über die Ästhetik* einen Abgesang auf die Kunst anstimmte: Die philosophische Entwicklung Hegels ist zugleich die Geschichte einer Entmündigung der Kunst (vgl. Danto 1993). Während Hegel beharrlich seiner Arbeit am und mit dem Begriff nachging, blieb Hölderlin bei aller Affinität für die philosophische Reflexion der Überzeugung treu, dass die Dichtung ein Medium der kulturellen Revolution sei, und zwar ein geeigneteres als die Philosophie. Denn diese, so ist seinen *Anmerkungen zur Antigonä* zu entnehmen, richte sich allein an den Verstand, nicht an den ganzen Menschen in all seinen Vermögen. Dichtung hingegen, erläutert Hölderlin im Anschluss, bewirke eine umfassende Bildung, indem sie abstrakte Begriffe zur Anschauung bringe (vgl. KA III, 913).

System vs. Offenheit

Nicht nur in der Diskurswahl unterschieden sich Hegel und Hölderlin, auch die Architekturen ihres Denkens wichen deutlich voneinander ab. In seine Philosophie absorbierte Hegel die Geschichte, die Gesellschaft, die Logik, das Bewusstsein, den Geist und all das, was er sonst noch ins Visier nahm, und integrierte es zu einem geschlossenen System. Eine derartige Geschlossenheit war Hölderlin suspekt, sie war ihm zu nahe am Dogmatismus. Kritik am Systemdenken äußerte er bereits in seinem Magisterspecimen *Parallele zwischen Salomons Sprichwörtern und Hesiods Werken und Tagen*: „Ich glaube, der Sektengeist war von jeher zwar nicht eine notwendige, aber doch sehr gewöhnliche Folge der Systeme. Ward ein einziger Satz bezweifelt, so hielt sich der Philosoph gar leicht in allen seinen Meinungen angegriffen" (KA III, 471 f.). Und die Skizze *Hermokrates an Cephalus* beginnt mit der rhetorischen Frage: „Du glaubst also im Ernste, das Ideal des Wissens könnte wohl in irgend einer bestimmten Zeit in irgend einem Systeme dargestellt erscheinen, das alle ahndeten, die Wenigsten durchaus erkennten?" (KA III, 498) Hölderlin hat demgegenüber ein Werk der Offenheit hinterlassen. Sein Roman *Hyperion oder Der Eremit in Griechenland* – einer der wenigen Texte, die er selbst zur Veröffentlichung brachte – läuft in einer Fortsetzungsankündigung aus, die nicht eingelöst wird, und endet damit in einer nicht endenden Vorläufigkeit. Für das Trauerspiel *Der Tod des Empedokles* unternahm Hölderlin drei Anläufe, um es schließlich doch nur unausgeführt zu lassen. Und der überwiegende Teil seiner lyrischen Produktion ist lediglich in schwer entzifferbaren Handschriften überliefert. In ihnen legte Hölderlin unterschiedliche, teils stark divergierende Fassungen an, brach Geschriebenes wieder auf und überschrieb es palimpsestartig. Er häufte Änderung auf Änderung oder begnügte sich mit einem Fragment oder Entwurf. Diese Offenheit wurde teils als Beleg des Scheiterns gedeutet, teils als Zeichen der geistigen Umnachtung angesehen. Berücksichtigt man indes den Umstand, dass die ‚Sattelzeit' um 1800 geprägt war von der Erwartung einer noch nicht absehbaren „Andersartigkeit der Zukunft" (Koselleck 1987, S. 280), so scheint es angemessener zu sein, die Offenheit von Hölderlins Werk als adäquate Ausdrucks- und Repräsentationsform der Moderne zu interpretieren.

Harmonisch-entgegengesetzt

Zu den Strukturen des abendländischen Denkens gehört es, klare Distinktionen und Entgegensetzungen vorzunehmen. Oppositionsbildungen bestimmen auch Hölderlins Texte. In ihnen steht das Schöne dem Erhabenen gegenüber, die Moderne der Antike, das Göttergeschlecht der Olympier demjenigen der Titanen, die Nüchternheit dem Pathos, die Liebe dem Zorn und das Organische, mit dem hier nicht der natürliche Organismus gemeint ist, sondern die Sphäre der Begrenzungen und Bindungen, dem Aorgischen, der Entgrenzung und dem Ungebundenen. Hölderlins Gegensätze folgen jedoch nicht einer kontradiktorischen Logik des Entweder-oder. Ebenso werden sie nicht wie bei Hegel durch Syntheseoperationen auf einer höheren Ebene aufgehoben, sondern bleiben in ihrer Konfliktgeladenheit nebeneinander bestehen. Diese Form des Denkens in Oppositionen brachte Hölderlin in *Über die Verfahrungsweise des poëtischen Geistes* auf den paradoxen Begriff des Harmonischentgegengesetzten (vgl. KA III, 535), über den Alexander Honold vermerkt: „Das ‚Harmonische' des Gegensatzes ist dabei keine moderierende Kompromißformel, sondern in fast tautologischer Weise selbst wieder dem Denken in Gegensätzen verpflichtet, gleichweit von Schellings Identitätsphilosophie wie von Hegels Begriff des Absoluten entfernt." (Honold 2005, S. 295)

Interkulturalität

Interkulturalität bezeichnet ein ‚Zwischen', in dem unterschiedliche kulturelle Wissens- und Traditionsbestände sich begegnen und derart interagieren, dass daraus etwas Neues, weder dem einen noch dem anderen Zugehöriges entsteht. Einen Niederschlag findet sie in den Übersetzungen Hölderlins, nicht zuletzt in seiner *Großen Pindarübertragung*. In ihr orientiert sich Hölderlin am Prinzip der Wörtlichkeit und rückt damit das Deutsche, die Zielsprache der Übersetzung, an die syntaktische und grammatikalische Ordnung des Griechischen heran. Was Hölderlins Übersetzungsverfahren erzeugt, ist eine ‚andere Sprache' (vgl. Christen 2007) – eine hybride Sprache, die weder dem Griechischen noch dem Deutschen zugewiesen werden kann und damit der binären Opposition von Eigenem und Fremdem entzogen ist. Erschüttert wird das Denken in Gegensätzen gleichfalls durch Hölderlins Poetik, mit der er einen innovativen Beitrag zur *Querelle des Anciens et des Modernes* („Streit der Alten und der Neuen") leistete, zu der Frage also, wie sich die moderne Kunst zu derjenigen der Antike verhalten soll. Gegenüber standen sich das Postulat der Nachahmung und die Forderung, mit der Tradition radikal zu brechen. Weder für die eine noch für die andere Position ergriff Hölderlin Partei. Die Statik der Antithese von Moderne, dem Eigenen, und Antike, dem Fremden, verabschiedete er durch die Annahme eines Bildungstriebes (vgl. KA III, 507 f.). Darunter verstand er ein dynamisches, einer jeden Kultur innewohnendes Prinzip, das das Eigene und das Fremde miteinander verschränkt. Indem Hölderlin im Rahmen seiner Poetik dem Eigenen im Fremden sowie dem Fremden im Eigenen nachspürte, entwickelte er ein Gegenmodell zu kulturellen Ausgrenzungen und deren Implikationen.

Hölderlins Fremdheit

„Hölderlin ernst nehmen heißt, der Versuchung zu widerstehen, sein Werk mit aller Gewalt verstehen zu wollen. [...] Das Fremde – mehr noch: der Fremde – muss fremd bleiben dürfen", betonte Michael Franz (2012/13, S. 187). Die Alterität, die Andersartigkeit von Hölderlins Werk bezeugen die zeitgenössischen Urteile eindrücklich, in denen sich Ratlosigkeit, Unverständnis,

Verstörung, gar Empörung artikulierte. Noch heute ist die Befremdung ein treuer Begleiter der Hölderlinlektüre, und sie soll es auch in Zukunft bleiben. Die Fremdheit darf nicht als Defizit oder Ärgernis verstanden werden; sie ist keine Barriere, die nur vorübergehend den Weg des Verstehens blockiert, letztlich aber mit einem hinreichenden Maß an hermeneutischer Anstrengung überwunden werden kann. Eine derartige interpretatorische Einstellung würde zu einer gewaltsamen Aneignung des Fremden führen, zu seiner *Enteignung*. Das aber hieße in der Tat Hölderlin nicht gerecht werden, wie Franz anmahnte. Hölderlin lud insbesondere seine späten Texte mit Irritations- und Verfremdungseffekten auf, zum Beispiel mit der rhetorischen Figur der Inversion, der Vertauschung, mit dem parataktischen Satzbau, bei dem Hauptsätze aneinandergereiht werden, sowie mit Unschärfen und Unbestimmtheiten qua semantischer Verdichtung. Selbst seine Übersetzungen sind dem Programm einer Deautomatisierung des Verstehens verpflichtet und erschüttern konsequent die Kategorie ‚Sinn'. Dementsprechend notierte Walter Benjamin zur Treue von Hölderlins Sophoklesübersetzungen gegenüber der Syntax des griechischen Originals:

> Gar die Wörtlichkeit hinsichtlich der Syntax wirft jede Sinneswiedergabe vollends über den Haufen und droht geradenwegs ins Unverständliche zu führen. Dem neunzehnten Jahrhundert standen Hölderlins Sophokles-Übersetzungen als monströse Beispiele solcher Wörtlichkeit vor Augen. (Benjamin 1972, S. 17)

Auf der Seite des Lesers korrespondieren die Widerstände gegen die Lesbarkeit, je nach Typ und Temperament, mit Unlust, Zweifel, gar Kapitulation oder, im positiven Fall, mit Faszination und Staunen (vgl. Heimböckel/Weinberg 2014, S. 120 f.). So undurchdringlich Hölderlins Texte teilweise sind – sie halten eine Alteritätserfahrung bereit und ermöglichen es dadurch, aus den Gewohnheiten und dem Gewöhnlichen des Denkens auszubrechen. Das Ziel der vorliegenden Einführung ist es daher nicht, Hölderlins Fremdheit in Vertrautheit zu überführen, sie versucht aber doch, jene zu erklären, und zwar nicht pathologisierend oder mystifizierend, sondern als Ergebnis eines poetologischen Kalküls und des Zusammenspieles unterschiedlicher Werkkontexte und Traditionsbezüge.

Signatur Friedrich Hölderlins

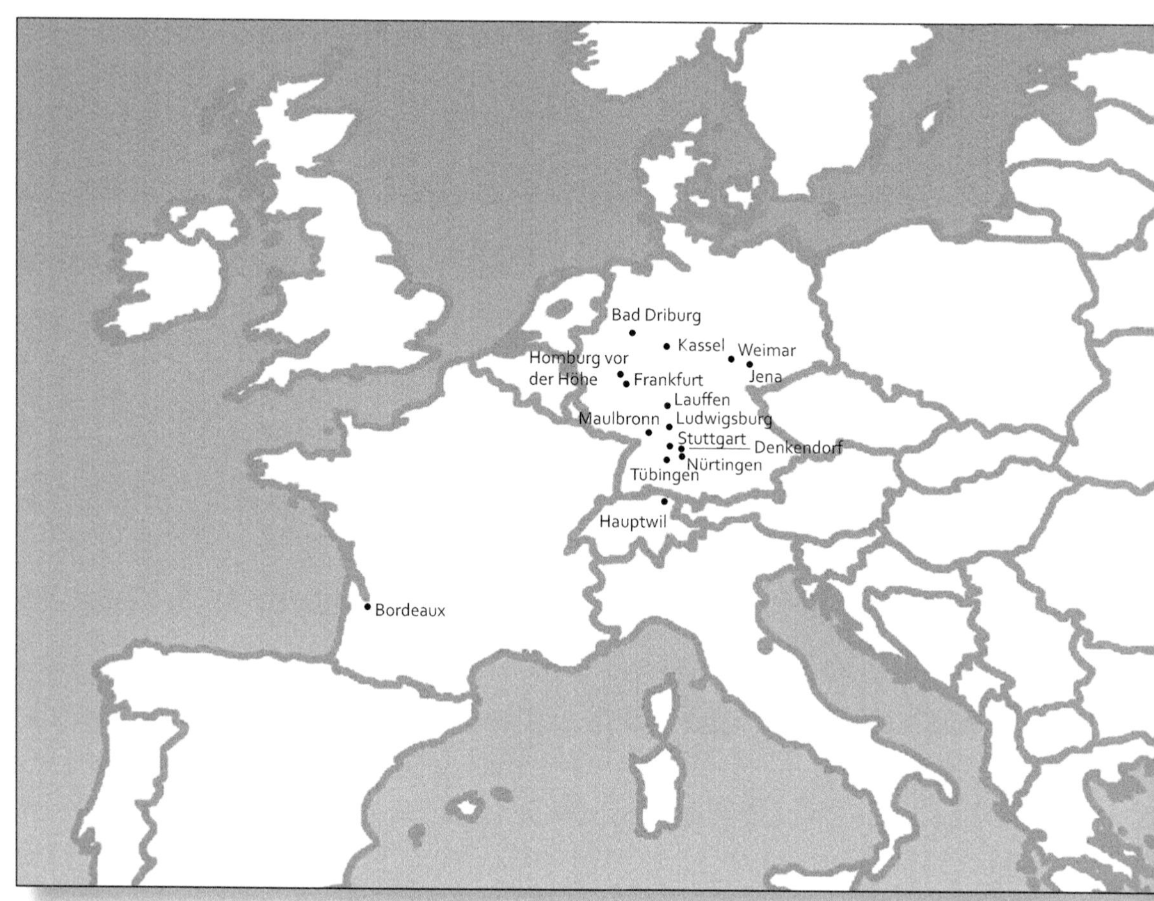


Wichtige Punkte

## II. Zeittafel

| | |
|---|---|
| 1770 | 20. März: Geburt von Johann Christian Friedrich Hölderlin in Lauffen am Neckar; erstes Kind von Johanna Christiana Heyn und Heinrich Friedrich Hölderlin |
| 1772 | 5. Juli: Tod des Vaters infolge eines Schlaganfalles |
| | 15. August: Geburt der Schwester Maria Eleonora Heinrike (Rike) |
| 1774 | 10. Oktober: Die Mutter heiratet Johann Christoph Gok; Umzug der Familie nach Nürtingen |
| 1776 | Beginn des Besuches der Nürtinger Lateinschule |
| | 29. Oktober: Geburt des Halbbruders Karl Christoph Friedrich Gok |
| 1779 | 13. März: Tod des Stiefvaters infolge einer Lungenentzündung |
| 1780 | September: erstes Landexamen in Stuttgart |
| 1782 | Privatunterricht bei Diakon Nathanael Köstlin |
| 1783 | Erste Bekanntschaft mit Friedrich Wilhelm Joseph Schelling, Köstlins Neffen |
| | September: letztes Landexamen in Stuttgart |
| 1784 | 20. Oktober: Eintritt in die niedere Klosterschule in Denkendorf; Verpflichtung zu einem geistlichen Beruf |
| 1786 | 18./19. Oktober: Eintritt in die höhere Klosterschule in Maulbronn |
| | Bekanntschaft mit Louise Nast, der Tochter des Klosterverwalters |
| 1787 | Freundschaft mit Louises Vetter Immanuel Nast |
| 1788 | Sommer/Herbst: Anlage des *Marbacher Quartheftes* |

21. Oktober: Eintritt Hölderlins in das Tübinger Stift; zeitgleich Aufnahme Georg Wilhelm Friedrich Hegels

Ende des Jahres: Beginn der Freundschaft mit Rudolf Friedrich Heinrich Magenau und Christian Ludwig Neuffer

1789 März/April: Lösung der Verbindung zwischen Hölderlin und Louise; die Freundschaft mit Immanuel Nast erlischt

14. Juli: Sturm auf die Bastille in Paris; Beginn der Französischen Revolution

26. August: Erklärung der Menschen- und Bürgerrechte in Frankreich

1790 9. März: Erster ‚Aldermannstag' der Freunde Hölderlin, Magenau und Neuffer

Sommer: Bekanntschaft mit Elise Lebret, der Tochter des Universitätskanzlers

17.–22. September: Magisterexamen und Abschluss der ersten beiden Studienjahre

20. Oktober: Eintritt Schellings in das Tübinger Stift

1791 April: Reise in die Schweiz

September: Gotthold Stäudlins *Musenalmanach fürs Jahr 1792* erscheint, darin vier Gedichte Hölderlins

Ende September: Nach Magenaus Weggang im Juli verlässt auch Neuffer das Stift

1792 März/April: Entstehung des ersten Entwurfes zum *Hyperion*

20. April: Frankreich erklärt Österreich den Krieg; erster Koalitionskrieg (bis 1797)

Anfang September: Septembermorde in Paris, angestiftet durch Jean-Paul Marat

21. September: Abschaffung der Monarchie in Frankreich; die Girondisten treten aus dem Jakobinerklub aus

1793 21. Januar: öffentliche Hinrichtung Ludwigs XVI.

13. Mai: Verkündung der neuen Statuten im Tübinger Stift

2. Juni: Verhaftung führender Girondisten

13. Juli: Charlotte Corday ermordet Marat

September: Bekanntschaft mit dem Jurastudenten Isaac von Sinclair

20. September: Stäudlin empfiehlt Friedrich Schiller Hölderlin als Hofmeister für die Familie von Kalb

1. Oktober: erstes Treffen mit Schiller in Ludwigsburg

31. Oktober: Hinrichtung führender Girondisten

6. Dezember: Konsistorialexamen Hölderlins als Abschluss der theologischen Studien

28. Dezember: Ankunft im Hause von Kalb in Waltershausen

1794 Januar: Antritt der Hofmeisterstelle; Freundschaft mit Wilhelmine Marianne Kirms, der Gesellschafterin von Charlotte von Kalb

Sommer: Arbeit am *Fragment von Hyperion*

28. Juli: Hinrichtung Maximilien de Robespierres

November: Hölderlin reist mit seinem Schüler Fritz von Kalb nach Jena; Besuche bei Schiller; erste Begegnung mit Johann Wolfgang Goethe; Hölderlin besucht täglich die Vorlesungen von Johann Gottlieb Fichte

Ende Dezember: Umzug nach Weimar; Besuch bei Johann Gottfried Herder

1795 Januar: Beendigung des Beschäftigungsverhältnisses mit der Familie von Kalb; Rückkehr nach Jena

März: Beginn der Freundschaft mit Sinclair; Bekanntschaft mit Casimir Ulrich Böhlendorff

9. März: Schiller empfiehlt dem Verleger Johann Friedrich Cotta den *Hyperion*; seit Anfang des Jahres Arbeit an *Hyperions Jugend*

27. Mai: Studentenunruhen

Frühsommer: Zusammentreffen mit Friedrich von Hardenberg (Novalis) im Hause Friedrich Immanuel Niethammers

Anfang Juni: unerwarteter Aufbruch aus Jena; auf der Reise nach Nürtingen Treffen mit Johann Gottfried Ebel in Heidelberg, der Hölderlin eine Hofmeisterstelle bei der Familie Gontard in Frankfurt am Main vermittelt

Ende Juli: Arbeit an der vorletzten Fassung des *Hyperion*

28. Dezember: Ankunft in Frankfurt

1796 Januar: Antritt der Hofmeisterstelle; Liebesbeziehung zwischen Susette Gontard und Hölderlin

April: Treffen mit Schelling in Frankfurt

10. Juli: Die Familie Gontard – mit Ausnahme des Hausherrn Jakob Gontard – und Hölderlin fliehen vor den anrückenden Franzosen nach Kassel

25. Juli: Bekanntschaft mit Wilhelm Heinse

9. August: Weiterreise nach Bad Driburg

13. September: Rückreise nach Kassel

Ende September: Rückkehr nach Frankfurt

Herbst: Die endgültige Fassung des ersten Bandes des *Hyperion* entsteht

1797 April: Der erste Band des *Hyperion* erscheint

August: Der *Frankfurter Plan* zum *Empedokles* entsteht

17. Oktober: Friede von Campo Formio; Ende des ersten Koalitionskrieges

Rastatter Kongress (bis 1799)

1798 Februar/März: revolutionäre Bewegungen in Süddeutschland mit dem Ziel einer Alemannischen Republik

Ende September: Zerwürfnis mit Jakob Gontard; Umzug nach Homburg vor der Höhe

4./5. Oktober: erstes Wiedersehen mit Susette Gontard, weitere folgen

| | |
|---|---|
| | November: auf Einladung Sinclairs Reise zum Rastatter Kongress, dort Treffen mit Vertretern der republikanischen Opposition; vermutlich Abschluss der Arbeit am zweiten Band des *Hyperion* |
| 1799 | Januar: Die erste Fassung des *Empedokles* entsteht |
| | Februar: Ausbruch des zweiten Koalitionskrieges (bis 1802) |
| | Mai/Juni: Arbeit an der zweiten Fassung des *Empedokles* |
| | Juni: Entstehung der Idylle *Emilie vor ihrem Brauttag* |
| | 4. Juni: Hölderlin teilt Neuffer mit, ein literarisches Journal namens *Iduna* herausgeben zu wollen |
| | September/Oktober: Das Journalprojekt scheitert |
| | Ende Oktober: Erscheinen des zweiten Bandes des *Hyperion* |
| | 9. November: Staatsstreich Napoleon Bonapartes |
| | Dezember: Arbeit an der dritten Fassung des *Empedokles* |
| | Jahreswechsel 1799/1800: Aufgabe des *Empedokles*; Entstehung poetologischer Entwürfe |
| 1800 | um diese Zeit Anlage des *Stuttgarter Foliobuches* |
| | 8. Mai: letztes Wiedersehen mit Susette Gontard |
| | 20. Juni: nach einem zehntägigen Aufenthalt in Nürtingen Umzug nach Stuttgart |
| | Sommer: Arbeit an Oden, Elegien und Hexameterdichtungen |
| | Dezember: Angebot einer Hofmeisterstelle bei Anton von Gonzenbach im Schweizerischen Hauptwil; vermutlich Übersetzung von Pindars Epinikien (*Große Pindarübertragung*) |
| 1801 | 11. Januar: Aufbruch nach Hauptwil |
| | 15. Januar: Antritt der Hofmeisterstelle |
| | 9. Februar: Friede von Lunéville |
| | 11./13. April: Beendigung des Arbeitsverhältnisses und Aufbruch nach Nürtingen |

Herbst: Jakob Friedrich Ströhlin vermittelt Hölderlin eine Hofmeisterstelle in Bordeaux bei dem Konsul Daniel Christoph Meyer

11. Dezember: Aufbruch nach Bordeaux; Reise über Straßburg und Lyon

1802 28. Januar: Antritt der Hofmeisterstelle im Hause Meyers

Mai: Beendigung des Beschäftigungsverhältnisses; Rückweg über Paris, dort Besichtigung des Louvre

Mitte Juni: Ankunft in Stuttgart in geistiger Zerrüttung; danach kurzer Aufenthalt in Nürtingen; Rückkehr nach Stuttgart

22. Juni: Tod Susette Gontards

Mitte September: erneuter Aufbruch nach Nürtingen

29. September: Hölderlin reist auf Einladung Sinclairs zum Reichstag in Regensburg

Mitte/Ende Oktober: Rückkehr nach Nürtingen; um diese Zeit Anlage des *Homburger Foliohefte*s; Arbeit an der Übersetzung von Sophokles' *König Ödipus* und *Antigone*

1803 Juni: Wiedersehen mit Schelling in Murrhardt

Ende des Jahres: Arbeit an den *Vaterländischen Gesängen* und Durchsicht der *Nachtgesänge* für den Verleger Friedrich Wilmans

1804 Frühjahr: Hölderlins *Trauerspiele des Sophokles* samt *Anmerkungen* erscheinen bei Wilmans

11. Juni: Sinclair reist nach Stuttgart, wo er mit Alexander Blankenstein an einer Abendgesellschaft teilnimmt

19. Juni: Teilnahme Hölderlins an einer Abendgesellschaft in diesem Kreis

22. Juni: Aufbruch Sinclairs mit Blankenstein und Hölderlin nach Homburg; Durchreise in Würzburg, dort letztes Treffen mit Schelling

2. Dezember: Teilnahme Sinclairs an der Kaiserkrönung Napoleons in Paris

1805 Januar: Zerwürfnis Sinclairs mit Blankenstein, der daraufhin Sinclair der Verschwörung gegen den Kurfürsten von Württemberg bezichtigt

| | |
|---|---|
| | 26. Februar: Auslieferung Sinclairs nach Württemberg |
| | 27. Februar: Beginn des Prozesses gegen Sinclair in Ludwigsburg; Ermittlungen auch gegen Hölderlin |
| | 10. Juli: Entlassung Sinclairs aus der Untersuchungshaft und Rückkehr nach Homburg |
| 1806 | 12. Juli: Auflösung der Landgrafschaft Hessen-Homburg gemäß der Rheinbundakte |
| | 11. September: gewaltsamer Abtransport Hölderlins nach Tübingen |
| | 15. September: Aufnahme in das Autenrieth'sche Klinikum |
| 1807 | 3. Mai: Hölderlin wird als unheilbar krank entlassen und in die Obhut des Tübinger Schreinermeisters Ernst Zimmer gegeben |
| 1815 | 29. April: Tod Sinclairs in Wien |
| 1820 | August/September: Die Prinzessin Marianne von Hessen-Homburg und der preußische Leutnant Heinrich von Diest regen eine Sammlung von Gedichten Hölderlins an |
| 1821 | März: Gustav Schwab und Ludwig Uhland übernehmen die Herausgeberschaft der Sammlung |
| 1822 | Die zweite Auflage des *Hyperion* erscheint |
| | Ab Oktober: häufige Besuche Wilhelm Waiblingers bei Hölderlin |
| 1826 | Juni: Erscheinen der Gedichtsammlung |
| 1828 | 17. Februar: Hölderlins Mutter stirbt; langwieriger Erbschaftsstreit zwischen Rike und Karl |
| 1838 | 18. November: Tod Ernst Zimmers; die Tochter Charlotte übernimmt die Pflege Hölderlins |
| 1841 | Hölderlin nennt sich zum ersten Mal ‚Scardanelli' |
| 1842 | November: Die zweite Auflage der *Gedichte* erscheint |
| 1843 | 7. Juni: Tod Hölderlins |
| | 10. Juni: Beerdigung auf dem Tübinger Friedhof |

Johanna Christiana Hölderlin

Heinrich Friedrich Hölderlin

Hölderlins Geburtshaus

# III. Leben und Werk

## *Lauffen und Nürtingen (1770–1784)*

Soziale Zugehörigkeit: Ehrbarkeit

Johann Christian Friedrich Hölderlin wurde am 20. März 1770 im schwäbischen Lauffen am Neckar als erstes Kind von Johanna Christiana Heyn und Heinrich Friedrich Hölderlin geboren. Hölderlins Mutter entstammte einer Pfarrersfamilie; der Vater verwaltete nach einem Studium der Jurisprudenz die Ländereien des vormaligen Regiswindis-Klosters in Lauffen. Seit Generationen gehörte die Familie der sogenannten Ehrbarkeit an, einer wohlhabenden bürgerlichen Schicht, aus der sich der Großteil der Funktionsträger des Herzogtums Württemberg und der evangelischen Landeskirche zusammensetzte. Dass Hölderlin gegen den Standesdünkel der Ehrbarkeit keineswegs immun war, belegt eine kuriose Episode aus seiner Studienzeit in Tübingen: Einem sozial unter ihm stehenden Hilfslehrer schlug er einmal den Hut vom Kopf, weil dieser sich geweigert hatte, ihn zur Begrüßung vor Hölderlin zu ziehen, wie es die Standesregel geboten hätte (vgl. StA 7,1, 402 f.).

Hölderlin und die bürgerliche Identität

Dem bürgerlichen Selbstverständnis wird Hölderlin bis zu seiner Hospitalisierung verbunden bleiben. In einem Brief aus dem Jahr 1798 erhebt er den „häuslichen und gesellschaftlichen Kreis[ ]" (KA I, 294) des bürgerlichen Lebens zum Ideal. Dort sei „die goldne Mittelmäßigkeit zu Haus" (ebd.), dort lasse sich „noch Glück und Friede und Herz und reiner Sinn" (ebd.) finden. Mit der Mittelmäßigkeit nennt Hölderlin einen zentralen Aspekt des sich konstituierenden bürgerlichen Selbstbildes, mit dem sich das Bürgertum von der höfisch-aristokratischen Kultur der Repräsentation abgrenzte: „Gefordert wurde, in allem einen ‚mittleren Weg' zu gehen: Sparsamkeit statt Üppigkeit oder Geiz, Annehmlichkeit statt Prunk, Rationalität und Gefühl in einem ausgewogenen Verhältnis, Balance zwischen engagierter Arbeit, Familienleben und Erholungsphasen." (Groppe 2008/09, S. 13) Wenngleich Hölderlin sein Leben im Zeichen der Bürgerlichkeit begann und auch später noch an ihrem Wertekanon festhielt, weigerte er sich hartnäckig, einen bürgerlichen Lebensweg einzuschlagen. Dementsprechend konstatiert Carola Groppe: „Hölderlins Leben erscheint selbst als eine ‚exzentrische Bahn', als ein – aus Sicht des Bürgertums – überdeutliches Abweichen von und Scheitern an dem neuen Projekt einer bürgerlichen Lebensführung." (Ebd., S. 10)

Religiöse Prägung: Pietismus

Religiös beeinflusst war Hölderlin vom Pietismus, einer Erneuerungsbewegung innerhalb des Protestantismus, die in ihrer schwäbischen Ausprägung auf die Theologen Johann Albrecht Bengel und Friedrich Christoph Oetinger zurückging (vgl. Hayden-Roy 2006/07). Kennzeichnend für den Pietismus sind die Vorstellung eines persönlichen, individuellen Verhältnisses zu Gott sowie das Bestreben, in einer akribischen Gewissens- und Gefühlsanalyse das eigene Selbst zu ergründen und zu prüfen. Bemerkbar macht sich diese Frömmigkeitspraxis in den frühen Briefen Hölderlins. So erwähnt er in seinem ersten überlieferten Brief, der im November 1785 verfasst wurde, „den Gedanken, wie man doch Klugheit in seinem Betragen, Gefälligkeit und Religion verbinden könne." (KA I, 11) Das Ergebnis der Selbsterkundung lautet enttäuscht: „Es wollte mir nie recht gelingen; immer wankte ich hin und her." (Ebd.)

Zweifacher Vaterverlust

1772, zwei Jahre nach Friedrichs Geburt, starb sein Vater mit nur 36 Jahren an einem Schlaganfall. Kurz nach diesem Schicksalsschlag wurde die Schwester Maria Eleonora Heinrike, Rike genannt, geboren. Hölderlins Mutter ging 1774 eine neue Ehe mit Johann Christoph Gok ein, der zunächst in Lauffen als Amtsschreiber tätig war, dann mit der Familie nach Nürtingen umzog, wo er städtische Ämter bekleidete, sich als Weinhändler versuchte und schließlich zum Bürgermeister aufstieg. 1776 kam der Halbbruder Karl Christoph Friedrich Gok zur Welt. Der von Hölderlin als „zweiter Vater" (KA I, 361) geliebte Christoph Gok erlag 1779 einer Lungenentzündung, die er sich bei Arbeiten während eines Hochwassers zugezogen hatte. Der Psychoanalytiker Jean Laplanche führte 1961 in *Hölderlin et la question du père* (*Hölderlin und die Suche nach dem Vater*) Hölderlins literarische Figurationen der Abwesenheit und seine psychische Erkrankung auf den zweifachen Vaterverlust zurück. Wie auch immer man Laplanches Studie bewerten mag – dass Hölderlin an der familiären Situation litt und die vakante Position des Vaters neu zu besetzen suchte, verdeutlicht der oben erwähnte, erste erhaltene Brief von ihm. Darin schreibt der Fünfzehnjährige an den Diakon Nathanael Köstlin, bei dem er, ergänzend zu dem Besuch der Nürtinger Lateinschule, Privatunterricht nahm:

> Ihre immerwährende große Gewogenheit und Liebe gegen mich, und noch etwas, das auch nicht wenig dazu beigetragen haben mag, Ihr weiser Christen-Wandel, erweckten in mir eine solche Ehrfurcht und Liebe zu Ihnen, daß ich, es aufrichtig zu sagen, Sie nicht anders, als wie meinen Vater betrachten kann. (KA I, 11)

Nathanael Köstlin

Und gegen Ende des Briefes steht die Bitte: „[U]nd nun bitte ich Sie gehorsamst, Teuerster HE. Helfer, sein Sie mein Führer, mein Vater, mein Freund" (KA I, 12).

## *Denkendorf und Maulbronn (1784–1788)*

Hölderlin und seine Mutter

Der Unterricht in der Lateinschule bereitete auf die Landexamina vor. Sie waren die Voraussetzung für die Aufnahme in eine der niederen Klosterschulen Württembergs und markierten den Anfang der Theologieausbildung. Abgeschlossen wurde diese durch den Besuch des Tübinger Stifts (vgl. Brecht 1973/74; Nicolin 1969/70). Den Bildungsgang förderte der Herzog von Württemberg mit einem Stipendium. Im Gegenzug mussten sich die Stipendiaten verpflichten, nach Beendigung des Studiums in den Dienst der Landeskirche zu treten. Hölderlin absolvierte zwischen 1780 und 1783 die Landexamina und besuchte von 1784 bis 1786 die niedere Klosterschule in Denkendorf, danach bis 1788 die höhere in Maulbronn. Spätestens seit der Maulbronner Zeit haderte er mit seiner beruflichen Bestimmung, woraufhin sich ein Diskurs mit der Mutter entspann, in dem er seine Haltung zu verteidigen suchte und der bis zu seiner Erkrankung nicht abreißen sollte. In dem ersten überlieferten Brief an die Mutter, dem ein Schreiben oder ein Gespräch vorausgegangen sein muss, in dem Hölderlin Zweifel an seiner Eignung für das Pfarramt äußerte, heißt es beschwichtigend: „Sie können mirs jetzt gewiß glauben – daß mir, außer in einem ganz außerordentlichen Fall, wo mein Glück augenscheinlich besser gemacht wäre – daß mir nie mehr der Gedanke kommen wird aus meinem Stand zu treten" (KA I, 23). Hölderlins Einstellung gegenüber der mütterlichen Autorität schwankte zwischen Abhängigkeit und Auflehnung: Sie wünschte sich für ihren Sohn eine Pfarrstelle und eine Ehefrau aus gutem Hause; Friedrich befand sich in dem Zwiespalt, einerseits diesem Wunsch nachkommen zu wollen, andererseits eine Existenz als freier Schriftsteller zu führen, die sich seines Erachtens mit dem Ehestand nicht sonderlich zu vertragen schien, wie er seiner Mutter einmal freimütig offenbarte:

> Bei Gelegenheit muß ich Ihnen sagen, daß ich seit Jahr und Tagen fest im Sinne habe, nie zu freien. Sie können's immerhin für Ernst aufnehmen. Mein sonderbarer Charakter, meine Launen, mein Hang zu Projekten, u.

> (um nur recht die Wahrheit zu sagen) mein Ehrgeiz – alles Züge, die sich ohne Gefahr nie ganz ausrotten lassen – lassen mich nicht hoffen, daß ich im ruhigen Ehestande, auf einer friedlichen Pfarre glücklich sein werde. (KA I, 83)

Noch als Erwachsener musste Hölderlin trotz der Einnahmen aus diversen Hauslehrerstellen und Veröffentlichungen seine Mutter immer wieder um Geld bitten. Dies wäre vermeidbar gewesen, denn worum er bat, war letztlich sein eigenes Vermögen. Von seinem leiblichen Vater hatte Hölderlin eine beträchtliche Geldsumme geerbt, die von der Mutter treuhänderisch verwaltet wurde. Zu der Forderung, ihm das Erbe auszuzahlen, um in der Lage zu sein, sich auf seine literarischen Arbeiten zu konzentrieren, konnte sich Hölderlin jedoch nie durchringen. Die – eigentlich unnötige – finanzielle Abhängigkeit war eine der dramatischen Verwicklungen, die Hölderlins Leben prägten.

Jugendlyrik und literarische Einflüsse

In die Denkendorfer und Maulbronner Zeit fällt die erste Phase von Hölderlins lyrischem Schaffen. „Tausend Entwürfe zu Gedichten" (KA I, 12) habe er, heißt es 1785 in einem Brief aus Denkendorf. Da erbauliche Dichtung eine wichtige Rolle für die pietistische Religiosität spielte, wurde die lyrische Betätigung von den Erziehern durchaus gefördert. Doch bereits die Jugendlyrik Hölderlins weist deutlich über die pietistische Bestimmung von Dichtung hinaus. Sie geht in die Richtung eines genuin bürgerlichen Konzeptes von Literatur, das diese von den Funktionen sowohl für den Glauben als auch für die höfische Machtrepräsentation entbindet. Die Ode *Mein Vorsatz* aus dem Jahr 1787 nennt zwei zentrale Vorbilder Hölderlins: den altgriechischen Lyriker Pindar und Friedrich Gottlieb Klopstock, den Pionier der freirhythmischen Dichtung im deutschsprachigen Raum. Als Einfluss auf den jungen Hölderlin sind des Weiteren Friedrich von Matthisson und Friedrich Leopold zu Stolberg-Stolberg zu nennen, ferner Christian Fürchtegott Gellert und der republikanisch gesinnte Schriftsteller und Publizist Christian Friedrich Daniel

Hölderlin, Bleistiftzeichnung (1786)

Schubart. Begeistert zeigte sich Hölderlin von den Werken des Barden Ossian (vgl. Gaskill 1990/91). Dass dieser nur die Fiktion von James Macpherson war, der den Herausgeber der angeblichen Ossian-Dichtungen mimte, blieb von den Zeitgenossen unentdeckt. Noch in den *Pindarfragmenten*, einem Produkt der Spätzeit, vermerkt Hölderlin bewundernd: „Die Gesänge des Ossian besonders sind wahrhaftige Centaurengesänge" (KA III, 773). Einen besonderen Stellenwert für Hölderlin nahm darüber hinaus Friedrich Schiller ein – als Vorbild, dem er nacheiferte, das er aber auch zu überbieten suchte.

Klosterleben

Das Klosterleben mit seinen strengen Vorschriften und dem religiösen Dogmatismus war für Hölderlin eine quälende Erfahrung. In einem Brief an den Leonberger Stadtschreiber Immanuel Nast klagt er: „Hier halt' ichs nimmer aus! [...] Ich muß fort" (KA I, 26). Nast darf als einer der wichtigsten Freunde in den Jahren 1787 und 1788 gelten. Louise Nast, Immanuels Cousine und Tochter des Klosterverwalters von Maulbronn, war Hölderlins Jugendliebe und Vorlage für die literarische Figur der Stella in der Maulbronner Lyrik. Man wechselte Briefe und Gedichte und schwor sich gegenseitig ewige Liebe. Doch schon bald nach dem Umzug in das Tübinger Stift löste Hölderlin die Verbindung und begründete den Entschluss mit seinen dichterischen Ambitionen: „Louise! ich muß offenherzig sein – es ist und bleibt mein unerschütterlicher Vorsatz, Dich nicht um Deine Hand zu bitten, bis ich einen Deiner würdigen Stand erlangt habe." (KA I, 59) Was Hölderlin in seinem Brief an Louise mit dem „würdigen Stand" meint, ist keineswegs ein bestimmter gesellschaftlicher, sozioökonomischer Stand, sondern der Rang eines Dichters. Der Sturz vom Liebespathos in die ehrgeizbedingte Entfremdung wird sich in der Liaison zwischen Hölderlin und Elise Lebret, der Tochter des Tübinger Universitätskanzlers, wiederholen. Ihr sind die Gedichte an Lyda gewidmet.

*Tübingen I (1788–1793)*

Das Tübinger Stift

Das 1536 gegründete Tübinger Stift besuchte Hölderlin von 1788 bis 1793. Wie bereits in den Klosterschulen lebten die Stipendiaten dort unter bedrückenden internatsähnlichen Bedingungen. Das Studium gliederte sich in zwei Abschnitte: Im Mittelpunkt der ersten, zwei Jahre dauernden Phase standen die Philosophie und die Altphilologie. Abgeschlossen wurde diese erste Phase mit zwei schriftlichen Arbeiten, den Magisterspecimina. Der zweite, dreijährige Abschnitt des Studiums umfasste die theologische Ausbildung im engeren Sinne und endete mit dem kirchlichen Konsistorialexamen und einer Probepredigt.

Tübinger Stift

Magisterspecimina

Die Magisterspecimina Hölderlins sind dem Ephorus Christian Friedrich Schnurrer gewidmet. Schnurrers Praxis der philologischen Bibelauslegung prägte ihn stark (vgl. Brecht 1973/74, S. 41 f.). Hölderlin verfasste eine *Geschichte der schönen Künste unter den Griechen. Bis zu Ende des Perikleischen Zeitalters*, eine Abhandlung, die noch in erheblichem Maße Johann Joachim Winckelmann und der Antikerezeption des Klassizismus verpflichtet ist. Der Einfluss Schnurrers macht sich vor allem in Hölderlins zweiter Abschlussarbeit *Parallele zwischen Salomons Sprichwörtern und Hesiods Werken und Tagen* bemerkbar. Bei ihr handelt es sich um eine komparatistische Studie, in der zwei Texte unterschiedlicher Literaturen miteinander verglichen werden, nämlich das *Buch der Sprichwörter* aus dem *Alten Testament* und ein Lehrgedicht aus der griechischen Antike.

Französische Revolution

Das politische Großereignis des 18. Jahrhunderts war die Französische Revolution. Friedrich Schlegel pries sie in seinem *Athenäums*-Fragment 216 neben Fichtes *Grundlage der gesamten Wissenschaftslehre* und Johann Wolfgang Goethes *Wilhelm Meister* als eine der „größten Tendenzen des Zeitalters" (Schlegel 1967, S. 198). Der württembergische Landesherr, Herzog Carl Eugen, betrachtete die positive Haltung der Stiftler gegenüber der politischen Umwälzung im Nachbarland mit Argwohn und fürchtete ein Aufbegehren ausgerechnet jener sozialen Schicht, die den Status quo im Land bewahren sollte. Um möglichen Unruhen entgegenzuwirken, stattete er dem Stift regelmäßig Kontrollbesuche ab. Zudem veranlasste er eine Verschärfung der Statuten, was von den Schülern als unterdrückerische Einmischung eines Despoten empfunden wurde. Hölderlin steigerte die konkrete Situation im Stift in die Sphäre des Politischen. Unter dem Eindruck der neuen Hausordnung schreibt er 1792 empört an seine Schwester Rike: „Wir müssen dem Vaterlande, und der Welt ein Beispiel geben, daß wir nicht geschaffen sind, um mit uns nach Willkür spielen zu lassen." (KA I, 90)

Jean-Pierre Houël: *Der Sturm auf die Bastille*

Herzog Carl Eugen von Württemberg

Philosophie vs. Theologie

Zu Hölderlins philosophischer Lektüre in Tübingen gehörten die Schriften von Platon, Marsilio Ficino, Spinoza, Franz Hemsterhuis, Gottfried Wilhelm Leibniz, Kant und Jean-Jacques Rousseau. Mit den neuesten Entwicklungen der Philosophie machten vor allem die Repetenten, junge Lehrer, die sich auf eine Professorenkarriere vorbereiteten, die Stipendiaten am Stift vertraut. Einen besonderen Einfluss auf Hölderlin hatten Karl Philipp Conz und Immanuel Carl Diez, zudem Friedrich Immanuel Niethammer, der damals im Stift hospitierte. Sie brachten ihm Kant näher, der in ähnlicher Weise wie die Französische Revolution den Aufbruch in ein neues Zeitalter verhieß. Wurde Hölderlin im Stift die Beschäftigung mit der Philosophie zum „Bedürfnis“ (KA I, 69), so entwickelte er zunehmend eine Abneigung gegen das Studium der Theologie. Wenn diese in den Briefen Erwähnung findet, dann zumeist in negativer Weise – in einem Brief an den Bruder klagt Hölderlin etwa über die „Galeere der Theologie“ (KA I, 105). Leidenschaftlich äußert er sich lediglich über das Predigen und die damit verbundene Möglichkeit, „mit brüderlichem Herzen […] eine Gemeinde zu belehren und zu ermahnen“ (KA I, 107) – eine Mission, die er in seiner Dichtung fortsetzen wird. Über das Verhältnis zwischen dieser und den pastoralen Aufgaben vermerkte bereits Martin Brecht (1973/74, S. 45): „Der Prediger und der Dichter Hölderlin waren offenbar nahe miteinander verwandt.“

Freundschaftsbünde

In den engen Mauern des Tübinger Stifts ließen sich die Ideale der Revolution (‚Liberté, Égalité, Fraternité‘: ‚Freiheit, Gleichheit, Brüderlichkeit‘) nur im kleinen Kreis verwirklichen. Vor dem Hintergrund des pathetischen, im deutschsprachigen Raum maßgeblich von Klopstock beförderten Freundschaftskultes um 1800 (vgl. Haut 2016) schloss man sich zu Zirkeln zusammen, in denen politische und philosophische Fragen offen diskutiert und die Produkte der literarischen Betätigung vorgetragen werden konnten. 1790 trat Hölderlin dem ‚Aldermannsbund‘ bei, der von seinen älteren Kommilitonen Rudolf Friedrich Heinrich Magenau und Christian Ludwig Neuffer nach dem Vorbild des ‚Göttinger Haines‘ gegründet wurde. Der Name des Bundes spielt auf Klopstocks *Die deutsche Gelehrten-Republik, ihre Einrichtung, ihre Gesetze, Geschichte des letzten Landtags* an. In dieser literarischen Utopie obliegt den Aldermännern, einem aufgeklärten Stand, die Lenkung des Staates. Nachdem die älteren Kameraden Magenau und Neuffer 1791 das Stift verlassen hatten, gehörten der gleichaltrige Hegel und der jüngere Schelling zu Hölderlins engsten Freunden.

Christian Ludwig Neuffer

Die Tübinger Hymnen

Der Wunsch nach einer Existenz als freier Schriftsteller verstärkte sich: „Und da ist mein höchster Wunsch – in Ruhe und Eingezogenheit einmal zu leben – und Bücher schreiben zu können, ohne dabei zu hungern“ (KA I, 81), so Hölderlin im März 1791 an Rike. Im Stift entstanden die sogenannten Tübinger Hymnen: vielstrophige, metrisch streng gebaute und gereimte Gedichte, die einen ersten, relativ geschlossenen Werkkomplex darstellen. In ihnen huldigt Hölderlin in Anlehnung an Schillers Gedankenlyrik abstrakten Idealen und Ideen, zum Beispiel in der *Hymne an die Freiheit*, *an die Freundschaft*, *an die Menschheit* und *an die Schönheit*.

„Reich Gottes": immanente Heilslehre

1793 verließen Hölderlin und Hegel das Tübinger Stift und verabschiedeten sich mit der „Losung – Reich Gottes!" (KA I, 146) Die Parole bringt die Erwartung zum Ausdruck, dass sich in nicht allzu ferner Zukunft die Utopie einer aufgeklärten, freien Gesellschaft verwirklichen werde. Obwohl die chiliastische Formel vom „Reich Gottes" dem theologischen Sprach- und Vorstellungsbereich zugehört, darf sie nicht im Sinne der christlichen Lehre ausgelegt werden. Weder Hegel noch Hölderlin verstanden die Erlösung der Menschheit als ein Werk Gottes, sondern als ein innerweltliches Heilsgeschehen: Das „Reich Gottes" herbeizuführen, ist der Menschheit selbst aufgegeben. Das Religiöse erhielt somit eine politische Bedeutung, wie umgekehrt das Politische im Kontext der Französischen Revolution religiös überhöht wurde. Die Ziele derer, die sich dem „Reich Gottes" verschrieben hatten, waren eine gesellschaftliche Erneuerung und politische Freiheit. „Vernunft und Freiheit bleiben unsre Losung, und unser Vereinigungspunkt die unsichtbare Kirche" (Hegel [3]1969, S. 18), notiert Hegel 1795 in einem Brief an Schelling.

### *Waltershausen (1793–1794)*

Hofmeisterei

Am Ende des Jahres 1793 trat Hölderlin eine Stelle als Hofmeister bei der Familie von Kalb im oberfränkischen Waltershausen an. Vermittelt wurde sie ihm durch Schiller, den Hölderlin am 1. Oktober 1793 in Ludwigsburg zum ersten Mal persönlich traf. Die Existenz als Privaterzieher in adligen oder großbürgerlichen Familien bot im 18. Jahrhundert die Möglichkeit, dem kirchlichen Dienst zu entgehen. Zudem gewährte sie jungen Intellektuellen und Schriftstellern nach ihrem Studium ein Auskommen, bis sie sich ihren

Lebensunterhalt anderweitig finanzieren konnten – oder endgültig daran scheiterten. Trotz gewisser Vorzüge war der Beruf des Hofmeisters keineswegs unproblematisch; Michael Reinhold Lenz hat die heiklen Verwicklungen 1774 in seinem Drama *Der Hofmeister* eindrücklich in Szene gesetzt. So entstanden zum Beispiel Konflikte zwischen der Autorität des Lehrers und dem oftmals höheren sozialen Status der Schüler. Ohnehin behandelte man die Hofmeister wie Bedienstete. Und schließlich konnte mit den jungen Hauslehrern eine Konkurrenz zu den Ehemännern erwachsen, wofür Hölderlins Liebe zu Susette Gontard während seiner Zeit als Hofmeister in Frankfurt am Main ein tragisches Beispiel darstellt. Doch zunächst schien Hölderlin mit seiner beruflichen Lage in Waltershausen zufrieden zu sein.

Wilhelmine Marianne Kirms

Hölderlin blieb genug Zeit, seine philosophischen Studien fortzuführen. In den ersten Monaten in Waltershausen las er die *Kritik der Urteilskraft*, Kants Ästhetik, und Schillers Abhandlung *Über Anmut und Würde*. Ferner beschäftigte er sich mit Platon und Fichte. Ebenfalls mit Kant vertraut, zudem von einer „sehr interessante[n] Figur“ (KA I, 123) war Wilhelmine Marianne Kirms, die Gesellschafterin der Charlotte von Kalb. Es wurde vermutet, dass die Tochter, die Marianne Kirms 1795 zur Welt brachte und die ein Jahr später verstarb, von Hölderlin stammte. Ein Indiz dafür sah man in einem Brief an Neuffer vom 19. Januar 1795, in dem Hölderlin im Rückblick auf seine Zeit in Waltershausen berichtet: „Hier lassen mich die Mädchen und Weiber eiskalt. In Waltershausen hatt' ich im Hause eine Freundin, die ich ungerne verlor, eine junge Witwe aus Dresden“ (KA I, 174). Wie so vieles in Hölderlins Leben wird sich auch die Frage nach der Vaterschaft nicht klären lassen. Fest steht jedenfalls, dass Marianne Kirms' Schwangerschaft genau in die Zeit fiel, als Hölderlin bei der Familie von Kalb angestellt war.

*Hyperion* und Sokrates

In Waltershausen widmete sich Hölderlin seinem *Hyperion*-Roman, den er bereits in Tübingen begonnen hatte. Er wird sein einziges Prosaprojekt bleiben.

Auch erwähnt er, ihm liege es „am Herzen [...], den Tod des Sokrates, nach den Idealen der griechischen Dramen zu bearbeiten" (KA I, 157). Das dokumentiert, dass sich im Schatten des *Hyperion* das dramatische Werk, das später in dem Trauerspiel *Der Tod des Empedokles* eine konkrete Gestalt annehmen und zugleich abbrechen wird, schon in Waltershausen anbahnte. Lyrik hingegen „hab' ich seit dem Frühling noch wenig gedichtet" (ebd.), heißt es im Oktober 1794.

Der Pädagoge Hölderlin

Die Rolle des Erziehers im Hause von Kalb war Hölderlin zunächst nicht unangenehm, wie das anfänglich positive Urteil über seinen Schüler Fritz belegt: „Meinen Kleinen muß man liebhaben, so ein guter gescheider schöner Bube ist er." (KA I, 120) Bald allerdings musste Hölderlin einsehen, dass er mit seinem ambitionierten, unter anderem von Rousseau angeregten (vgl. Herrmann 1995) Erziehungsplan scheiterte – an Fritz' Kindheit und dessen erwachender Sexualität. Fritz hatte die Masturbation für sich entdeckt, aus damaliger Sicht eine Gefahr für die körperliche und geistige Gesundheit. Hölderlin reagierte auffällig alarmiert, unternahm sogar den am Ende erfolglosen Versuch, mit Nachtwachen das vermeintliche Übel zu bekämpfen. Später ist Hölderlins selbst für die damalige Zeit übertriebene Reaktion auf Fritz' Selbstbefriedigung von manchen als Abwehr der eigenen Sexualität gedeutet worden, so zum Beispiel von dem Psychiater Uwe Henrik Peters: „Indem er dessen [Fritz'] Onanie bekämpft, bekämpft er auch seine eigene. Nur so läßt sich erklären, warum er seine Kräfte in dieser Auseinandersetzung so sehr verausgabte." (Peters 1982, S. 149) Im November 1794 reiste Hölderlin in der Hoffnung, der Zustand des Knaben würde sich durch die Abwechslung bessern, mit Fritz nach Jena. Es schloss sich ein kurzer Aufenthalt im nahe gelegenen Weimar an. Da jedoch keine Veränderung in Fritz' Verhalten eintrat, wurde das Arbeitsverhältnis mit der Familie von Kalb in beiderseitigem Einvernehmen aufgelöst. Von Weimar aus zog Hölderlin zurück nach Jena, wo er zeitweilig mit dem aus Homburg vor der Höhe stammenden Isaac von Sinclair ein Gartenhaus bewohnte. Der aus dem schottischen Adel stammende Jurastudent und überzeugte Republikaner wird in den Folgejahren zu einer der wichtigsten Bezugspersonen Hölderlins (vgl. Brauer 1993; Jamme 1988).

### *Jena (1795)*

Kulturelle Hotspots: Jena und Weimar

Jena war die Universitätsstadt des Herzogtums Sachsen-Weimar-Eisenach. Zusammen mit der etwa zwanzig Kilometer entfernt gelegenen Residenz Weimar entwickelte es sich unter Herzogin Anna Amalia und ihrem Sohn Carl August zu einer kulturellen Metropole, in der sich die intellektuellen Größen des deutschsprachigen Raumes versammelten (vgl. Neumann 2019). Die einzigartige geistesgeschichtliche Konstellation bestand darin, dass in Jena und Weimar, befördert durch die liberale Politik des Herrscherhauses, die neuesten Entwicklungen der Philosophie und der Literatur in einen unmittelbaren Austausch kamen. So trafen etwa mit Friedrich von Hardenberg, alias Novalis, und den Brüdern Friedrich und Wilhelm Schlegel die Vertreter der Frühromantik auf Goethe und Schiller, die wichtigsten Exponenten der Weimarer Klassik. Die „Seele von Jena" (KA I, 159) war für Hölderlin aber Fichte, der in der Universitätsstadt von 1794 bis 1799 eine Professur für Philosophie bekleidete. Unumstritten blieb Fichtes radikaler Subjektivismus, den er in seiner *Wissenschaftslehre* entwickelte, nicht, doch gingen von ihm Anregungen aus, die nicht nur Hegel und Schelling zu den unterschiedlichen Ausprägungen des deutschen Idealismus führten, sondern die auch Hölderlin dankbar aufnahm, wie das Fragment *Urteil und Sein* exemplarisch belegt.

Die ‚Flucht' aus Jena

In Jena vertiefte sich das Verhältnis zu Schiller. Dieser vermittelte Hölderlin zahlreiche Publikationsmöglichkeiten in den Literaturzeitschriften *Die Horen* und *Thalia* sowie bei dem Stuttgarter Verleger Johann Friedrich Cotta. Es schien, als wäre Hölderlins Wunsch, dem „Zirkel der großen Männer" (KA I,

134) anzugehören, in Erfüllung gegangen. Umso überraschender ist sein abrupter Aufbruch aus Jena Anfang Juni 1795 in Richtung der Heimat. Über die Gründe lässt sich nur spekulieren. Manche haben vermutet, dass er seinem in Stuttgart lebenden Freund Neuffer beistehen wollte, nachdem dessen Verlobte Rosine Stäudlin am 25. April 1795 gestorben war. Ein Faktor könnten auch die Studentenunruhen am 27. Mai gewesen sein, an denen sich Sinclair beteiligt hatte und mit denen Hölderlin nicht in Verbindung gebracht werden wollte. Angeführt wurden zudem Sinclairs Homosexualität und etwaige Annäherungsversuche, die Hölderlin verstört haben könnten. Fakt ist, dass es Hölderlin später in seiner Homburger Zeit konsequent ablehnte, bei Sinclair zu wohnen. Doch selbst wenn sich Sinclair Hölderlin mit eindeutigen Absichten genähert haben sollte, tat dies der Freundschaft keinen Abbruch. Als Erklärung für das fluchtartige Verlassen Jenas wurde schließlich auch das ambivalente Verhältnis zu Schiller angeführt, das zwischen Bewunderung und Auflehnung changierte.

### *Frankfurt am Main (1796–1798)*

Erneut Hofmeister I

Der Weg zurück in die schwäbische Heimat führte Hölderlin über Heidelberg, wo er den Arzt und Naturforscher Johann Gottfried Ebel kennenlernte. Es folgte ein halbes Jahr in Nürtingen. Am Anfang des Jahres 1796 übernahm Hölderlin eine durch Ebel vermittelte Hofmeisterstelle bei der Bankiersfamilie Gontard in Frankfurt. Der Kontrast zu seinen bisherigen Lebensräumen war gravierend. Selbst Tübingen, Weimar und Jena hatten trotz ihrer herausragenden kulturellen Bedeutung ein provinzielles Gepräge, Frankfurt hingegen war schon zur damaligen Zeit eine urbane Messe- und Handelsstadt. Das soziale Milieu, in dem Hölderlin in seiner Funktion als Hofmeister verkehren musste und in dem er sich stets als „das fünfte Rad am Wagen" (KA I, 281) fühlte, war eine gehobene, großbürgerliche Schicht, die sich eine Welt des Geldes und der Repräsentation erschaffen hatte. Seiner Schwester berichtet der Dichter von „ungeheure[n] Karikaturen“ (KA I, 294), von einer geist- und seelenlosen „Prunkwelt“ (KA I, 300):

> Je mehr Rosse der Mensch vor sich vorausspannt, je mehr der Zimmer sind, in die er sich verschließt, je mehr der Diener sind, die ihn umgeben, je mehr er sich in Gold und Silber steckt, um so tiefer hat er sich ein Grab gegraben, wo er lebendig-tot liegt, daß die andern ihn nicht mehr vernehmen und er die andern nicht, trotz all des Lärms den er und andre machen. (KA I, 300 f.)

Besonders eindrücklich an dieser Stelle ist das Motiv des Lebendig-begraben-Seins, das Hölderlin regelmäßig im Rahmen seiner Gegenwartskritik verwendete.

Imaginierte Weiblichkeit

„Es ist sonderbar – ich soll wahrscheinlich nie lieben, als im Traume. War das nicht bisher mein Fall?“ (KA I, 191) So schreibt Hölderlin noch in Jena. In Frankfurt schien sich sein Traum von der Liebe zu erfüllen – pikanterweise in der Person Susette Gontards, der Mutter seines Zöglings Henry (vgl. Brauer 2002). Susette Gontard entstammte einer vermögenden Hamburger Kaufmannsfamilie. Als Siebzehnjährige wurde sie ihrem Vetter zweiten Grades, Jakob Gontard, angetraut. Die Familien hatten es so beschlossen, auf Liebe kam es wie so häufig in dieser Zeit nicht an. Spricht Hölderlin davon, nur „im Traume“ lieben zu können, so ist dies eine treffliche Selbstanalyse. Rückblickend erkannte er, dass seine bisherigen Geliebten lediglich eine Projektionsfläche für seine eigenen Wünsche und Vorstellungen waren. Im Hinblick auf Elise Lebret, seine Tübinger Liaison, bekennt Hölderlin den projektiven Mechanismus der Idealisierung unumwunden: „[E]s waren selige Tage, da ich, ohne sie zu kennen, mein Ideal in sie übertrug“ (KA I, 174).

Haus der Familie Gontard

Susette Gontard

Hölderlin, Schattenriss (um 1797)

Kassel und Bad Driburg

Im Juni 1796 hatten die französischen Revolutionstruppen den Rhein überquert und belagerten Frankfurt. Jakob Gontard schickte seine Familie und Hölderlin aus der Stadt, er selbst blieb in Frankfurt zurück. Das ursprüngliche Ziel war Hamburg, doch der Plan änderte sich schon bald. Hölderlin und Susette Gontard verbrachten einige Wochen in Kassel und Bad Driburg – genug der Zeit und der Gelegenheiten, sich weitestgehend ungestört näherzukommen. Was als Flucht begann, wurde zu einer der glücklichsten Episoden in der Liebesgeschichte zwischen Hölderlin und Susette Gontard. Ende September kehrten die vor den befürchteten Kriegswirren Geflohenen nach Frankfurt zurück. Im Februar 1797 berichtet Hölderlin Neuffer voller Euphorie von seiner Liebe:

> Es ist eine ewige fröhliche heilige Freundschaft mit einem Wesen, das sich recht in dies arme geist- u. ordnungslose Jahrhundert verirrt hat! Mein Schönheitssinn ist nun vor Störung sicher. Er orientiert sich ewig an diesem Madonnenkopfe. Mein Verstand geht in die Schule bei ihr, und mein uneinig Gemüt besänftiget, erheitert sich täglich in ihrem genügsamen Frieden. […] Ich dichte wenig und philosophiere beinahe gar nicht mehr. (KA I, 258)

Susette Gontard und Diotima

Die in Frankfurt entstandene Diotimalyrik kreist um die Erfüllung und den Verlust der Liebe. In der Forschung wurde Diotima bisweilen mit Susette Gontard gleichgesetzt, doch verhält es sich so einfach nicht. Susette Gontard ist eine historisch reale Person, Diotima hingegen eine Kunstfigur, die ganz eigenen, ästhetischen Gesetzen folgt und sich aus unterschiedlichen Traditionen speist. Wolfgang Binder machte darauf aufmerksam, dass der Name ‚Diotima‘ eine Zusammensetzung der griechischen Wörter ‚Διός‘ (‚Zeus‘, ‚Gott‘) und ‚τιμή‘ (‚Ehre‘) ist, somit ‚Ehre Gottes‘ bedeutet (vgl. Binder 1961/62, S. 148–152). Aus dieser Perspektive ist sie, einer Epiphanie, also einer Erscheinung Gottes vergleichbar, ein Zeugnis für die Präsenz des Göttlichen unter den Menschen. Beeinflusst wurde Hölderlins Diotima wohl von Friedrich Schlegels Aufsatz *Über die Diotima* aus dem Jahr 1795. Indem Schlegel Schönheit, emotionale Sensibilität und intellektuelle Selbstständigkeit in der Figur der Diotima verschränkt, weist er sie als eine Instanz weiblicher Autorität und als „Bild […] vollendeter Menschheit" (Schlegel 1979, S. 71) aus. Diese Züge bestimmen auch Hölderlins Diotima (vgl. Menninghaus 2005, S. 32–34). Darüber hinaus ergibt sich eine Verbindung zu Platons *Symposion* und einer Rede der Mantineischen Priesterin Diotima über das Wesen der Liebe, die Sokrates referiert. Was nun das Verhältnis zwischen Diotima und Susette Gontard betrifft, so ist zu beachten, dass die Kunstfigur bereits vor der Zeit in Frankfurt in Hölderlins Werk auftaucht: In *Hyperions Jugend* trägt die Geliebte des Protagonisten den Namen ‚Diotima'. Entstanden ist dieser fragmentarisch gebliebene Text im Sommer 1795; in das Haus Gontard kam Hölderlin erst Anfang des Jahres 1796. Sicherlich aber hat die Erfahrung der Liebe zu Susette Gontard auf die Diotimalyrik eingewirkt, diese vielleicht sogar erst ermöglicht. Umgekehrt dürfte die Figur der Diotima Hölderlins Wahrnehmung von Susette Gontard und die Deutung der Liebe zu ihr geprägt haben. Es ist insofern weniger von einer Identität auszugehen als vielmehr von einem komplexen Interaktionsverhältnis zwischen Realität und literarischer Fiktion.

### *Homburg vor der Höhe I (1798–1800)*

Isaac von Sinclair

Die Zuneigung zwischen seiner Frau und dem Hofmeister blieb Jakob Gontard nicht verborgen. Es kam zum Bruch. Im September des Jahres 1798 zog Hölderlin von Frankfurt nach Homburg vor der Höhe, wo er ohne Anstellung blieb, um sich ganz seinen literarischen Arbeiten zu widmen. In Homburg intensivierte sich der ohnehin schon rege Kontakt zu Sinclair, der in der Zwischenzeit als Regierungsrat in den Dienst Friedrichs V., des Landgrafen von Hessen-Homburg, getreten war. Durch Sinclair kam Hölderlin in das Umfeld konspirativer republikanischer Kreise. Zu ihnen zählten unter anderem der Dichter Casimir Ulrich Böhlendorff sowie der Philosoph Friedrich Philipp Albert Muhrbeck, die während ihres Studiums in Jena der ‚Gesellschaft der freien Männer', einem revolutionsbegeisterten Studentenorden, angehörten.

Isaac von Sinclair

Der Rastatter Kongress

Im Winter 1798 folgte Hölderlin Sinclair, der als politischer Beobachter des Landgrafen entsandt worden war, zum Rastatter Kongress. Auf diesem wurde nach Beendigung des ersten Koalitionskrieges zwischen Frankreich und den Bündnispartnern Österreich und Preußen über die Abtretung der linksrheinischen Territorien an Frankreich und die Entschädigung der deutschen Fürsten verhandelt. Der Kongress bot Hölderlin die Gelegenheit, sich mit den Vertretern der demokratischen Opposition in Württemberg auszutauschen. Einige von ihnen setzten sich für eine Schwäbische Republik ein und hofften dabei auf die Unterstützung durch Frankreich. Als jedoch bald schon ihre Interessen mit dem machtpolitischen Kalkül der Franzosen kollidierten, konzentrierten sich die Württemberger Republikaner zunehmend auf eine eigenständige deutsche Reformpolitik.

Poetologische Fragmente

In Homburg entstand eine Reihe von Fragmenten, zum Beispiel *Über die Verfahrungsweise des poëtischen Geistes*, *Die Bedeutung der Tragödien*, *Über das Tragische* und *Wechsel der Töne*. In ihnen entwickelte Hölderlin eine – wenngleich nicht systematisch ausgearbeitete – Poetik, die im Gegensatz zu den eher epigonalen Ansichten in der *Geschichte der schönen Künste* über ein erhebliches Maß an Eigenständigkeit verfügt. Poetologische Texte waren auch für Hölderlins Journalprojekt *Iduna* vorgesehen, das jedoch aus einem Mangel an Mitwirkenden nie realisiert wurde.

*Empedokles* und *Emilie*

Ebenfalls nur fragmentarisch geblieben ist das Trauerspiel *Der Tod des Empedokles*. Wie schon der *Hyperion*-Roman, so entfaltet sich auch Hölderlins Tragödienversuch zwischen drei Polen: der Erinnerung an eine vergangene Einheitserfahrung, der Trauer über den Verlust derselben und, damit einhergehend, der Kritik an der Gegenwart sowie der Verheißung einer zukünftigen Wiederherstellung der Einheit zwischen den Menschen, der Natur und dem Göttlichen. Neben dem Trauerspiel *Der Tod des Empedokles* entstand in Homburg das Briefgedicht *Emilie vor ihrem Brauttag*, eine Auftragsarbeit für das von Neuffer herausgegebene *Taschenbuch für Frauenzimmer von Bildung*.

### *Stuttgart (1800–1801)*

Abschied von Susette Gontard

Trotz der räumlichen Trennung und des gewarnten Ehemannes versuchten Hölderlin und Susette Gontard ihre Verbindung aufrechtzuerhalten. Man verabredete sich heimlich und wechselte Briefe: Von Susette Gontard sind 17 überliefert, von Hölderlin drei Entwürfe. Das letzte Treffen fand Anfang Mai 1800 statt, dann brach der Kontakt ab, auch der briefliche. Es ist, als wäre Susette Gontard vollständig in Hölderlins Erinnerung absorbiert und eingekapselt worden, Zeugnisse der Liebesgeschichte finden sich nach der Trennung jedenfalls nicht mehr.

Der Durchbruch zum Spätwerk

Hölderlin verließ Homburg im Juni 1800 nicht zuletzt aus finanziellen Gründen – das schriftstellerische Privatisieren konnte er sich schlichtweg nicht mehr leisten. Er verfolgte zunächst den Plan, an der Universität Jena griechische Literatur zu unterrichten, und wandte sich an Schiller mit der Bitte um Vermittlung, doch der ließ seinen einstigen Schützling im Stich. Um seine Existenz zu sichern, ergriff Hölderlin das aus Stuttgart kommende Angebot, Privatvorlesungen zu halten. Zunächst kehrte er nach Nürtingen zurück und wohnte daraufhin für ein halbes Jahr bis zum Januar 1801 bei dem Tuchkaufmann und Revolutionssympathisanten Georg Christian Landauer. Dieser

Aufenthalt in Stuttgart war von einer außergewöhnlichen Produktivität geprägt und markiert den Durchbruch zu Hölderlins lyrischem Spätwerk. In dieser Zeit entstanden unter anderem die Elegie *Brot und Wein*, das Hymnenfragment *Wie wenn am Feiertage …* und das Hexametergedicht *Der Archipelagus.* Zudem wandte sich Hölderlin der eigenen Heimat zu: Kreisten die Tübinger Hymnen noch um abstrakte Ideen und Ideale, so rücken in den Gedichten *Heidelberg*, *Stutgard*, *Der Neckar* und *Der Gang aufs Land* das Anschauliche und Alltägliche des schwäbischen Lebensraumes in den Mittelpunkt. In die Stuttgarter Zeit fällt auch die *Große Pindarübertragung*, eine Übersetzung Pindarischer Oden.

## *Hauptwil (1801)*

Erneut Hofmeister II

Da sich das Interesse an seinen Privatstunden in Grenzen hielt, blieb Hölderlins finanzielle Lage weiterhin prekär. Anfang des Jahres 1801 übernahm er erneut eine Hofmeisterstelle, diesmal im Schweizerischen Hauptwil bei dem Leinenfabrikanten Anton von Gonzenbach. Die Briefe aus Hauptwil klingen euphorisch. Zu der Hochstimmung beigetragen hat der Friede von Lunéville, der am 9. Februar 1801 den zweiten Koalitionskrieg beendete. Wie das Gros seiner Zeitgenossen, so erhoffte sich auch Hölderlin von dem Friedensschluss eine Zeitenwende. Neben dem Frieden von Lunéville war es die Alpenlandschaft, die Hölderlin mit sich und der Welt zu versöhnen schien. In einem Brief an die Schwester vom 23. Februar 1801 heißt es:

> Dies [der Friede von Lunéville] und die große Natur in diesen Gegenden erhebt und befriediget meine Seele wunderbar. Du würdest auch so betroffen, wie ich, vor diesen glänzenden, ewigen Gebirgen stehn, und wenn der Gott der Macht einen Thron hat auf der Erde, so ist es über diesen herrlichen Gipfeln. (KA I, 445)

Einen lyrischen Ausdruck fand die erhebende Erfahrung des alpinen Gebirges in *Unter den Alpen gesungen*, der einzigen sapphischen Ode Hölderlins. Trotz der positiven Umstände bekleidete er die Hofmeisterstelle in Hauptwil nur für kurze Zeit. Als offiziellen Grund für die rasche Auflösung des Beschäftigungsverhältnisses gab Gonzenbach an, dass zwei Jungen aus der Familie, die Hölderlin eigentlich unterrichten sollte, nun doch nicht zu ihm in den Unterricht kommen könnten. Hölderlin kehrte nach Nürtingen in das Haus seiner Mutter zurück und griff den Plan wieder auf, an der Universität Jena griechische Literatur zu lehren. In dieser Absicht wandte er sich an Niethammer und Schiller, doch beide blieben eine Antwort schuldig.

Allegorie auf den Frieden von Lunéville

*Bordeaux (1802)*

Hölderlin nahm schließlich eine Hauslehrerstelle in Bordeaux bei dem aus Hamburg stammenden Konsul und Weinhändler Daniel Christoph Meyer an. Am 4. Dezember 1801, kurz vor der Abreise nach Frankreich, verfasste er einen poetologisch bedeutsamen Brief an Böhlendorff. Aus ihm wird deutlich, dass sich Hölderlin seiner Außenseiterposition schmerzlich bewusst war: „Aber es hat mich bittre Tränen gekostet, da ich mich entschloß, mein Vaterland noch jetzt zu verlassen, vielleicht auf immer. Denn was hab' ich lieberes auf der Welt? Aber sie können mich nicht brauchen." (KA I, 462)

Lyon

Am 11. Dezember 1801 brach Hölderlin zu Fuß von Stuttgart in Richtung Frankreich auf. Der Weg führte ihn nach Straßburg, wo er am 15. Dezember bei den Behörden vorstellig wurde. Dass er seiner Mutter am 9. Januar 1802 aus Lyon schreibt, erscheint zunächst überraschend, da die Stadt abseits der direkten und bequemeren Routen von Straßburg nach Bordeaux lag: „Sie werden sich wundern, zu dieser Zeit von Lyon aus einen Brief von mir zu erhalten." (KA I, 462) Er macht nur vage Andeutungen: „Ich muß Ihnen noch sagen, daß mir die Reise über Lyon, als einem Fremden, von der Obrigkeit in Strasburg angeraten worden ist." (KA I, 463) Wie Adolf Beck (vgl. Beck 2003, S. 86), so stützt sich auch Rüdiger Safranski auf den Brief an die Mutter vom 9. Januar, um den Umweg über Lyon zu erklären: „Hölderlin, der über Paris zu reisen beabsichtigte, bekam erst nach zwei Wochen die Erlaubnis zur Weiterreise; allerdings durfte er nur den Weg über Lyon nehmen mit der Auflage, sich dort bei der Polizei zu melden." (Safranski 2019, S. 239) Diese Erklärung für den Abstecher erscheint wenig plausibel. Zum einen spricht Hölderlin nicht davon, dass ihm behördlich angeordnet wurde, den Weg über Lyon zu nehmen, lediglich „angeraten" (KA I, 463) worden sei es ihm. Und zum anderen ist der dokumentarische Wert von Hölderlins Briefen an seine Mutter grundsätzlich unzuverlässig: Oft genug verfolgt er in ihnen die Absicht, die Mutter zu beschwichtigen, ihre Sorgen zu zerstreuen und Abweichungen von dem erwünschten Verhalten zu rechtfertigen, notfalls mit irreführenden, gar falschen Informationen. Tatsächlich könnte der von ihm eingeschlagenen Route etwas anderes zugrunde liegen: In Lyon wurde vom Oktober 1801 bis Januar 1802 auf den Cisalpinischen Consulta die Verfassung der Italienischen Republik erarbeitet. Zum damaligen Zeitpunkt war Napoleons Teilnahme angekündigt. Da dieser für Hölderlin die Hoffnung auf eine neue Ära verkörperte, ist es nicht unwahrscheinlich, dass ihm der Umweg über Lyon weder angeraten noch angewiesen wurde, sondern dass er ihn selbst beantragte, um den charismatischen Revolutionsgeneral zu sehen (vgl. Lefebvre [2]2020, S. 52 f.).

Bordeaux und Paris

Am 28. Januar 1802 meldet Hölderlin seiner Mutter die Ankunft in Bordeaux. Details über die Reise werden nicht erwähnt, es finden sich lediglich Andeutungen, dass der Weg beschwerlich und voller Gefahren war (vgl. KA I, 464). Ebenso ist über Hölderlins Alltag in Bordeaux kaum etwas bekannt. Der

Aufenthalt in der französischen Hafenstadt endete mit einer unerwarteten Auflösung des Beschäftigungsverhältnisses. Sie erfolgte sicherlich nicht im Streit, da Meyer ihm das „schönste Zeugniß" (StA 7,2, 198) ausstellte. Warum Hölderlin nach nur wenigen Monaten die Stelle als Hofmeister quittierte, ist schleierhaft. Pierre Bertaux vermutet, Hölderlin habe von der letztlich tödlichen Erkrankung Susette Gontards erfahren und sei deswegen aufgebrochen (vgl. Bertaux 1981, S. 585–587). Doch wäre dies der Grund gewesen, hätte er wohl kaum die Zeit und die Muße gehabt, in Paris die Antikensammlung im Musée Napoléon, dem heutigen Louvre, zu besichtigen. Mitte Juni 1802 traf Hölderlin in Stuttgart ein, verstörend zerfahren und verwahrlost, wie aus Berichten von Freunden und Bekannten hervorgeht. Was ihn auf dem Rückweg so angegriffen hat, liegt im Dunkeln.

Musée Napoléon

Hölderlin und Apoll

Hölderlin befand sich im Hause Landauers, als ein Brief von Sinclair eintraf: „Der edle Gegenstand Deiner Liebe ist nicht mehr" (KA I, 535). Susette Gontard starb am 22. Juni 1802, nachdem sie ihre an Röteln leidenden Kinder gepflegt und sich dabei selbst angesteckt hatte. Die Nachricht vom Tod der Geliebten erschütterte Hölderlin. Mitte September kehrte er zu seiner Mutter nach Nürtingen zurück, wo sich die geistige Verwirrung bisweilen zu heftigen Wutanfällen steigerte. Seinen Zustand erklärte Hölderlin selbst mit dem Aufenthalt in Frankreich, den er mythologisch überschrieb: „Das gewaltige Element, das Feuer des Himmels und die Stille der Menschen […] hat mich beständig ergriffen, und wie man Helden nachspricht, kann ich wohl sagen, daß mich Apollo geschlagen" (KA I, 466), hält er im November 1802 in einem Brief an Böhlendorff fest. War Apoll vor Frankreich noch ein klassizistisch sublimierter, „entzückende[r] Götterjüngling" (KA II, 203, V. 4), wie es in der 1798 an Schiller gesandten Ode *Dem Sonnengott* heißt, dominieren nach 1800 dessen destruktive Züge.

Georg Friedrich Kersting:
*Apoll lenkt den Sonnenwagen*

Hermetik des Spätwerkes

Seit dem Aufenthalt in Frankreich zeigte sich ein fortschreitender Verfall kommunikativer Bindungen. Hölderlin schrieb kaum noch Briefe, und die wenigen, die er verfasste, sind überwiegend an den Frankfurter Verleger Friedrich Wilmans adressiert. Bei diesem erschienen 1804 Hölderlins Übersetzungen von Sophokles' *Ödipus* und *Antigone*. Beide sowie die sie begleitenden *Anmerkungen* machen zum anderen deutlich, dass auch die Kommunikation zwischen Autor und Leser zu erodieren begann. Die Übersetzungen stießen auf Unverständnis, da sie radikal mit dem brachen, was von einer Übersetzung gemeinhin erwartet wurde. Nicht weniger irritierten die *Anmerkungen*, die gegen die Funktion eines herkömmlichen Kommentars verstoßen, indem sie eher zur Verrätselung des zu Kommentierenden als zu dessen Erhellung beitragen. In dieser Zeit entstanden zudem die *Nachtgesänge*, ein Zyklus von neun Gedichten, sowie die *Vaterländischen Gesänge*.

### *Homburg vor der Höhe II (1804–1806)*

Ein Bibliothekar auf Reisen

Zu den wenigen, die Hölderlin treu zur Seite standen, zählte Sinclair. Aus Sorge, die Hausgemeinschaft mit der Mutter würde Hölderlin schaden, setzte er sich für ihn bei Friedrich V. von Hessen-Homburg ein. Hölderlin wurde daraufhin im September 1804 pro forma als Bibliothekar eingestellt, sein Gehalt von Sinclairs eigenem abgezweigt. War das Verhältnis Hölderlins zu dem Landgrafen während seines ersten Aufenthaltes in Homburg noch von einer gewissen Reserviertheit geprägt, stellte sich nun ein vertrauterer Umgang ein. Friedrich V. wurde die Hymne *Patmos* gewidmet, die Sophoklesübersetzungen der Prinzessin Auguste, die zu dem Dichter eine schwärmerische Zuneigung fasste. Zu dessen bevorzugter Lektüre in dieser Zeit gehörten Reiseberichte, die mit ihren exotischen Fernen und Fremden in die späten Hymnenentwürfe eingegangen sind, etwa in *Tinian* oder in das Fragment *Kolomb*, das einen der wenigen Verweise auf Amerika in Hölderlins Werk darstellt. Darüber hinaus setzte sich Hölderlin ein letztes Mal mit Pindar auseinander. Aus dieser Beschäftigung gingen die neun *Pindarfragmente* hervor.

Hochverratsprozess

Im Jahr 1805 ereignete sich etwas, das Hölderlins Zustand zusätzlich destabilisiert haben dürfte. Als Sinclair im Vorjahr seinen Freund aus Nürtingen abholte, nahm er im nahe gelegenen Stuttgart an zwei Abendgesellschaften teil, an einer von ihnen auch Hölderlin. Zugegen war gleichfalls Alexander Blankenstein, den Sinclair beauftragt hatte, die Finanzen der Landgrafschaft Hessen-Homburg durch eine staatliche Lotterie zu verbessern. Als Sinclair zwielichtige Geschäfte Blankensteins entdeckte und ihn daraufhin Anfang 1805 entließ, denunzierte Blankenstein Sinclair bei der württembergischen Landesregierung. Vorgeworfen wurde ihm, bei den Gesprächen in Stuttgart ein Attentat auf den Kurfürsten Friedrich Wilhelm Karl von Württemberg, einen Enkel Carl Eugens, geplant zu haben. Sinclair wurde ausgeliefert und in Ludwigsburg wegen Hochverrates angeklagt. Die Untersuchungen ergaben indes nichts, was ihn belasten konnte, weshalb er im Juli 1805 freigelassen wurde (vgl. Kirchner 1969). Nachforschungen wurden auch gegen Hölderlin angestellt. Dass er die Situation als bedrohlich empfunden hat, zeigt die Überlieferung, er habe beinahe unentwegt ausgerufen: „Jch will kein Jacobiner seyn, fort mit allen Jacobinern. Jch kann meinem gnädigsten Churfürsten mit gutem Gewißen unter die Augen tretten" (StA 7,2, 330). Die Ermittlungen gegen Hölderlin wurden bald eingestellt, wohl nicht zuletzt wegen eines Gutachtens des Arztes Georg Friedrich Karl Müller:

> Meine Besuche wiederholte ich einigemal fande den Kranken aber jedesmal schlimmer, und seine Reden unverständlicher. Und nun ist er, so weit daß sein Wahnsinn in Raserei übergegangen ist, und daß man sein Reden, das halb deutsch, halb griechisch und halb Lateinisch zu lauten scheinet, schlechterdings nicht mehr versteht. (KA I, 666)

*Tübingen II (1806–1843)*

Hölderlinturm

Im Juli 1806 wurde die Landgrafschaft Hessen-Homburg gemäß der Rheinbundakte aufgelöst und dem Großherzogtum Hessen-Darmstadt zugeschlagen. Sinclair verlor dadurch seine Stellung als Regierungsrat und konnte seinen Freund nicht länger protegieren. In einem Brief an Hölderlins Mutter vom 3. August 1806 heißt es: „Es ist daher nicht mehr möglich, daß mein unglücklicher Freund, dessen Wahnsinn eine sehr hohe Stufe erreicht hat, länger eine Besoldung beziehe und hier in Homburg bleibe, und ich bin beauftragt Sie zu ersuchen, ihn dahier abholen zu lassen." (KA I, 666) Mitte September wurde Hölderlin dann auch tatsächlich abgeholt oder besser: unter heftiger Gegenwehr abtransportiert (vgl. StA 7,2, 353 f.). Man brachte ihn allerdings nicht nach Nürtingen zu seiner Mutter, die er wohl nie wieder gesehen hat, sondern in das Autenrieth'sche Klinikum nach Tübingen. Am 3. Mai 1807 wurde Hölderlin als unheilbar krank entlassen und in die Obhut des Tübinger Schreinermeisters Ernst Zimmer, eines Bewunderers des *Hyperion*, und seiner Frau Elisabeth gegeben. Hölderlin bewohnte das Turmzimmer des bis heute erhaltenen Hauses am Neckar. Einen Einblick in die langen Jahre der Hospitalisierung geben die 1992 im Nürtinger Stadtarchiv entdeckten Pflegschaftsakten (vgl. Wittkop 1993).

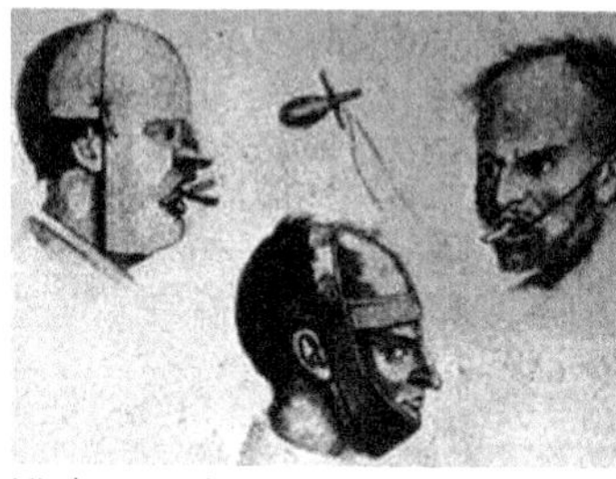

Mit den von Johann Heinrich Ferdinand Autenrieth entwickelten Masken wurden Patienten bei psychotischen Anfällen geknebelt. Ob sie bei Hölderlin zum Einsatz kamen, ist nicht bekannt.

Hölderlinturm

Hölderlin, Bleistiftzeichnung von Johann Georg Schreiner und Rudolf Lohbauer (1823)

Hölderlin, Bleistiftzeichnung von Louise Keller (1842)

Verhaltenslehren der Kälte

Hölderlin bildete in seiner zweiten Lebenshälfte Formen der Interaktion aus, die eher dazu angetan waren, Nähe und Verständigung zu verhindern als zu ermöglichen. Die nur noch widerwillig und hauptsächlich auf Zimmers Drängen hin verfassten Briefe an die Mutter geben nichts Persönliches mehr preis. Stattdessen ergehen sich die immer kürzer werdenden Briefe in stereotypen Floskeln und starren Wendungen der Ehrerbietung und der Beteuerung, an die Mutter zu denken: „Meine Mitteilungsgabe schränkt sich auf Äußerungen meiner Anhänglichkeit an Sie ein" (KA I, 479), heißt es einmal erstaunlich hellsichtig. Besucher berichten von einer eigentümlichen Vermengung des Deutschen mit Fremdsprachen – diese gleichsam babylonische Sprachverwirrung hatte bereits Müller in seinem Gutachten attestiert. Ebenfalls als Strategie der Abwehr zu deuten ist die Zurückweisung des bürgerlichen Namens: Späte Gedichte und Stammbucheinträge unterzeichnete Hölderlin mit ‚Buonarroti' oder ‚Scardanelli' – wobei es nur vage Vermutungen gibt, warum er sich diese Namen zugelegt hat. Da Hölderlin während seiner Zeit im Turm die Briefe an die Mutter und die Schwester ausnahmslos mit seinem eigenen Namen signierte, ist fraglich, ob die Annahme fremder Namen als Symptom für einen Realitätsverlust gedeutet werden dürfen. Es gibt allerdings eine auffällige Abweichung von den früheren Briefen an die Verwandten. Hölderlin unterschrieb nun nicht mehr mit ‚Friedrich' oder ‚Fritz', sondern mit ‚Hölderlin', ganz so, als hätte er seine private Existenz abgestoßen und sich selbst einen Platz in der Literaturgeschichte zugewiesen.

Wahnsinn und Philologie

„Sehr einfach und in wenigen Worten zusammengefaßt läßt sich die hier von mir vertretene These folgendermaßen formulieren: Hölderlin war nicht geisteskrank." (Bertaux 1981, S. 12) Bertaux' Vermutung, Hölderlin sei in einen simulierten Wahnsinn emigriert, um der politischen Verfolgung zu entgehen, schlug wie ein Blitz in die Hölderlinforschung ein. Die Theorie von der gespielten geistigen Umnachtung kann sich auf Äußerungen Schellings und Sinclairs stützen. Allerdings datieren diese auf die Jahre 1803 und 1804 und besitzen daher kaum Gültigkeit für Hölderlins zweite Lebenshälfte. In einem Brief an Hölderlins Mutter beteuert Sinclair:

> Vielmehr befindet sich derselbe [Hölderlin] vollkommen wohl u. zufrieden, und nicht nur ich, sondern außer mir noch 6–8 Personen, die seine Bekanntschaft gemacht haben, sind überzeugt, daß das was Gemüts Verwirrung bei ihm scheint, nichts weniger, als das, sondern eine aus wohl überdachten Gründen angenommene Äußerungs Art ist [...]. (KA I, 656)

Einwenden ließe sich, dass Sinclairs Versicherung, Hölderlin sei wohlauf und mime seine geistige Verwirrung nur, die Absicht verfolgt haben könnte, die Mutter zu beruhigen. Einige Sonderbarkeiten mag Hölderlin bewusst angenommen haben. Die These aber, dass er die Maske des Wahnsinnigen über mehr als 30 Jahre hinweg konsequent und von den Zeitzeugen unbemerkt getragen habe, ist wenig überzeugend. Woran Hölderlin genau litt, wird sich nicht endgültig klären lassen. Die diagnostischen und therapeutischen Mittel um 1800 waren beschränkt, teils schadeten sie den Patienten mehr, als dass sie ihnen halfen. Und eine historische Ferndiagnose kann keinerlei Verbindlichkeit beanspruchen, wenngleich sich etliche Psychologen und Psychiater daran versucht haben (vgl. Gonther/Schlimme 2020). Wie auch immer man die Krankheit Hölderlins bewerten mag, einen Einfluss auf die philologische Arbeit an und mit seinen Texten sollte sie nicht haben. Ein Ziel der vorliegenden Einführung besteht in dem Nachweis, dass die Dunkelheit gerade von Hölderlins später Lyrik kein psychopathologisches Symptom darstellt, sondern aus poetologischen Gesetzen und dem Zusammenspiel komplexer Traditionsbezüge und Werkkontexte hervorgeht. Die Bedeutung von Hölderlins Texten auf den Wahnsinn zu reduzieren, hieße den Autor entmündigen und seine zwangsweise Hospitalisierung in einer abschätzigen hermeneutischen Geste wiederholen.

An Hölderlins Grab

Hölderlin starb am 7. Juni 1843, an seiner Beerdigung am 10. Juni nahmen rund hundert Studenten aus dem Tübinger Stift teil. Die Situation dürfte derjenigen geähnelt haben, die Hölderlin in dem Gedicht *An Thills Grab* aus dem Jahr 1789 skizzierte: „Der Leichenreihen wandelte still hinan, / Und Fackelnschimmer schien' auf des Teuren Sarg" (KA II, 73, V. 1 f.). Der in Stuttgart geborene Johann Jakob Thill war Theologe, schriftstellerisch tätig und ein Vorbild für die jüngere Generation Schwabens. Das Gedicht zeigt, dass Hölderlin in seiner Jugend Leitbilder suchte, denen er nacheifern konnte. Am Ende seines Lebens ist er selbst zu einem Idol geworden – nicht nur in Schwaben.

Hölderlins Grab in Tübingen

# IV. Kontexte, Traditionsbezüge, Werkaspekte

## 1. Hölderlin und die Literatur um 1800

Jenseits von Klassik und Romantik

Die Literaturgeschichtsschreibung hat das literarische Feld um 1800 in die Klassik und die etwas später als diese einsetzende Romantik unterteilt, die wiederum in eine frühe, eine mittlere und eine späte Phase gegliedert wird. Die Vertreter der Weimarer Klassik, allen voran Goethe und Schiller, stehen in diesem Schema Romantikern wie Novalis und den Gebrüdern Schlegel als Antipoden gegenüber. Auf die literaturgeschichtliche Typologie soll in dieser Einführung nicht verzichtet werden. Zu beachten gilt allerdings, dass Klassik und Romantik keine in sich geschlossenen, homogenen Blöcke darstellen. Epochenbildungen sind nachträglich vorgenommene Bündelungen von Tendenzen, Strömungen und Stilen, die (vermeintlich) über ein hinreichendes Maß an Übereinstimmung verfügen. Die Kehrseite derartiger Ordnungs- und Orientierungsversuche besteht darin, dass sie zu Marginalisierungen, gar zu Ausschlüssen führen. So wurden denn auch die untereinander kaum Ähnlichkeiten aufweisenden Autoren Hölderlin, Johann Paul Friedrich Richter, alias Jean Paul, und Heinrich von Kleist lange Zeit gemeinsam am Rande des Kanons verortet, da sie sich nicht in die großen (re)konstruierten Epochen von Klassik und Romantik einfügen ließen. Hölderlin selbst war sich seiner literarischen Randständigkeit schmerzlich bewusst: „Ich bin mit dem gegenwärtig herrschenden Geschmack so ziemlich in Opposition" (KA I, 278), schreibt er 1797 an seinen Halbbruder Karl und fügt selbstsicher hinzu:

„[A]ber ich lasse auch künftig wenig von meinem Eigensinne nach, und hoffe mich durchzukämpfen." (Ebd.) Im Folgenden soll gezeigt werden, dass Hölderlins Werk trotz seiner Ungefügigkeit von der zeitgenössischen Literatur nicht unbeeinflusst geblieben ist. Es steht vielmehr in einem System von Verweisen und Austauschbeziehungen, deren Synergie etwas erzeugt hat, das dem damals herrschenden Geschmack in der Tat widerstrebte.

Aufbruch und Rückkehr

Kennzeichnend für die ‚Sattelzeit' um 1800 ist die Erfahrung einer gravierenden Verzeitlichung und Beschleunigung, wie sie politisch in den sich überschlagenden Ereignissen der Französischen Revolution zum Ausdruck gelangten. Darüber hinaus ist die romantisch-klassische Doppelepoche von dem Bewusstsein geprägt, eine Zeit der Krise, aber auch eine solche des Überganges zu sein (vgl. Koselleck 1987). Dies reflektierend, notiert Friedrich Schlegel in *Über die Unverständlichkeit*:

> Die neue Zeit kündigt sich an als eine schnellfüßige, sohlenbeflügelte; die Morgenröte hat Siebenmeilenstiefel angezogen. – Lange hat es gewetterleuchtet am Horizont der Poesie; in eine mächtige Wolke war alle Gewitterkraft des Himmels zusammengedrängt; jetzt donnerte sie mächtig, jetzt schien sie sich zu verziehen und blitzte nur aus der Ferne, um bald desto schrecklicher wiederzukehren: bald aber wird nicht mehr von einem einzelnen Gewitter die Rede sein, sondern es wird der ganze Himmel in einer Flamme brennen und dann werden euch alle eure kleinen Blitzableiter nicht mehr helfen. Dann nimmt das neunzehnte Jahrhundert in der Tat seinen Anfang [...]. (Schlegel 1967, S. 370 f.)

Klassik und Romantik inszenierten den Bruch mit dem Überkommenen. Das bedeutete jedoch keinen gänzlichen Verzicht auf Vergangenheit, es war nur nicht die unmittelbar vorausgegangene, die für die eigene Profilbildung taugte. Zurückgegriffen wurde daher auf die Andersartigkeit vermeintlich idealer

Vorvergangenheiten. Wie Novalis' Schrift *Die Christenheit oder Europa* exemplarisch belegt, bevorzugten die Romantiker überwiegend das christliche Mittelalter – für Hölderlin eine Epoche von geringer Bedeutung, wohl nicht zuletzt deshalb, weil er Christus und die durch ihn gestiftete Religion noch als Teil des antiken Mythos ansah. Demgegenüber erwählten sich die Klassizisten die polytheistische griechische Antike zur Bezugsgröße ihres Selbstverständnisses. Stilisiert wurde sie zu einem Goldenen Zeitalter der Menschheitsgeschichte, in dem man die ersehnten Ideale von Schönheit, Humanität und Ganzheitlichkeit verwirklicht glaubte. Woran die Gegenwart dabei gemessen wurde, war jedoch kein historisch reales Bild, sondern ein Konstrukt.

*Querelle des Anciens et des Modernes* I

Mit der Bestimmung der Differenz zwischen Antike und der als defizitär empfundenen Gegenwart ging die Frage einher, wie sich diese zu jener zu verhalten habe und auf welchem Wege die griechische Idealität wiederherzustellen oder eine neue zu erlangen sei. Einander gegenüber standen sich die Forderung, die antike Kunst nachzuahmen, und das Plädoyer, ein eigenes künstlerisches Profil zu entwickeln. Diese Diskussion ging in die Geistesgeschichte als *Querelle des Anciens et des Modernes* („Streit der Alten und der Neuen") ein. Ausgelöst wurde sie an der Wende vom 17. zum 18. Jahrhundert in Frankreich von dem Schriftsteller Charles Perrault, der den Vorbildcharakter der Antike infrage stellte, worauf ein anderer französischer Autor, Nicolas Boileau, mit heftigem Protest reagierte. In der Folge bildeten sich zwei Lager, die mit einer Flut an Veröffentlichungen um die Meinungshoheit rangen (vgl. Jauß 1964; Kortum 1966). Zwar waren um 1800 die wesentlichen Argumente längst ausgetauscht, dennoch behielt die *Querelle* ihre Funktion: Sie diente der programmatischen Selbstverortung, die gerade in einer Zeit des Überganges wichtig schien, in der sich die Vertreter sowohl der Klassik als auch der Romantik wähnten. Wirkmächtig formuliert wurde das klassizistische Nachahmungspostulat von Winckelmann in seinen *Gedancken über die Nachahmung der Griechischen Wercke in der Mahlerey und Bildhauer-Kunst* aus dem

Jahr 1755: „Der eintzige Weg für uns, groß, ja, wenn es möglich ist, unnachahmlich zu werden, ist die Nachahmung der Alten" (Winckelmann 2013, S. 10). Andere hingegen sahen in der antiken Überlieferung ein drückendes kulturelles Erbe, von dem es sich zu emanzipieren galt, da es die freie Entfaltung des Eigenen verhinderte. So ist auch dem um 1799 entstandenen Fragment Hölderlins *Der Gesichtspunkt aus dem wir das Altertum anzusehen haben* zu entnehmen, dass er die klassizistische Agenda als eine „Knechtschaft" (KA III, 507) erachtete, „womit wir uns verhalten haben gegen das Altertum" (ebd.). In Tübingen bewegte sich sein Denken allerdings noch ganz in klassizistischen Bahnen.

Charles Perrault

Nicolas Boileau

*Hölderlin und Winckelmann*

Klassizistische Anfänge

Eines der beiden Magisterspecimina Hölderlins befasst sich mit der *Geschichte der schönen Künste unter den Griechen* – eine Abhandlung, die sich an Winckelmann und dem Klassizismus orientiert. Dieser Einfluss macht sich in der Theorie der künstlerischen Affektdämpfung bemerkbar. Winckelmann hatte in seinen *Gedancken* die Laokoongruppe aus den Vatikanischen Museen zu einem Muster der griechischen Bildhauerei erhoben. Die Skulptur zeigt den Todeskampf des Priesters Laokoon und seiner Söhne, die von einem Meerungetüm umschlungen werden. Die Idealität der Gruppe besteht Winckelmann zufolge darin, dass der Todeskampf und der Schmerz der Dargestellten nicht in einer realistisch expressiven, sondern in einer verklärten und abgemilderten Form in Szene gesetzt sind:

Johann Joachim Winckelmann

> Das allgemeine vorzügliche Kennzeichen der Griechischen Meisterstücke ist endlich eine edle Einfalt, und eine stille Grösse, so wohl in der Stellung als im Ausdruck. So wie die Tiefe des Meers allezeit ruhig bleibt, die Oberfläche mag noch so wüten, eben so zeiget der Ausdruck in den Figuren der Griechen bey allen Leidenschaften eine grosse und gesetzte Seele. (Winckelmann 2013, S. 27 f.)

In unverkennbarer Anlehnung an Winckelmanns Beschreibung notiert Hölderlin in der *Geschichte der schönen Künste* zu der Jupiterstatue des Phidias, eines griechischen Bildhauers aus dem 5. Jahrhundert vor Christus:

> Dieses Ideal war von jeder Schlacke frei, welche vielleicht dem Bilde mehr Ausdruck gegeben, aber eben dardurch die edle Einfalt […] verdorben hätte. So ward sein Jupiter. Er war nicht der zürnende Jupiter: Zorn ist vorübergehend, das Bild steht ewig, wies gebildet ist. Zorn entstellt: das Bild des Griechen sollte schön sein, auch bei der höchsten denkbaren

Würde. Der zürnende Jupiter ward also unter Phidias Händen zum ernsten Jupiter. Majestätische Ruhe charakterisierte die Göttergestalt. (KA III, 490)

Laokoongruppe aus den Vatikanischen Museen

Jupiterstatue nach Phidias' Vorbild

An dieser Stelle geht Hölderlin sogar über Winckelmann hinaus: Die Vollkommenheit von Phidias' Statue gründet nicht darauf, dass sie den Affekt, die Gemütserregung, in gedämpfter Form zeigt, sondern darauf, dass sie ihn gänzlich fernhält. Aus dem zürnenden wird ein ernster Jupiter.

Hölderlin und der Zorn

Auch wenn der Zorn in dem Magisterspecimen ästhetisch sanktioniert wird und seine Überwindung in der Darstellung Jupiters einen Fortschritt in der Geschichte der Bildhauerei markiert, so ist er doch für Hölderlin von zentraler Bedeutung. Jochen Schmidt wies darauf hin, beschränkte sich in seiner Untersuchung allerdings auf Hölderlins Spätwerk (vgl. Schmidt 1967/68). Darin wird der Zorn in einem tragödientheoretischen Kontext als Affekt gedeutet, der das Bewusstsein des einzelnen Subjektes sprengt und dadurch eine Vereinigung mit dem Göttlichen ermöglicht. Doch auch in Hölderlins frühen Texten spielt der Zorn eine wichtige Rolle. In die Zeit, in der Hölderlin seine *Geschichte der schönen Künste* verfasste, fällt das Gedicht *Zornige Sehnsucht.* Darin klagt ein lyrisches Ich über die äußeren Umstände, die es in seiner Entwicklung hemmen: „Ich duld' es nimmer! ewig und ewig so / Die Knabenschritte, wie ein Gekerkerter / Die kurzen vorgemeßnen Schritte / Täglich zu wandeln, ich duld es nimmer!" (KA II, 80, V. 1–4) In den Zorn über die gesellschaftlichen Einschränkungen und Zurichtungen mengt sich die schon in der Ode *Mein Vorsatz* artikulierte Sehnsucht, dichterischen Ruhm zu erwerben. Dieser wird in *Zornige Sehnsucht* durch den Lorbeer symbolisiert, mit dem erfolgreiche Dichter bekränzt wurden: „Mich reizt der Lorbeer" (V. 6). Eine Parallellektüre des Gedichtes und der *Geschichte der schönen Künste* zeigt zum einen, dass Hölderlin zwar die Darstellung des Zornes verurteilte, ihn als einen politisch-revolutionären und künstlerisch kreativen Affekt aber durchaus positiv bewertete. Und zum anderen wird deutlich, dass sich in Hölderlins Werk Dichtung, Heroismus und politischer Kampf verschränken.

Achill

Mythologisch ist der Zorn prominent mit Achill verbunden, einer der heroischen Leitfiguren Hölderlins. In Homers *Ilias*, dem Anfang der europäischen Überlieferung, wird Achill gleich zu Beginn als ein zürnender Heros eingeführt: „Göttin, singe mir nun des Peleussohnes Achilleus / Unheilbringenden Zorn" (Homer 2005, 1,1 f.). Hölderlins Liebe zu Achill begann früh. Ihr erstes Zeugnis stammt aus der Zeit in Maulbronn, wo er den ersten und einen Teil des zweiten Gesanges der *Ilias* übersetzte. In dem Bruchstück *Über Achill (1)* findet sich zudem das Bekenntnis: „Mich freut es, daß du von Achill sprachst. Er ist mein Liebling unter den Helden, so stark und zart, die gelungenste, und vergänglichste Blüte der Heroenwelt" (KA III, 510). Noch in *Mnemosyne*, einer späten Hymne Hölderlins, wird der griechische Heros liebevoll-persönlich als „mein / Achilles" (KA II, 365, V. 35 f.) bezeichnet.

Homer

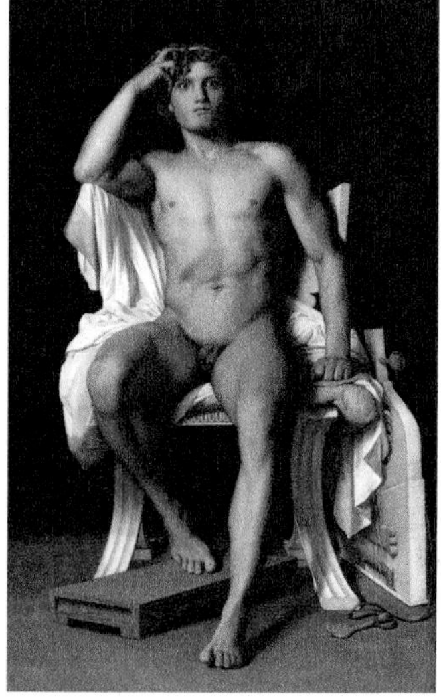

François-Léon Benouville: *Achills Zorn*

*Der zürnende Dichter*

Die Spannung zwischen der Affektabwehr, der die Statue des Phidias ihre Idealität verdankt, und dem Zorn als Signum heroischen, revolutionären und künstlerischen Strebens suchte Hölderlin aufzulösen, indem er ihn zu einem hoheitsvollen Habitus sublimierte. Diese Strategie zeigt sich in einem Epigramm aus dem Jahr 1799, dem Gustav Schwab und Ludwig Uhland in einer ersten Sammlung von Gedichten Hölderlins den Titel *Der zürnende Dichter* gaben. Der Anfang des Epigramms lautet: „Fürchtet den Dichter nicht, wenn er edel zürnet" (KA II, 221, V. 1). Der Zorn ist hier kein heftiger, explosiver Affekt, der den Zürnenden mit sich fortreißt und entstellt. Vielmehr ist er gemäßigt und würdevoll – eine Grundhaltung der Dichter, die „edel" über die kulturelle Krise der Gegenwart zürnen. Mit dem edlen Zorn tritt letztlich

Winckelmanns klassizistisches Ideal der Affektdämpfung wieder in Kraft. Allerdings wird Hölderlin im Laufe der Jahre ein eigenständiges, innovatives Antikebild und Kunstideal entwickeln, das mit den Vorgaben des Klassizismus kaum noch kompatibel ist.

*Hölderlin und Rousseau*

Rousseau vs. Pietismus

Rousseau ist sowohl der Philosophie als auch der Dichtung zuzurechnen. Die Entscheidung, ihn in einem Kapitel über die zeitgenössischen literarischen Referenzen Hölderlins zu behandeln, stützt sich auf dessen eigene Einordnung des französischen Schriftstellers. Am 4. Juni 1799 erläutert Hölderlin in einem Brief an Neuffer das Programm seines Journalprojektes *Iduna*: „Die übrigen Aufsätze werden enthalten I) charakteristische Züge aus dem Leben alter und neuer Dichter […]. So über Homer, Sappho, Aeschyl, Sophokles, Horaz, Rousseau (als Verfasser der Heloise) Shakesspear“ (KA I, 351). Die Frage, welchen Einfluss der „neue[ ] Dichter“ Rousseau auf Hölderlin ausübte, ist in der Forschung kontrovers diskutiert worden, die Bandbreite der Antworten ist groß. Manche bestreiten eine wesentliche Bedeutung (vgl. Mounier 1980), während nach Jürgen Links Einschätzung Rousseau für Hölderlin „die wichtigste Voraussetzung seines eigenen Denkens und Dichtens, ja seiner eigenen Existenz“ (Link 1999, S. 19) gewesen ist. Diese Annahme verbindet Link mit einer fundamentalen Kritik an einer lange Zeit vorherrschenden Deutungstradition innerhalb der Germanistik. Im Anschluss an die Arbeiten Friedrich Beißners wurde das Sinnzentrum von Hölderlins Werk auf eine Säkularisierung pietistischer Theologie und Glaubenspraxis zurückgeführt. Schmidt erweiterte diese Perspektive, indem er betonte, Hölderlins verweltlichter Pietismus sei synkretistisch mit Elementen des Spinozismus und des Pantheismus kombiniert worden. Solche Festschreibungen und das damit einhergehende Ausschließen anderer Einwirkungen werden der Bedeutungsdichte von Hölderlins Werk allerdings nicht gerecht. Es ist vielmehr davon auszugehen, dass seine litera-

Jean-Jacques Rousseau

rischen Texte sowie seine poetologische und philosophische Theoriebildung auf einer komplexen Dynamik von Aufnahme, Abwandlung und Weiterentwicklung heterogener Traditionsbestände beruht. Leugnen lässt sich der Einfluss Rousseaus jedenfalls nicht. Dass Hölderlin in Lyon in derselben Straße wohnte, in der Rousseau einige Dekaden zuvor als Hofmeister tätig gewesen war, dürfte kaum ein Zufall gewesen sein, sondern vielmehr eine Geste der Verehrung, die sich in den Rousseaukult um 1800 einfügt.

Der Intellektuelle in der Moderne

Hölderlin hat nachweislich Rousseaus *Du contrat social ou Principes du droit politique* (*Vom Gesellschaftsvertrag oder Prinzipien des bürgerlichen Rechtes*), *Julie ou La Nouvelle Héloïse* (*Julie oder Die neue Heloise*) sowie *Émile ou De l'éducation* (*Émile oder Über die Erziehung*) gelesen. Darüber hinaus dokumentieren Anspielungen eine intensive Beschäftigung mit den *Rêveries du promeneur solitaire* (*Die Träumereien des einsamen Spaziergängers*). Nicht zuletzt Rousseaus Biografie besaß für Hölderlin eine große Attraktivität, da er in ihr einen Spiegel für seine eigene Lebenssituation finden konnte. Die Nähe Hölderlins zu Rousseau bemerkte auch der Halbbruder Karl: „Ich habe schon manchmal Deinen Charakter mit dem Rousseau's verglichen, und ich glaube, Du wirst in dem Wesentlichen selbst die Ähnlichkeit zugestehn müssen, die der Deinige mit dem unseres Lieblings hat." (KA I, 532) Rousseaus Leben galt Hölderlin als Muster für die prekäre, sozial randständige Existenz des Intellektuellen in der Moderne. Dieser ist, so die Vorstellung, seiner Zeit voraus und verfügt über ein exklusives, gleichsam prophetisches Wissen, scheitert aber aufgrund der Ignoranz der Gesellschaft an seiner Bestimmung, einen kulturellen Wandel herbeizuführen, und zieht sich in der Folge als ein von der Masse Geächteter in das Asyl der Natur zurück. „Und mancher siehet über die eigne Zeit / Ihm zeigt ein Gott ins Freie" (KA II, 237, V. 5 f.), so beginnt die zweite Strophe der Ode *Rousseau*. In dem Gedicht ist allerdings nicht allein von Rousseau die Rede. Dieser steht paradigmatisch für „manche[ ]" ein, mit denen sich Hölderlin identifiziert hat. Den Auserwählten teilen sich die Götter nicht direkt mit, sondern über Zeichen oder ‚Winke', sodass die kulturelle Erneuerung an eine grundlegende hermeneutische Leistung gekoppelt ist: „Dem Sehnenden war / Der Wink genug, und Winke sind / Von Alters her die Sprache der Götter." (KA II, 238, V. 30–32) Aufgrund der Ungläubigkeit der Menge bleibt die Verkündung jedoch ungehört, „[e]insam[ ]" (KA II, 237, V. 12) ist sie, sogar ein „Ärgernis" (V. 7) stellt sie dar.

Das Asyl der Natur

Die Ruhe der Natur erscheint als ein Therapeutikum, um die Ablehnung durch die Gesellschaft zu bewältigen. Sie ist ein Topos in Hölderlins Werk, der sich gleichfalls von Rousseaus Biografie ableiten lässt. In dem Gedicht *An die Ruhe* spricht das lyrische Ich diese als „freundliche Trösterin" (KA II, 82, V. 9) an. Den Bezug zu Rousseau stellt die letzte Strophe des Gedichtes her: „Denn sieh', es wallt der Enkel zu seinem Grab, / Voll hohen Schauers, wie zu des Weisen Grab, / Des Herrlichen, der, von der Pappel / Säuseln umweht, auf der Insel schlummert." (V. 29–32) Bei Hölderlin ist die Pappel ein botanisches Symbol für Rousseau. Sie spielt auf dessen Grab an, das sich inmitten von Pappeln auf einer Insel im Park zu Ermenonville befand, bis Rousseaus Gebeine 1794 nach Paris in das Pantheon überführt wurden. Der Rückzug in die Natur wird auch in der 1801 in Hauptwil entworfenen Hymne *Der Rhein* thematisiert. Ausdrücklich nennt das Gedicht Rousseau im Zusammenhang mit „Halbgötter[n]" (KA II, 332, V. 135). Deren Privileg, die göttlichen Zeichen zu empfangen, wird mit der Last des Titanen Atlas verglichen, der in der Sage dazu verdammt ist, das Firmament auf seinen Schultern zu tragen. Der Bürde des Auserwählten stellt das Gedicht anschließend die Erfüllung im Asyl der Natur gegenüber: „Dann scheint ihm oft das Beste, / Fast ganz vergessen da, / Wo der Strahl nicht brennt, / Im Schatten des Walds / Am Bielersee in frischer Grüne zu sein" (V. 159–163). Die Stelle spielt auf die *Rêveries* an, in denen Rousseau selige Momente der Selbstvergessenheit schildert, die er 1765 in der Eremitage auf der Petersinsel im Bielersee erlebte.

Pappelinsel im Park von Ermenonville mit dem Sarkophag zu Ehren Rousseaus

## *Hölderlin und Klopstock*

*Mein Vorsatz*

Der Name ‚Klopstock' besetzt in Hölderlins Texten Schlüsselpositionen. Er erscheint als Traditionsbekenntnis in der jugendlichen Orientierungsphase des Maulbronner Klosterschülers, taucht aber auch später in der Selbstfindungsphase auf, in der sich Hölderlin von den Abhängigkeiten bestimmter Traditionen zu lösen begann. Die Ode *Mein Vorsatz* aus dem Jahr 1787 ist ein frühes Zeugnis für Hölderlins Dichtungstheorie. In den ersten zwei Strophen stellt sich das lyrische Ich die Frage, woher sein Bedürfnis nach Einsamkeit komme. Die dritte Strophe gibt indirekt in Form einer rhetorischen Frage die

Antwort darauf: „Ists heißer Durst nach Männervollkommenheit? / Ists leises Geizen um Hekatombenlohn? / Ists schwacher Schwung nach Pindars Flug? ists / Kämpfendes Streben nach Klopstocksgröße?" (KA II, 31, V. 9–12) *Mein Vorsatz* macht deutlich, dass die Literatur bereits für den jungen Hölderlin kein bloßes Nebenbei, erst recht kein Mittel der religiösen Erbauung war. Sie galt ihm vielmehr als ein Lebensentwurf, der ihm die Möglichkeit bot, Ruhm zu erwerben: „Ich erreich' ihn nie den / Weltenumeilenden Flug der Großen. // Doch nein! hinan den herrlichen Ehrenpfad!" (V. 15–17) *Mein Vorsatz* informiert nicht nur über Hölderlins frühes Dichtungsverständnis, sondern nennt mit Pindar und Klopstock zwei seiner wichtigsten Vorbilder.

Friedrich Gottlieb Klopstock

*poeta vates*

Seine Bestimmung als Dichter verstand Klopstock als religiöse Berufung. Damit rehabilitierte er das antike Konzept des *poeta vates*, des Dichter-Sehers, der in einer exklusiven Nähe zu den Göttern steht. Mit der Sakralisierung des Dichters verband Klopstock die Ansicht, Dichtung sei ein privilegierter Modus der Weltwahrnehmung und -deutung. Deshalb wollte er für den Dichter in der Moderne jenen herausragenden gesellschaftlichen Status zurückgewinnen, den er in der Antike (vermeintlich) besessen hatte. Es war dieser von Klopstock erhobene universale Geltungsanspruch der Dichtung, an den Hölderlin sein eigenes Programm anschließen konnte.

Inversion und *obscuritas*

Hölderlin empfing auch in stilistischer und formaler Hinsicht wichtige Anregungen von Klopstock. Dessen Lyrik orientierte sich an der antiken Poesie: an ihrer Reimlosigkeit und an ihren freirhythmischen Potenzialen. Klopstocks Dichtung war nach wie vor von einem Rhythmus geprägt, doch wurde dieser nicht mehr durch die Wiederholung eines festen metrischen Schemas erzeugt, sondern durch die flexible Kombination unterschiedlicher Versfüße. Aber nicht nur die freie Rhythmik brachte den feierlichen, erhabenen Ton von Klopstocks lyrischem Werk hervor, sondern auch die rhetorische Figur der Inversion, die Vertauschung der in der Prosa üblichen Wort- und Periodenfolge (vgl. Franz 2012/13). An dieser Verfremdungstechnik entzündete sich im 18. Jahrhundert eine poetologische Debatte. Johann Christoph Gottsched verpflichtete die Poesie auf die *perspicuitas*, auf das Ideal der Klarheit und Deutlichkeit. Die *perspicuitas* sollte die Dichtung unter anderem dadurch verwirklichen, dass sie eine von der Prosa vorgegebene Wort- und Satzstellung nachbildet. Gegen Gottscheds Poetik wandten sich Johann Jakob Bodmer, Johann Jakob Breitinger, Johann Gottfried Herder und Klopstock, die die lyrische Sprache von dem Diktat der logischen Ordnung zu befreien suchten (vgl. Vöhler 1992/93, S. 160–163). Mit dem Einsatz der Inversion errichtete Klopstock in seinen Werken Barrieren, die ein allzu rasches Verstehen verhindern. Damit stellte er – wie später Hölderlin – seine Dichtung in das rhetorische Register der *obscuritas*, einer bewusst kultivierten Dunkelheit der Rede (vgl. Walde/Brandt/Fröhlich/Seidel 2003). Sie hingen jedoch keinem Obskurantismus an. Beide verstanden ihre Dichtung als eine politisch und gesellschaftlich engagierte, die sich an die Öffentlichkeit richtete und die nicht nur das Kommende verkünden, sondern auch aktiv auf die gegenwärtigen Zustände einwirken sollte.

Klopstock vs. Schiller

Als sich Hölderlins Spätwerk kurz vor der Jahrhundertwende herauszubilden begann, erscheint der Name ‚Klopstock' erneut an einer programmatisch relevanten Stelle. In dem bereits zitierten Brief an Neuffer aus dem Jahr 1797 thematisiert Hölderlin selbstbewusst seine Randständigkeit im literarischen Feld der Zeit und wiederholt das Traditionsbekenntnis aus *Mein Vorsatz*: „Ich bin mit dem gegenwärtig herrschenden Geschmack so ziemlich in Opposition, aber ich lasse auch künftig wenig von meinem Eigensinne nach, und hoffe mich durchzukämpfen. Ich denke, wie Klopstock" (KA I, 278). Es folgt Klopstocks Epigramm *Ganz gute Bemerkung* aus der *Gelehrten-Republik*, das eine Kritik an der Auffassung formuliert, Poesie sei ein ästhetisches Spiel. Für Schiller war sie ein solches, für Klopstock und Hölderlin weitaus mehr: Beide sprachen der Dichtung eine gesellschaftlich-politische Funktion zu. Doch zunächst erwählte sich Hölderlin Schiller, der gegen Klopstock polemisierte, zum literarischen Leitstern, wie Günter Mieth (2007, S. 61) festhält: „Das Jahr 1790 dann bringt zunächst die Lösung zugunsten Schillers. Das Lied ‚An die Freunde', ‚Die Götter Griechenlands' und ‚Die Künstler' sind es, denen Hölderlins Reimstrophenlyrik bis zum Jahre 1796 verpflichtet ist."

*Hölderlin und Schiller*

Jugendträume

Schiller nahm von Anfang an einen besonderen Stellenwert für Hölderlin ein. In den erhaltenen Briefen aus Denkendorf und Maulbronn ist er der am häufigsten genannte Schriftsteller. Auf einer Reise nach Speyer im Jahr 1788, die ihn über Heidelberg, Schwetzingen und Mannheim führte, machte Hölderlin in Oggersheim Rast in dem „nämliche[n] Wirtshaus, in welchem sich der große Schiller lange aufhielt, nachdem er sich aus Stutgard geflüchtet hatte. Der Ort wurde mir so heilig – u. ich hatte genug zu tun, eine Träne im Auge zu verbergen, die mir über der Bewunderung des großen genialischen Dichters ins Auge stieg." (KA I, 47) Hölderlin gab sich zudem der Phantasie hin, seinem literarischen Leitstern persönlich zu begegnen: „Ach! wie manchmal hab ich ihm schon in Gedanken die Hand gedrückt, wenn er so eine Amalia von ihrem Carl schwärmen läßt." (KA I, 14) Offensichtlich hatte Hölderlin Schillers Trauerspiel *Die Räuber* gelesen: Carl ist eine der Hauptfiguren des Dramas, Amalia seine Verlobte. Daneben werden in den Briefen *Die Verschwörung des Fiesco zu Genua*, *Kabale und Liebe* sowie der *Don Carlos, Infant von Spanien* erwähnt.

Friedrich Schiller

*Die Götter Griechenlandes*

*Die Götter Griechenlandes* erschienen 1788 in Christoph Martin Wielands Zeitschrift *Der Teutsche Merkur*. In dem Gedicht entfaltet Schiller ein dualistisch strukturiertes Geschichtsmodell, das einen großen Einfluss auf Hölderlin ausübte. Die Antike preist Schiller hymnisch als eine „schöne Welt" (Schiller 2008, S. 162, V. 1), die er elegisch der eigenen, sinnentleerten und götterlosen gegenüberstellt: „Ausgestorben trauert das Gefilde, / Keine Gottheit zeigt sich meinem Blick, / Ach von jenem lebenwarmen Bilde / Blieb der Schatten nur zurück." (Ebd., S. 164, V. 93–96) Um die Nähe zwischen den Göttern und den Menschen in der Antike zu vergegenwärtigen, lässt Schiller über mehrere Strophen hinweg vor dem Leser einen Zug an Gottheiten und Heroen defilieren: Venus, Helios, Demeter, Persephone, Dionysos, Herkules sowie die Dioskuren Castor und Pollux – sie und weitere fügen sich zu dem mythologischen Mosaik eines Goldenen Zeitalters zusammen, in dem das Göttliche in der Natur und unter den Menschen präsent war. Ob Schiller den antiken Göttern eine reale Existenz zuerkannte, lässt das Gedicht offen. Gleichfalls offen lässt es die Frage, ob die kritisierte monotheistisch-rationalistische Moderne überwunden werden kann. Die Vision eines kommenden Ideals ruft das Gedicht jedenfalls nicht auf. Trost über den Verlust gewährt in *Die Götter Griechenlandes* die Kunst, die eine gleichsam religiöse Weihe erlangt. „Müßig kehrten zu dem Dichterlande / Heim die Götter" (ebd., S. 165, V. 117 f.). Und über die „schöne Welt" der Antike heißt es resigniert: „Ach nur in dem Feenland der Lieder / Lebt noch deine fabelhafte Spur." (Ebd., S. 164, V. 91 f.) Ein Refugium haben die aus der Welt geflohenen Götter also in der Poesie gefunden. „Das ist zwar besser als nichts", kommentiert Safranski, „doch Hölderlin wird allmählich bewusst, dass er noch mehr will. […] Dieses Göttliche mag in der Poesie einen Ort haben, doch es sollte […] einen Ort im Leben bekommen." (Safranski 2019, S. 72) Hölderlin entwickelte daher ein triadisches Geschichtskonzept: Auf die Antike folgt eine kulturelle Krise, die in einer nahe bevorstehenden Zukunft durch eine Wiederkehr des Göttlichen überwunden wird. Eine solche entwirft zum Beispiel die Hymne *Friedensfeier*. Dichtung ist vor diesem Hintergrund nicht nur ein Schrein, in dem die Erinnerung an die Vergangenheit nostalgisch aufbewahrt wird, sondern ein Mittel, um ein neues Goldenes Zeitalter heraufzubeschwören.

Scheinheilige Dichter

Um 1798, in der Zeit, als sich Hölderlin von Schiller allmählich zu lösen begann, entstand das Kurzgedicht *Die scheinheiligen Dichter*: „Ihr kalten Heuchler, sprecht von den Göttern nicht! / Ihr habt Verstand! ihr glaubt nicht an Helios, / Noch an den Donnerer und Meergott“ (KA II, 202, V. 1–3). Der Vorwurf der Heuchelei richtet sich gegen diejenigen, die mit dem mythologischen Bildungsschatz lediglich ein gelehrtes, virtuoses Spiel treiben. Hölderlin glaubte, darin Klopstock nahestehend, durch seine Dichtung unmittelbar in den Gang der Geschichte eingreifen zu können – eine Auffassung, die Schiller in dieser Form und Radikalität nicht teilte. Bildung des Einzelnen durch das ästhetische Spiel war dessen Agenda, keine kollektive Revolution. Es ist daher nicht auszuschließen, dass für Hölderlin Schiller einer der „scheinheiligen Dichter“ war. Dafür könnte sprechen, dass das Gedicht etwa zeitgleich mit anderen entstand, die in der Forschung als Invektive gegen den Weimaraner interpretiert wurden. Wie dem auch sei, Hölderlin bewunderte Schiller, doch es war nicht sein Anspruch, ihn einfach nur nachzuahmen. Sein Bestreben bestand vielmehr darin, Schiller zu überbieten – was von diesem nicht unbemerkt blieb und in der Folge zu Spannungen führte.

Hölderlin und/ als Phaeton

In Jena ging Hölderlins Jugendtraum von der Nähe zu Schiller in Erfüllung. Beinahe täglich trafen sich der Meister und sein Verehrer. Trotz der Unterwürfigkeit im persönlichen Umgang forderte Hölderlin Schiller auf dem Gebiet der Literatur und der ästhetischen Theoriebildung heraus. Als Reaktion darauf lässt sich Schillers Vermittlung eines Übersetzungsauftrages deuten: Ausgerechnet die Phaetonpassage aus Ovids *Metamorphosen* war es, die Hölderlin in die deutsche Sprache übertragen sollte, ein „alberne[s] Problem[ ]“ (KA I, 227), wie er später in einem Brief an Neuffer klagt. Phaeton maßt sich als Sterblicher an, den Sonnenwagen seines Vaters Apoll zu lenken, und geht darüber zugrunde, da nur der Gott in der Lage ist, die Sonnenrosse zu zügeln. Als Lektion lässt sich aus dem Mythos ableiten, dass das Aufbegehren gegen Autoritäten zum Untergang führt. Wie Schiller die mehr oder weniger subtilen literarischen Provokationen seines Schülers nicht entgangen sind, so hat auch Hölderlin die Bevormundungsversuche seines Vorbildes wohl kaum übersehen.

Peter Paul Rubens: *Der Sturz des Phaeton*

Emanzipation von Schiller

Die Spannung zwischen Wettstreit und Anhänglichkeit könnte einer der Gründe für Hölderlins fluchtartigen Aufbruch aus Jena gewesen sein. Nach der unerwarteten Entfernung aus der Einflusssphäre Schillers analysiert Hölderlin in einigen Briefen an diesen das ambivalente Verhältnis: „[V]on Ihnen dependier' ich unüberwindlich" (KA I, 264), heißt es am 20. Juni 1797. Und am 30. Juni 1798 merkt Hölderlin an: „Deswegen darf ich Ihnen wohl gestehen, daß ich zuweilen in geheimem Kampfe mit Ihrem Genius bin, um meine Freiheit gegen ihn zu retten“ (KA I, 298). Der Kampf um die eigene Freiheit gegen den übermächtigen Genius Schillers wird nicht nur in den Briefen ausdrücklich thematisiert, sondern gleichfalls in verschlüsselter Form literarisch ausgefochten, wie etwa in den unmittelbar nach dem Aufenthalt in Jena entstandenen Gedichten *An Herkules*, *An die klugen Ratgeber / Der Jüngling an die klugen Ratgeber* und *Die Eichbäume*.

### *Hölderlin und Goethe*

Eine unerhörte Begebenheit

In Jena trug sich in Schillers Haus eine unerhörte Begebenheit zu. Schiller befand sich in der Gesellschaft eines Fremden, der etwas abseits stand und kein großes Interesse an dem neuen Gast zeigte. Der Fremde wurde Hölderlin vorgestellt, doch der verstand den Namen nicht und schenkte ihm, ganz von seinem Idol eingenommen, keine Aufmerksamkeit: „Kalt, fast ohne einen Blick auf ihn begrüßt ich ihn, und war einzig im Innern und Äußern mit Schillern beschäftigt; der Fremde sprach lange kein Wort.“ (KA I, 160) Schiller brachte die neueste Ausgabe der *Thalia*, in der neben Hölderlins Gedicht *Das Schicksal* auch sein *Fragment von Hyperion* abgedruckt war. Daraufhin entfernte sich der Gastgeber für einige Augenblicke. Der Fremde kam näher, nahm die Zeitschrift vom Tisch, an dem Hölderlin stand, und blätterte darin, ohne ein Wort zu sprechen. Danach stellte er einige Fragen zu Charlotte von Kalb und Waltershausen, die Hölderlin wortkarg beantwortete. Als Schiller zurückkam, sprach man über das Theater in Weimar. Die Äußerungen des Fremden hätten vermuten lassen können, um wen es sich handelte. Doch Hölderlin ahnte nichts. Noch am selben Tag erfuhr er, dass Goethe diesen Mittag bei Schiller gewesen war.

Johann Wolfgang Goethe

Goethes Spuren

Dieser kuriose Vorfall ist bezeichnend für die ungleiche Verteilung von Hölderlins Aufmerksamkeit: Gemessen an Schiller spielte Goethe für ihn immer eine untergeordnete Rolle. Dennoch war dieser keineswegs ohne Bedeutung für ihn, wie zahlreiche intertextuelle Verweise belegen. Intensiv hat sich Hölderlin mit Goethes Briefroman *Die Leiden des jungen Werthers* sowie mit seinem Bildungsroman *Wilhelm Meisters Lehrjahre* auseinandergesetzt. Einen Niederschlag fand diese Beschäftigung insbesondere im *Hyperion*, in dem Hölderlin die beiden Romanmodelle Goethes aufgriff, kombinierte und zugleich entscheidend abwandelte.

### *Hölderlin und Herder*

*Iduna* und Palingenesie

Der Einfluss Herders auf Hölderlin lässt sich bereits früh nachweisen. So nimmt das Magisterspecimen *Parallele zwischen Salomons Sprichwörtern und Hesiods Werken und Tagen* explizit auf Herders *Briefe, das Studium der Theologie betreffend* und indirekt auf dessen Abhandlung *Vom Geist der Ebräischen Poesie* Bezug. Dass Hölderlin sein am Ende gescheitertes Journalprojekt *Iduna* nennen wollte, ist nicht nur ein Bekenntnis zu Herder, es ist zugleich eine Geste der Distanzierung von Schiller: Der geplante Titel lehnt sich an Herders Aufsatz *Iduna, oder der Apfel der Verjüngung* an, den Schiller heftig kritisierte. Iduna, einer Göttin der nordischen Mythologie, waren goldene Äpfel anvertraut, die eine verjüngende Wirkung besaßen. Mit der Sage assoziierten sowohl Herder als auch Hölderlin die Forderung nach einer kulturellen Erneuerung. Herder verwendet in seinem Aufsatz *Tithon und Aurora*, aus dem Hölderlin in einem Brief an Neuffer aus dem Jahr 1794 eine längere Passage zitiert (vgl. KA I, 144), für eine solche kulturelle Revolution den aus der stoischen Kosmologie stammenden Begriff der Palingenesie. In der Antike verwies er auf eine zyklische Neuschöpfung der Welt oder Wiederverkörperung der Seele. Bei Hölderlin findet er sich als Überschrift eines Gedichtentwurfes wieder (vgl. Beißner 1944). Den Vorstellungsbereich der Palingenesie verbindet Hölderlin in seinen Texten mit Offenbarungs- und Erweckungsszenarien, die teils die Dichter betreffen, teils diejenigen, auf die sie einwirken sollen.

Johann Gottfried Herder

Gleichfalls von Herder inspiriert worden ist Hölderlins Auseinandersetzung mit der Theorie der *translatio artis*. Herder hatte in seiner Schrift *Auch eine Philosophie der Geschichte zur Bildung der Menschheit* das seit der Antike überlieferte Konzept der Kulturwanderung erörtert. Diesem zufolge kam es im Verlauf der Geschichte zu einer geografischen Verlagerung der maßgeblichen zivilisationsstiftenden Leistungen von Ost nach West. Die Bewegung der Hochkulturen, so die Vorstellung, beginnt im Orient und führt über Griechenland und Rom bis hin zu den Ländern jenseits der Alpen. Gespiegelt wird die geschichtsphilosophische Theorie des kulturellen Übertragungsprozesses zum Beispiel in *An unsre großen Dichter*, in dem *Gesang des Deutschen* sowie in den Hymnen *Germanien* und *Am Quell der Donau*. Dort heißt es: „[S]o kam / Das Wort aus Osten zu uns, / Und an Parnassos Felsen und am Kithäron hör' ich / O Asia, das Echo von dir und es bricht sich / Am Kapitol und jählings herab von den Alpen" (KA II, 322, V. 35–39). Mythologisch verbunden wird die *translatio artis* von Hölderlin mit Dionysos beziehungsweise Bacchus, dessen römischem Äquivalent, der der Sage nach mit seinem Gefolge von Indien über Kleinasien nach Griechenland zog, wo er als Fremder in das Pantheon aufgenommen wurde. Die erste Strophe von *An unsre großen Dichter* lautet: „Des Ganges Ufer hörten des Freudengotts / Triumph, als allerobernd vom Indus her / Der junge Bacchus kam, mit heilgem / Weine vom Schlafe die Völker weckend." (KA II, 206, V. 1–4) Für Hölderlin ist Dionysos/Bacchus vor diesem Hintergrund eine mythologische Leitfigur für Interkulturalität und eines bereichernden migratorischen Importes fremder Wissensbestände.

*translatio artis*

Eine Nähe Hölderlins zu Herder besteht ferner in der Affirmation der Unterschiede zwischen den Kulturen, die in der Konsequenz zu einer Absage an das klassizistische Nachahmungspostulat führte. Die Eigenständigkeit einer jeden Kultur betonend, notiert Hölderlin im *Gesichtspunkt aus dem wir das Altertum anzusehen haben*, „daß wir im *Urgrunde aller Werke und Taten der Menschen*

Pluralität der Kulturen

*uns gleich und einig fühlen mit allen, sie seien so groß oder so klein, aber in der besondern Richtung* die wir nehmen" (KA III, 508). Hölderlin verteidigt die Individualität der kulturellen Entwicklung auch in dem programmatischen Brief an Böhlendorff vom 4. Dezember 1801. In ihm wird ein dialektisches Verhältnis zwischen dem kulturell Eigenen und dem Fremden entworfen, bei dem dieses nicht als ein zu imitierendes Vorbild oder Muster fungiert, sondern als ein notwendiger Erfahrungs- und Reflexionsraum für das Eigene.

### *Hölderlin und Heinse*

Dionysische Antike

Als „[m]ein ehrlich Meister" (KA II, 417, V. 11) bezeichnet Hölderlin den Schriftsteller Wilhelm Heinse in dem Gedichtentwurf ... *Der Vatikan* ... Eine Gelegenheit zum persönlichen Austausch ergab sich im Sommer 1796 in Kassel und Bad Driburg, als Heinse zu Hölderlin und Susette Gontard stieß, die vor der anrückenden Sambre- und Maas-Armee aus Frankfurt geflohen waren. Was der „Meister" Heinse Hölderlin vermitteln konnte, war das Bild einer orgiastischen, sinnenfreudigen Antike. Heinses Skandalroman *Ardinghello und die glückseligen Inseln* aus dem Jahr 1787 hatte die Zeitgenossen durch Nacktszenen und freizügige Dialoge empört. Die darin präsentierte Antike ist vom Prinzip des Dionysischen durchdrungen und hat mit Winckelmanns sublimiertem Griechenlandbild und einem Ethos des Maßes wenig gemeinsam (vgl. Pfotenhauer 1988/89). Es dürfte kaum ein Zufall sein, dass nach dem persönlichen Kontakt zu Heinse in Hölderlins Werk Dionysos, die Gottheit der dichterischen Inspiration und rauschhaften Begeisterung, an Bedeutung gewann. Sie erschien nun überall dort, wo ereignishafte Offenbarungs-, Erweckungs- und Erneuerungsszenarien geschildert werden (vgl. Bohrer 2015, S. 39–120). So tritt in der Elegie *Brot und Wein*, deren Widmungsträger bezeichnenderweise Heinse ist, Dionysos neben Christus als eine gleichsam messianische Figur.

Wilhelm Heinse

„Vater Äther"

Heinses pantheistische Anschauungen bestärkten Hölderlins eigene Spinozarezeption. Die ursprüngliche Substanz, aus der die Welt hervorgegangen ist und mit der sie sich wieder zu vereinen strebt, nennt Heinse im *Ardinghello* „Vater Äther": „Alles wechselt miteinander ab und geht wieder in das Eins zurück. *Vater Äther, aller Lebengeber*!" (Heinse 1975, S. 304) Bei Hölderlin wird der „Vater Äther" (KA II, 182, V. 2) als universale belebende und verbindende Naturmacht in dem Hexameterhymnus *An den Äther* angerufen, der kurz nach dem Treffen mit Heinse entstanden ist. Die Formulierung „Vater Äther" (KA II, 288, V. 65) lässt sich ebenfalls in der Elegie *Brot und Wein* nachweisen. Gegen die Reduktion des Äthers auf ein pantheistisches Symbol brachte Link (1999, S. 77–88) die Vermutung in Anschlag, dass hinter dem Begriff die zeitgenössische physikalische Theorie vom Äther als einer Licht-, Wärme-, Elektro- und Nervenmaterie steht. Ein Vertreter der naturwissenschaftlichen Ätherlehre war der Arzt Samuel Thomas Soemmerring. In *Über das Organ der Seele* stellte er die – aus heutiger Sicht gewiss abenteuerliche – These auf, das *sensorium commune*, also das Organ, das die Informationen der einzelnen Sinnessysteme zu einem ganzheitlichen Bewusstsein verbindet, bestehe in einer Gehirnflüssigkeit, für die er den Begriff „Äther" vorschlug. Hölderlin kannte Soemmerring. Dieser war ein Freund der Gontards und gehörte dem Kreis um Heinse an. Zudem war Hölderlin mit der Abhandlung *Über das Organ der Seele* vertraut, der er zwei Epigramme widmete: *Sömmerings Seelenorgan und das Publikum* sowie *Sömmerings Seelenorgan und die Deutschen*. Aufgrund der Dominanz der pietistischen und pantheistischen Deutungstradition hat die Literaturwissenschaft in der Tat lange Zeit vernachlässigt, dass das damalige naturwissenschaftliche Wissen in Hölderlins Werk Eingang gefunden hat „und dann poetisch in den mythischen Kode seiner ‚Götter'" (Link 1999, S. 81) übertragen wurde. Allerdings scheint Hölderlins Einstellung gegenüber Soemmerrings Theorie eher kritisch als affirmativ gewesen zu sein: „Gerne durchschaun sie mit ihm das herrliche Körpergebäude, / Doch zur Zinne hinauf werden die Treppen zu steil“ (KA II, 191, V. 1 f.), lautet das Epigramm *Sömmerings Seelenorgan und das Publikum.*

## 2. Hölderlin und die Französische Revolution

Aufbruch in eine neue Zeit

Von den Tübinger Stiftlern wurde die Französische Revolution begrüßt und als Fanal einer neuen Ära gedeutet. In der politischen Umwälzung im Nachbarland sah man das eigene Freiheitsstreben sowie die Ideale von Gleichheit und Gerechtigkeit verwirklicht. Rückblickend bezeichnete Hegel 1837 in seinen *Vorlesungen über die Philosophie der Geschichte* das historische Großereignis in Frankreich, auf die Lichtmetaphorik der Aufklärung zurückgreifend, als einen „herrliche[n] Sonnenaufgang“ (Hegel 1970, S. 529). „Eine erhabene Rührung“, heißt es weiter, „hat in jener Zeit geherrscht, ein Enthusiasmus des Geistes hat die Welt durchschauert, als sei es zur wirklichen Versöhnung des Göttlichen mit der Welt nun erst gekommen.“ (Ebd.) Unter dem Eindruck der Septembermorde und der jakobinischen Diktatur sahen sich jedoch viele in ihren Erwartungen getäuscht. Zu ihnen zählte auch Hölderlin. War sein Denken in Tübingen von der Hoffnung geprägt, dass mit der Französischen Revolution das „Reich Gottes“ (KA I, 146) angebrochen sei, so wurde dieses spätestens in Frankfurt in eine unbestimmte Zukunft verschoben.

Erklärung der Menschen- und Bürgerrechte

Hinrichtung Ludwigs XVI.

James Gillray: Karikatur auf die jakobinische Schreckensherrschaft

Hölderlin und der Jakobinismus

Hölderlin pflegte durchaus Kontakt zu konspirativen republikanischen Zirkeln, und 1805 wurde Sinclair, seit Jena einer seiner wichtigsten Freunde, zeitweilig wegen des Verdachtes auf Hochverrat in Württemberg festgesetzt. Angesichts dessen wurde in den sechziger und siebziger Jahren des 20. Jahrhunderts die Frage diskutiert, wie Hölderlin zum Jakobinismus stand. Ausgelöst hatte die Kontroverse Bertaux, der in seinem Buch *Hölderlin und die Französische Revolution* die These aufstellte, Hölderlin habe „der Gesinnung nach zu den deutschen Jakobinern" (Bertaux [2]1970, S. 13) gehört. Festgehalten werden muss zunächst, dass sich Hölderlin selbst nie zum Jakobinismus bekannte. Darüber hinaus ist es zu kurz gegriffen, einen Anhänger oder Sympathisanten der Revolution mit einem Jakobiner gleichzusetzen, wie dies Bertaux tut. Die These, Hölderlin sei ein Jakobiner gewesen, lässt sich nur dann vertreten, wenn man von der Zeit vor der *Terreur* ausgeht, in der die vornehmlich aus Bordeaux

Paul-Jacques-Aimé Baudry: *Die Ermordung Jean-Paul Marats durch Charlotte Corday*

Maximilien de Robespierre

stammenden Girondisten noch Teil des Jakobinerklubs waren. Um sie zeigt sich Hölderlin in einem Brief an seinen Halbbruder Karl vom Oktober 1793 besorgt: „Schreib mir's doch, wenn Du früher das nähere von dem Schicksale der Deputierten Guadet, Vergniaud, Brissot p.p. hörst. Ach! das Schicksal dieser Männer macht mich oft bitter." (KA I, 113) Die Sorgen waren berechtigt. Nur wenige Wochen später wurden die Genannten guillotiniert. Spätestens nach der Ausschaltung der Girondisten im Frühjahr 1793 lässt sich Hölderlin nicht mehr in ein affirmatives Verhältnis zum Jakobinismus bringen. Dies unterstreichen Aussagen über die Ermordung und Hinrichtung führender Akteure der Revolutionsdiktatur. So heißt es Ende Juli 1793 in einem Brief an Karl: „Daß Marat, der schändliche Tyrann, ermordet ist, wirst Du nun auch wissen. Die heilige Nemesis wird auch den übrigen Volksschändern zu seiner Zeit den Lohn ihrer niedrigen Ränke und unmenschlichen Entwürfe angedeihen lassen." (KA I, 105) Im Falle von Jean-Paul Marat, der für die Septembermassaker im Jahr 1792 verantwortlich gemacht wurde, war die „heilige Nemesis" die Girondistin Charlotte Corday, die den Jakobiner erstach. In ähnlicher Weise äußert sich Hölderlin über die Hinrichtung Maximilien de Robespierres: „Daß Robespierre den Kopf lassen mußte, scheint mir gerecht, und vielleicht von guten Folgen zu sein. Laß erst die beiden Engel, die Menschlichkeit und den Frieden, kommen, was die Sache der Menschheit ist, gedeihet dann gewiß! Amen." (KA I, 152)

Hölderlin und Napoleon

Am 9. November 1799 erzwang der Revolutionsgeneral Napoleon Bonaparte durch einen Staatsstreich die Abschaffung des Direktoriums und machte sich zum Ersten Konsul der Französischen Republik, die die Errungenschaften der Revolution mit monarchistischen Elementen kombinierte. Innen- wie außenpolitische Erfolge ermöglichten es Bonaparte, sich am 2. August 1802 zum Konsul auf Lebenszeit wählen zu lassen. Nachdem ihm durch eine Volksabstimmung und den Senat die Kaiserwürde angetragen worden war, krönte er sich am 2. Dezember 1804 selbst in der Kathedrale von Notre Dame. Nicht zuletzt unter dem Eindruck des Friedens von Campo Formio (1797), den Napoleon ausgehandelt hatte, verband sich mit dem charismatischen Revolutionsgeneral zunächst die Hoffnung auf eine dauerhafte europäische Friedensordnung. Spuren der Bewunderung für Napoleon finden sich bei Hölderlin in den um 1797 entstandenen Entwürfen *Die Völker schwiegen, schlummerten ...*, *Dem Allbekannten* sowie in dem Fragment *Buonaparte*. Gleichfalls in dem politischen Komplex der Napoleonverehrung zu verorten ist Hölderlins Versdichtung *Emilie vor ihrem Brauttag*. Ihre historische Kulisse bildet der Befreiungskampf Korsikas, Napoleons Heimat. Spekuliert wurde zudem darüber, ob sich hinter dem „Fürsten des Fests“ (KA II, 339, V. 15) in der Hymne *Friedensfeier* Napoleon verberge (vgl. Link 1999, S. 12). Zugleich gibt es die Vermutung, dass sich Hölderlin allmählich davon distanzierte, den Revolutionsgeneral zu einem gleichsam messianischen Heilsbringer und Versöhner der Völker zu idealisieren. Als Beleg wurde in der Forschung ein Brief an die Mutter angeführt. Nur wenige Tage nach Napoleons Staatsstreich am 9. November 1799 notiert Hölderlin in einem Postskriptum: „Eben erfahre ich, daß das französische Direktorium abgesetzt [...] und Buonaparte eine Art von Diktator geworden ist.“ (KA I, 404) Link macht allerdings darauf aufmerksam, dass der Begriff „Diktator“ im Gegensatz zum heutigen Gebrauch in Hölderlins Zeit nicht ausschließlich negativ konnotiert war. Er verweist in diesem Zusammenhang auf das Kapitel *De la dictature* (*Über die Diktatur*) aus Rousseaus *Contrat social* (vgl. Link 1999, S. 136).

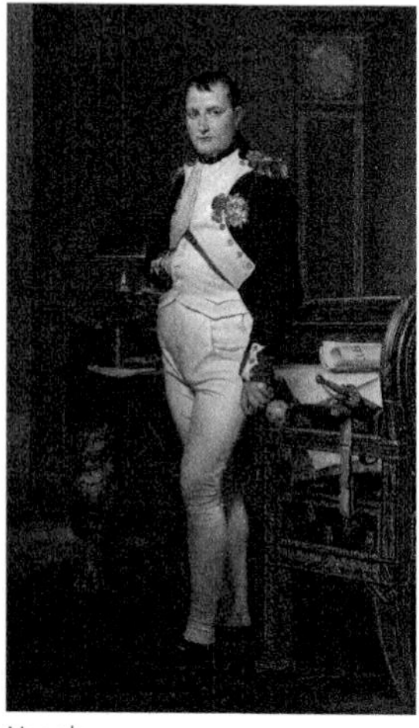

Napoleon

Jacques-Louis David: *Die Krönung in Notre Dame*

Revolution und Evolution

Ohnehin scheint es keinen konsistenten Hölderlin zu geben, sondern nur unterschiedliche Aspekte, die teils sich ergänzen, teils in einer gewissen Ambivalenz zueinander stehen. Das zeigen der um 1799 verfasste *Gesang des Deutschen* und die wohl in das Jahr 1801 fallende Hymne *Germanien*. Wie *Der Tod fürs Vaterland*, der in etwa zur selben Zeit entstanden ist, handeln auch diese beiden Gedichte von der Notwendigkeit einer kulturellen Erneuerung. Während jedoch *Der Tod fürs Vaterland* martialische Züge trägt und den Wandel an eine Revolution, einen radikalen Umbruch, koppelt, plädieren der *Gesang des Deutschen* und *Germanien* für eine kulturelle Evolution. Mit der Gegenüberstellung von Revolution und Evolution war häufig eine Deutung der unterschiedlichen Entwicklung von Frankreich und Deutschland verbunden (vgl. Schmidt 1993). Frankreich hat sich demnach für den Weg der politischen Umwälzung entschieden, während, so die Vorstellung, Deutschland dazu tendiert, die Krise der Zeit mit den Mitteln der Kultur zu überwinden, mit der Philosophie und der Dichtung etwa. Anstatt auf einen jähen Umsturz setzten zahlreiche deutsche Intellektuelle auf einen längerfristig angelegten Wandel durch Bildung. Die von der Dynamik der Revolution abweichende Eigenzeit einer durch kulturelles Kapital bewirkten Veränderung thematisiert Hölderlin im *Gesang des Deutschen* in der vierzehnten Strophe, in der das „Vaterland" (KA II, 226, V. 49) direkt angesprochen wird: „Noch säumst und schweigst du, sinnest ein freudig Werk, / Das von dir zeuge, sinnest ein neu Gebild, / Das einzig, wie du selber, das aus / Liebe geboren und gut, wie du, sei" (V. 53–56). Die Idee einer Evolution durch Bildung, die Hölderlin in Schillers Abhandlung *Über die ästhetische Erziehung des Menschen* vorgebildet fand, drückt sich auch in einem Brief an Ebel vom 10. Januar 1797 aus:

> Ich glaube an eine künftige Revolution der Gesinnungen und Vorstellungsarten, die alles bisherige schamrot machen wird. Und dazu kann Deutschland vielleicht sehr viel beitragen. Je stiller ein Staat aufwächst, um so herrlicher wird er, wenn er zur Reife kömmt. Deutschland ist still, bescheiden, es wird viel gedacht, viel gearbeitet, und große Bewegungen sind in den Herzen der Jugend [...]. Viel Bildung, und noch unendlich mehr! (KA I, 252)

## 3. Hölderlin und die Philosophie

### *Hölderlin und die Suche nach der Einheit*

Kant

Wie von der Französischen Revolution, so versprach man sich auch von Kant eine Zeitenwende. Das Bahnbrechende an seiner Philosophie war ihr Universalangriff auf traditionelle metaphysische Denksysteme. Raum, Zeit und Kausalität waren für Kant Schemata des Denkens, mit denen sich der Mensch die Außenwelt organisiert. Ob sie dieser jedoch selbst objektiv angehören, konnte Kant zufolge nicht entschieden werden. Zwar leugnete er nicht die Existenz einer vom Menschen unabhängigen Außenwelt, doch zu dieser könne die Erkenntnis nicht durchdringen: Jene ist ein unerreichbares, nicht zugängliches ‚Ding an sich', so lautet die Diagnose in der *Kritik der reinen Vernunft* aus dem Jahr 1781. Wie groß Hölderlins Bewunderung für den Philosophen aus Königsberg, den er bereits im Tübinger Stift eifrig studierte, noch im Jahr 1799 war, zeigt ein Brief an den Halbbruder Karl: „Kant ist der Moses unserer Nation, der sie aus der ägyptischen Erschlaffung in die freie einsame Wüste seiner Spekulation führt, und der das energische Gesetz vom heiligen Berge bringt." (KA I, 331) Wie Moses sein Volk aus der Knechtschaft führte, so führt Kant in Hölderlins Darstellung die Deutschen aus der selbstverschuldeten Unmündigkeit (vgl. Kant 1965, S. 1). Kant beließ es bei der Feststellung des ‚Dinges an sich' und seiner Unerkennbarkeit. Vielen jedoch reichte das nicht aus, und so begaben sie sich auf die Suche nach Möglichkeiten, die Trennung zwischen dem umfassenden Sein der Schöpfung und dem einzelnen Subjekt aufzuheben. Die Philosophie des deutschen Idealismus, prominent vertreten durch Fichte, Hegel und Schelling, ist als Reaktion auf das Ungenügen an Kants ‚Ding an sich' zu verstehen. Auch Hölderlin beschäftigte sich mit der Frage, wie die Spaltung zwischen Welt und Subjekt überwunden werden kann.

Immanuel Kant

Spinoza und der Pantheismus

Einen Ausweg aus Kants erkenntnistheoretischem Problem glaubte Hölderlin in der Philosophie Spinozas finden zu können. Der niederländische Philosoph des 17. Jahrhunderts war fast in Vergessenheit geraten, als er durch die 1785 erschienene Schrift *Über die Lehre des Spinoza in Briefen an den Herrn Moses Mendelssohn* von Friedrich Heinrich Jacobi eine Renaissance erfuhr. Bereits im Tübinger Stift setzte sich Hölderlin mit Jacobis Spinozarezeption auseinander, wie das um 1790 verfasste kommentierende Exzerpt *Zu Jakobis Briefen über die Lehre des Spinoza* (vgl. KA III, 492–495) belegt. Doch nicht nur auf dem Umweg über Jacobi machte sich Hölderlin mit Spinoza vertraut, er kannte auch die Primärtexte: „Schriften über und von *Spinoza*" (KA I, 78) habe er gelesen, ist einem Brief an die Mutter vom 14. Februar 1791 zu entnehmen:

> In dieser Zeit fielen mir Schriften über und von *Spinoza*, einem großen edeln Manne aus dem vorigen Jahrhundert, und doch *Gottesleugner* nach strengen Begriffen, in die Hände. Ich fand, daß man, wenn man genau prüft, mit der *Vernunft*, der *kalten* vom Herzen verlassenen Vernunft auf seine Ideen kommen *muß*, wenn man nämlich alles erklären will. (Ebd.)

Der Brief wurde häufig zu Unrecht als Beweis dafür gewertet, dass Hölderlin die Philosophie Spinozas, des „*Gottesleugner[s]*", ablehnte. Ein Gottesleugner ist Spinoza „nach strengen Begriffen", das heißt nach den Maßstäben der christlichen Dogmatik. Aus dem Brief geht indes keineswegs hervor, dass sich Hölderlin diese „strengen Begriffe[ ]" zu eigen machte und auch er Spinoza als einen zu verurteilenden Häretiker erachtete. Margarethe Wegenast sieht in dem Atheismusvorwurf Hölderlins eine Diskursstrategie, die sich allenthalben in seinen Briefen an die Mutter bemerkbar macht: „Höchst fragwürdig muß das angebliche Verdikt bereits erscheinen, wenn man der üblichen psychologisierenden Argumentation folgt, daß Hölderlin in seiner Korrespondenz die Mutter […] schonen, d. h. auf ihre pietistisch geprägten Erwartungen und

Gesinnungen eingehen wollte." (Wegenast 1990, S. 8) Gemessen an dem orthodoxen Gottesbegriff waren Spinozas Positionen durchaus ketzerisch. Er verabschiedete den christlichen Dualismus von Gott und Welt zugunsten der Vorstellung einer ewigen Substanz, die er mit Gott oder der Natur (*Deus sive Natura*) gleichsetzte. Gott war plötzlich kein von der diesseitigen Welt abgekapseltes Wesen mehr, das in einem fernen Jenseits residiert, sondern mitten unter den Menschen – eine schöpferische Macht, die den gesamten Kosmos durchwaltet. Woran Hölderlin Anstoß nahm, war nicht die heterodoxe Immanenz von Spinozas Gott; es war die „*kalte*[ ] vom Herzen verlassene[ ] Vernunft" (KA I, 78) der Philosophie Spinozas, die er zu beanstanden hatte. Als Gegenfigur zu dem bemängelten nüchternen Rationalismus setzt Hölderlin in dem Brief an die Mutter Christus ein, der bezeichnenderweise selbst die Diesseitigkeit des Göttlichen verkörpert: „Wer hilft uns aus diesen Labyrinthen? – Christus. Er zeigt durch *Wunder*, daß er das ist, was er von sich sagt, daß er Gott ist. Er lehrt uns Dasein der Gottheit und Liebe und Weisheit und Allmacht der Gottheit so deutlich." (KA I, 79)

Liebesphilosophie und Symbiosestreben

Das Schwanken zwischen Zustimmung und Kritik, wie es sich hier in Hölderlins Spinozarezeption findet, prägte grundsätzlich den Pantheismus des 18. und 19. Jahrhunderts. Einerseits konnten sich pantheistisch-vereinigungsphilosophische Konzepte auf den reformierten Gottesbegriff Spinozas berufen, andererseits lehnten sie wie Hölderlin dessen strengen und sterilen Rationalismus ab. Spinozas Substanzlehre reicherte der Pantheismus daher um eine Liebesphilosophie an, die sich aus neuplatonischen Quellen speiste, wie Herders Programmschrift *Liebe und Selbstheit. Ein Nachtrag zum Briefe des Hr. Hemsterhuis über das Verlangen* exemplarisch belegt. Liebe ist in diesem Zusammenhang als eine kosmische, gleichsam göttliche Macht zu verstehen, die eine ursprüngliche und umfassende Harmonie der Schöpfung garantiert. Dementsprechend preist Hölderlin in dem *Lied der Liebe* diese als ein „hohe[s] Wesenband" (KA II, 94, V. 12). Das ekstatische Symbiosestreben des Pan-

Baruch de Spinoza

theismus gerann zu der Formel des ἓν καὶ πᾶν („hen kai pan" = „Eins und Alles"), die Spinoza, auch wenn Hölderlin das in *Zu Jakobis Briefen über die Lehre des Spinoza* nahelegte (vgl. KA III, 492), selbst nie gebrauchte. Abgeleitet ist die vereinigungsphilosophische Losung aus der vorsokratischen Überlieferung, in der sie sich zwar nicht im Wortlaut nachweisen lässt, aber doch zumindest vorgeprägt findet, etwa bei Heraklit: „Verbindungen sind: Ganzes und Nichtganzes, Eintracht, Zwietracht, Einklang, Mißklang und aus allem eins und aus einem alles." (Diels [3]1912, S. 80)

Fichte

Bereits während seines ersten Aufenthaltes in Jena im November und Dezember 1794 besuchte Hölderlin regelmäßig die Veranstaltungen Fichtes und erhielt überdies Gelegenheiten zum persönlichen Austausch. Nach seiner Rückkehr aus Weimar im Januar 1795 wohnte er sogar in unmittelbarer Nachbarschaft zu Fichte. Hölderlins Beschäftigung mit ihm, nicht zuletzt mit seiner *Wissenschaftslehre*, belegt ein Brief an Hegel vom 26. Januar 1795:

> Fichtens spekulative Blätter – Grundlage der gesamten Wissenschaftslehre – auch seine gedruckten Vorlesungen über die Bestimmung des Gelehrten werden Dich sehr interessieren. Anfangs hatt' ich ihn sehr im Verdacht des Dogmatismus; er scheint, wenn ich mutmaßen darf auch wirklich auf dem Scheidewege gestanden zu sein, oder noch zu stehn – er möchte über das Faktum des Bewußtseins in der *Theorie* hinaus, das zeigen sehr viele seiner Äußerungen, und das ist eben so gewiß, und noch auffallender transzendent, als wenn die bisherigen Metaphysiker über das Dasein der Welt hinaus wollten – sein absolutes Ich (= Spinozas Substanz) enthält alle Realität; es ist alles, u. außer ihm ist nichts; es gibt also für dieses abs. Ich kein Objekt, denn sonst wäre nicht alle Realität in ihm; ein Bewußtsein ohne Objekt ist aber nicht denkbar, und wenn ich selbst dieses Objekt bin, so bin ich als solches notwendig beschränkt, sollte es auch nur in der Zeit sein, also nicht absolut; also ist in dem absoluten Ich kein Bewußtsein denkbar, als abso-

> lutes Ich hab ich kein Bewußtsein, und insofern ich kein Bewußtsein habe, insofern bin ich (für mich) nichts, also das absolute Ich ist (für mich) Nichts. (KA I, 176)

Johann Gottlieb Fichte

Die Stelle dokumentiert, dass Hölderlin bei aller Bewunderung für Fichte Vorbehalte gegen dessen Theorie hatte – schon in Waltershausen, aber auch in der Zeit der Niederschrift des Briefes. Die Nähe zu Fichte in Jena konnte an der kritischen Haltung nichts ändern. Bemerkenswert an Hölderlins Erläuterungen ist die Gleichsetzung von Spinozas Substanz mit dem ‚absoluten Ich' Fichtes, obwohl dieser in der *Wissenschaftslehre* seine Positionen in Abgrenzung zu Spinoza entwickelte. Die Überblendung der beiden Philosophen deutet jedoch nicht auf eine Fehlinterpretation oder ein Verständnisdefizit Hölderlins hin, sondern zeugt von einer souveränen Auseinandersetzung. Wie Fichte seine Theorie über eine Absetzbewegung von Spinoza profiliert und damit zu einer bewährten Überbietungstaktik greift, versucht Hölderlin Fichte zu überbieten, indem er nachzuweisen sucht, dass dessen Theorie doch nicht ganz so weit von Spinoza entfernt ist, wie jener glaubte. Mit Fichtes ‚absolutem Ich' verband sich ein unerhörtes Freiheitsversprechen, auch ein politisches, was ihn für die jüngere Generation ungemein attraktiv machte. Die revolutionsbegeisterten Studentenorden in Jena, die 1795 Krawalle anzettelten, beriefen sich in Teilen auf den Philosophen, wenngleich die Ausschreitungen nicht in dessen Sinne waren und er sich öffentlich gegen sie aussprach. Trotz Fichtes Anregungen, die das 1795 entstandene Fragment *Urteil und Sein* widerspiegelt (vgl. Henrich 1992/93), wich Hölderlin in einem entscheidenden Punkt von der „Seele von Jena" (KA I, 159) ab, die somit – wie Spinoza für Fichte – zu einer Selbstvergewisserung der eigenen Theoreme beitrug.

Pantheismus vs. Fichte

Von Fichte unterscheidet sich Hölderlin durch die Vorstellung, dass das Subjekt und das Objekt aus einer gemeinsamen Ursprungs- und Einheitsdimension hervorgegangen sind. Die Barriere, die Kant durch sein unerkennbares

‚Ding an sich' errichtete, glaubte Fichte überwinden zu können, indem er die objektive Welt dem Subjekt unterwarf: „[S]ein absolutes Ich (= Spinozas Substanz) enthält alle Realität; es ist alles, u. außer ihm ist nichts; es gibt also für dieses abs. Ich kein Objekt, denn sonst wäre nicht alle Realität in ihm" (KA I, 176). Hölderlin hielt an Kants Einsicht fest, dass das Ich seiner selbst nur dann bewusst werden kann, wenn es auf Objekte bezogen ist: „[E]in Bewußtsein ohne Objekt ist aber nicht denkbar" (ebd.). Als Voraussetzung für Erkenntnis erachtete er mithin eine grundlegende Differenz zwischen der Welt und dem Subjekt, also das, was Fichte mit seinem ‚absoluten Ich' gerade zu tilgen suchte. Anstatt durch die Absolutsetzung des Ich eine Hierarchie in das Verhältnis zwischen Subjekt und Objekt zu bringen, erkundete Hölderlin Wege, um in der Immanenz beide Sphären miteinander zu vereinen und das Sein – wie die vorgängige Ursprungsdimension in *Urteil und Sein* heißt (vgl. KA III, 502) – wiederherzustellen. In dieser Hinsicht bleibt Hölderlin pantheistisch-vereinigungsphilosophischen Denkfiguren verpflichtet, die er für eine Korrektur von Fichtes Theorie in Anschlag bringt.

Hölderlin und Heraklit

Ein Hinweis darauf, was die Vereinigung von Subjekt und Objekt ermöglicht, findet sich in einem Brief an Niethammer vom 24. Februar 1796. Hölderlin hatte Niethammer Beiträge für dessen *Philosophisches Journal* versprochen und kündigt in dem Schreiben Abhandlungen an, die er in provokanter Anlehnung an Schillers Briefe *Über die ästhetische Erziehung des Menschen* als *Neue Briefe über die ästhetische Erziehung des Menschen* zu nennen beabsichtigte:

> In den philosophischen Briefen will ich das Prinzip finden, das mir die Trennungen, in denen wir denken und existieren, erklärt, das aber auch vermögend ist, den Widerstreit verschwinden zu machen, den Widerstreit zwischen dem Subjekt und dem Objekt, zwischen unserem Selbst und der Welt, ja auch zwischen Vernunft und Offenbarung, – theoretisch, in intellektualer Anschauung, ohne daß unsere praktische Vernunft zu Hilfe kom-

> men müßte. Wir bedürfen dafür ästhetischen Sinn, und ich werde meine philosophischen Briefe „Neue Briefe über die ästhetische Erziehung des Menschen" nennen. Auch werde ich darin von der Philosophie auf Poësie und Religion kommen. (KA I, 225)

Die Stelle deutet an, dass die Überwindung der Spaltung von Subjekt und Objekt für Hölderlin in den Zuständigkeits- und Kompetenzbereich der Ästhetik und der Dichtung fällt. In dieser, unter anderem im *Hyperion*, nimmt er die in dem Brief an Niethammer umrissene Fragestellung sowie den skizzierten Lösungsansatz auf. Im Rekurs auf die Alleinheitsformel ἓν καὶ πᾶν formuliert er in der Vorrede zur vorletzten Fassung des *Hyperion* das vereinigungsphilosophische Grundproblem: „Die selige Einigkeit, das Sein, im einzigen Sinne des Worts, ist für uns verloren und wir mußten es verlieren, wenn wir es erstreben, erringen sollten. Wir reißen uns los vom friedlichen Εν και Παν der Welt, um es herzustellen, durch uns Selbst." (KA III, 256) Die Antwort darauf, wie die ursprüngliche Einheit restituiert werden kann, gibt die endgültige Fassung des *Hyperion*. Dem Athenbrief im zweiten Buch des ersten Bandes ist zu entnehmen: „Das große Wort, das εν διαφερον εαυτῳ (das Eine in sich selber unterschiedne) des Heraklit, das konnte nur ein Grieche finden, denn es ist das Wesen der Schönheit" (KA III, 92). Im *Hyperion* wird mithin die ästhetische Kategorie des Schönen als eine der Möglichkeiten identifiziert, um zu dem ἓν καὶ πᾶν der Schöpfung zurückzukehren.

Harmonisch-entgegengesetzt I: Hölderlins Dialektik

Der Passus im Athenbrief zeugt nicht nur von einem ästhetischen Lösungsansatz, sondern mit der Formel des „Eine[n] in sich selber unterschiedne[n]" zugleich von einem logischen. Aus der Beschäftigung mit Fichte resultierte ein für Hölderlin wie für die gesamte idealistische Philosophie zentrales Problem, nämlich das Verhältnis zwischen Gegensätzen. Hölderlin entwickelte im Rückgang auf Heraklit eine eigenständige dialektische Position. Dialektisch geprägt ist Hölderlins Denken insofern, als es mit Gegensätzen operiert, die aufeinander bezogen sind. Über die Dialektik hinaus weist es, da die angestrebte Einheit der Gegensätze – anders als bei Hegel – nicht durch eine Aufhebung oder Überwindung qua Synthese hergestellt wird. Selbst auf einer höheren Ebene bleibt die Konfliktgeladenheit der Oppositionen bewahrt. Die Einheit besteht folglich nicht in einer Versöhnung oder Neutralisierung der Gegensätze, diese bilden vielmehr die Einheit aus. In dem Fragment *Über die Verfahrungsweise des poëtischen Geistes* bringt Hölderlin diese Erkenntnis auf den paradoxen Begriff des Harmonischentgegengesetzten (vgl. KA III, 535). Zu ihm notierte Honold (2005, S. 294): „‚Harmonisch' ist im pythagoreischen Sinne ein Ganzes zu nennen, in dem Gegensätze nicht die Form eines kontradiktorischen Entweder-Oder annehmen, sondern *als Gegensätze zugleich* Raum haben." Dies nun machte der Dichter für sich fruchtbar:

> Daß sich Hölderlins Überlegungen in der Folge nicht mehr auf eine idealistische Schlichtung der Gegensätze ausrichteten, sondern ihre Wirkungsweise als solche in den Blick zu nehmen suchten, belegt die in der *Verfahrungsweise des poetischen Geistes* vom Frühjahr 1800 im Rekurs auf das pythagoreische Konzept ausgearbeitete Kategorie des „Harmonischentgegengesetzten" […]. Das „Harmonische" des Gegensatzes ist dabei keine moderierende Kompromißformel, sondern in fast tautologischer Weise selbst wieder dem Denken in Gegensätzen verpflichtet, gleichweit von Schellings Identitätsphilosophie wie von Hegels Begriff des Absoluten entfernt. (Ebd., S. 294 f.)

Johann Moreelse: Heraklit

Harmonisch-entgegengesetzt II: Hölderlins Tonlehre

Mit seiner Tonlehre überführte Hölderlin das logische Prinzip des Harmonischentgegengesetzten in den poetologischen Diskurs. In ähnlicher Weise wie später Friedrich Nietzsche hob er die musikalische Qualität der Dichtung hervor. Das bezog er insbesondere auf die Lyrik, die er demgemäß – wie etwa sein spätes Hymnenwerk – als „Gesang" bezeichnete. Dargelegt wird die Theorie von den Tönen und deren Fügung in den unfertigen, reichlich kryptischen Aufsätzen *Wechsel der Töne* und *Über den Unterschied der Dichtarten*, die während des ersten Homburgaufenthaltes entstanden sind (vgl. Borio/Polledri 2019; Ryan 1960). Auch in seiner Tonpoetik geht Hölderlin von der Annahme aus, dass Erkenntnis nur differenziell möglich ist: Damit etwas wahrgenommen und erkannt wird, bedarf es der Entgegensetzungen, die wechselseitig aufeinander verweisen. Ein historisches Vorbild für Hölderlins Tonlehre ist die bereits in der Antike erhobene Forderung nach rhetorischer *varietas*: einer ausgewogenen stilistischen Vielfalt in der Rede. Hölderlin unterscheidet zwischen einer naiven, einer heroischen und einer idealischen Tonlage (vgl. KA III, 524–526). Eingebunden sind die drei Töne in ein Netz von Analogiebildungen. Soweit es auf der Basis des spärlichen und bruchstückhaften Textmaterials rekonstruierbar ist, entspricht die tonale Dreiheit einer Dreiheit an menschlichen Temperamenten und Gemütsvermögen, darüber hinaus der Trias der literarischen Gattungen. Dabei verhält es sich nicht so, dass jeweils ein bestimmter Ton mit einer bestimmten Gattung korrespondiert. Vielmehr sollen die Ton- oder Stilregister in allen drei Gattungen vorkommen, allerdings in unterschiedlichen Mischungs- und Kombinationsverhältnissen. So verfügt jedes literarische Genre über einen leitenden Grundton, den die anderen Töne in einer gesetzmäßigen Abfolge und Kompositionsweise begleiten müssen (vgl. Szondi [6]2015, S. 119–169). Ulrich Gaier vermutet, dass Hölderlins Lehre vom Wechsel der Töne von Heinse und dessen musiktheoretischen Erwägungen in dem Roman *Hildegard von Hohenthal* inspiriert wurde (vgl. Gaier 1998/99). Demgegenüber stellt sie Link in den Kontext von Hölderlins Rousseaurezeption (vgl. Link 1999, S. 104–120).

Möglicherweise haben Heinse und/oder Rousseau auf Hölderlins Tonpoetik eingewirkt, das logische Prinzip des Harmonischentgegengesetzten wurde jedoch bereits von Heraklit auf die Musik übertragen. Dessen Theorie lässt sich gewiss nur schwer erschließen. Zum einen ist sein Werk lediglich in Fragmenten überliefert, zum anderen wurde ihm aufgrund seiner komprimierten Darstellungsart schon in der Antike der Beiname ‚der Dunkle' verliehen. Entscheidend für den vorliegenden Zusammenhang sind die Interpretationsansätze, die zu Hölderlins Lebzeiten im Umlauf waren. Einen Einblick in die Deutungskonventionen um 1800 bieten die *Vorlesungen über die Geschichte der Philosophie* Hegels. Im Rahmen seiner Auseinandersetzung mit Heraklit rekapituliert er in *Das logische Prinzip* die Tonlehre des Vorsokratikers wie folgt: „So auch bei den Tönen; sie müssen verschieden sein, aber so, daß sie auch einig sein können, – und dies sind die Töne an sich. Zur Harmonie gehört bestimmter Gegensatz, sein Entgegengesetztes" (Hegel [11]2020, S. 327).

### *Das älteste Systemprogramm des deutschen Idealismus*

Ungesicherte Autorschaft

1917 entdeckte der Philosoph Franz Rosenzweig ein zweiseitiges, titelloses Manuskript, das in der Forschung auf den Namen *Das älteste Systemprogramm des deutschen Idealismus* getauft wurde. Entstanden ist es in der Zeit, als sich Hölderlin und Hegel gemeinsam in Frankfurt aufhielten. Nachdem Hegel zunächst eine Hofmeisterstelle in Bern angenommen hatte, siedelte er im Jahr 1797 nach Frankfurt über, um bei dem Weinhändler Johann Noë Gogel eine von Hölderlin vermittelte Hauslehrerstelle anzutreten. Auch der persönliche Austausch zwischen Hölderlin und Schelling, dem dritten Mitglied des Tübinger Freundschaftsbundes, intensivierte sich in den Jahren 1795 und 1796 wieder (vgl. Safranski 2019, S. 133–135). Überliefert ist das *Systemprogramm* in Hegels Handschrift, was jedoch die Frage nach der Autorschaft nicht verbindlich zu klären vermag, da es sich um eine reine Abschrift handeln könnte. In der Forschung wurde der nur fragmentarisch erhaltene Text bald Hegel,

Friedrich Wilhelm Joseph Schelling

bald Hölderlin und bald Schelling zugesprochen, bald als Produkt eines kollaborativen Schreibaktes gedeutet. Wie auch immer es sich mit der Autorschaft verhalten mag, die im *Systemprogramm* niedergelegten Positionen lassen sich gleichermaßen mit Hegels, Hölderlins und Schellings Denken jener Zeit in Einklang bringen.

Die Überwindung des Staates

Das *Systemprogramm* ist ein politisches und ästhetisches Manifest von unerhörter Radikalität. Politisch radikal ist es insofern, als aus dem Freiheitsanspruch des Menschen, den der Entwurf erhebt, eine Überwindung des Staates in seiner überkommenen, institutionalisierten Form abgeleitet wird. Das Programm fordert „allgemeine Freiheit und Gleichheit der Geister" (KA III, 577) – Ideale, in denen der Wahlspruch der Französischen Revolution widerhallt. Erstrebt wird eine andere Weise des kollektiven Zusammenlebens als die bisher verwirklichten staatlichen Organisationsformen. Die anarchistischen und antiklerikalen Züge der Programmschrift erhalten im zweiten Absatz einen kämpferischen Ausdruck:

> Von der Natur komme ich aufs *Menschenwerk*. Die Idee der Menschheit voran – will ich zeigen, daß es keine Idee vom *Staat* gibt, weil der Staat etwas *mechanisches* ist, so wenig als es eine Idee von einer *Maschine* gibt. Nur was Gegenstand der *Freiheit* ist, heißt *Idee*. Wir müssen also auch über den Staat hinaus! – Denn jeder Staat muß freie Menschen als mechanisches Räderwerk behandeln; und das soll er nicht; also soll er *aufhören*. [...] Zugleich will ich hier [...] das ganze elende Menschenwerk von Staat, Verfassung, Regierung, Gesetzgebung – bis auf die Haut entblößen. Endlich kommen die Ideen von einer moralischen Welt, Gottheit, Unsterblichkeit – Umsturz alles Afterglaubens, Verfolgung des Priestertums, das neuerdings Vernunft heuchelt, durch die Vernunft selbst. (KA III, 575 f.)

Die Alternative zum traditionellen Staat besteht allerdings nicht in Willkür und Gesetzlosigkeit. In Hölderlins vermutlich zur selben Zeit wie das *Systemprogramm* entstandenem Aufsatz *Über Religion* wird dem „mechanische[n] *Zusammenhang*" (KA III, 562) ein „höheres *Geschick* zwischen ihnen [den Menschen] und ihrer Welt" (ebd.), ein „höhere[r] Zusammenhang" (ebd.) gegenübergestellt sowie „höhere Gesetze" (KA III, 563), die im Rückgriff auf Sophokles' *Antigone* als „ungeschriebene göttliche Gesetze" (ebd.) bestimmt werden.

Schönheit und Poesie

Dem politischen Bekenntnis folgt im *Systemprogramm* ein ästhetisches: Die übergeordnete Idee ist die „Idee der *Schönheit*" (KA III, 576). Im Anschluss an Platon wird Schönheit nicht nur als eine ästhetische, sondern zugleich als eine metaphysische und moralische Kategorie gedeutet, als eine Instanz, die zwischen der sinnlichen Welt der Erscheinungen und dem Absoluten vermittelt: „Zuletzt die Idee, die alle vereinigt, die Idee der *Schönheit*, das Wort in höherem platonischem Sinne genommen. Ich bin nun überzeugt, daß […] *Wahrheit und Güte, nur in der Schönheit* verschwistert sind." (Ebd.) Mit dem Primat der Schönheit geht eine Bestimmung des Verhältnisses von Philosophie und Dichtung einher. Stützen sich die „BuchstabenPhilosophen" (ebd.) allein auf Begriffe und Abstraktionen, vereinigen die Dichtung und die Schönheit das Besondere, Sinnliche und Anschauliche mit dem Allgemeinen und Absoluten. Der universale Geltungsanspruch der Dichtung führt am Ende, das als ein geschichtliches Telos verstanden wird, sogar dazu, dass die übrigen Künste und Wissenschaften, damit auch die Philosophie, überflüssig werden: „Die Poesie bekömmt dadurch eine höhere Würde, sie wird am Ende wieder, was sie am Anfang war – *Lehrerin der Menschheit*; denn es gibt keine Philosophie, keine Geschichte mehr, die Dichtkunst allein wird alle übrigen Wissenschaften und Künste überleben." (Ebd.) Die Vorstellung, Dichtung sei ein Metadiskurs, der alle anderen Disziplinen und Wissensbereiche umfasst, erinnert an das frühromantische Konzept der progressiven Universalpoesie, das von Novalis und Friedrich Schlegel verhandelt wurde. Eine solche Poesie soll zum einen die Trennung der literarischen Gattungen aufheben, indem sie Elemente der Lyrik, des Dramas und der Prosa miteinander kombiniert; zum anderen erhebt sie den Anspruch, gleichsam enzyklopädisch alle Wissenschaften in der Dichtung zusammenzuführen. In seinem *Athenäums*-Fragment 116 hält Friedrich Schlegel dementsprechend fest:

> Die romantische Poesie ist eine progressive Universalpoesie. Ihre Bestimmung ist nicht bloß, alle getrennte Gattungen der Poesie wieder zu vereinigen, und die Poesie mit der Philosophie und Rhetorik in Berührung zu setzen. Sie will, und soll auch Poesie und Prosa, Genialität und Kritik, Kunstpoesie und Naturpoesie bald mischen, bald verschmelzen, die Poesie lebendig und gesellig, und das Leben und die Gesellschaft poetisch machen, den Witz poetisieren, und die Formen der Kunst mit gediegnem Bildungsstoff jeder Art anfüllen und sättigen, und durch die Schwingungen des Humors beseelen. (Schlegel 1967, S. 182)

Neue Mythologie

Gleichfalls im Umfeld der Frühromantik diskutiert wurde das im *Systemprogramm* erörterte Konzept einer „neue[n] Mythologie" (KA III, 577). Es hilft, den von Hölderlin in *Über Religion* erwähnten „höhere[n] Zusammenhang" (KA III, 562) zwischen den Menschen und der Welt zu verdeutlichen. Mit der neuen Mythologie ist ein gemeinschafts-, identitäts- und sinnstiftendes kulturelles Narrativ gemeint, das jedoch nicht als Rückkehr zu einem voraufklärerischen oder vorwissenschaftlichen Weltbild verstanden werden darf. Die geforderte neue Mythologie muss eine „Mythologie der *Vernunft*" (KA III, 577) sein, dabei aber im Gegensatz zu der rein begriffsphilosophischen Erkenntnis die Dimension der Sinnlich- und Anschaulichkeit einbeziehen: „Dann erst erwartet uns *gleiche* Ausbildung *aller* Kräfte" (ebd.). Dass es der Dichtkunst zukommt, einen Mythos für die Moderne zu kreieren, zeigt im *Systemprogramm* der Abschnitt, in dem sie als eine Metadisziplin ausgewiesen wird. Eine Analogie findet diese kulturelle Bestimmung der Dichtung in der Skizze *Über Religion*: „So wäre alle Religion ihrem Wesen nach poëtisch. Hier kann nun noch gesprochen werden über die Vereinigung mehrerer zu einer Religion, wo jeder seinen Gott und alle einen gemeinschaftlichen in dichterischen Vorstellungen ehren" (KA III, 568). Hölderlins Werk ist Arbeit an einem neuen, der Moderne eigenen Mythos, und selbst seine Übersetzungen sind dieser Agenda verpflichtet. Sie sollen, wie die *Anmerkungen zur Antigonä* betonen, den antiken Mythos „unserer Vorstellungsart mehr [...] nähern" (KA III, 916) und die „Mythe [...] überall *beweisbarer* darstellen." (Ebd.)

Hölderlin, Hegel, Schelling

Nach der Entstehungszeit des *Systemprogramms* entfernten sich Hegels, Hölderlins und Schellings Positionen unwiderruflich voneinander. Hölderlin entschied sich für die Dichtung, Hegel und Schelling wählten die Philosophie: „Als einziger der drei Stiftler hält Hölderlin an der Überzeugung fest, nur eine Neue Mythologie könne die Wunden der Moderne heilen. Mit seiner Dichtung will er ihr den Weg bereiten", resümierte Karl-Heinz Ott (2019, S. 25). Besonders deutlich lässt sich das Auseinanderdriften der Positionen durch einen Vergleich zwischen Hegel und Hölderlin darlegen. Beide gingen von gemeinsamen Prämissen sowie von einer Verschränkung von Gattungspoetik und Geschichtsphilosophie aus (vgl. Szondi ²1976). Während jedoch Hölderlin daran festhielt, dass die Dichtung einen modernen Mythos zu entwickeln habe, und darüber nachdachte, wie dies technisch umgesetzt werden könne, machte Hegel die Philosophie zum disziplinären Telos der Geschichte. Ihm zufolge ist sie es, die alle übrigen Wissenschaften und Künste überlebt, nicht die Dichtung. Die wachsende Kluft zwischen Hölderlins und Hegels Theoriebildung scheint auch das persönliche Verhältnis der ehemaligen Stiftskameraden belastet zu haben (vgl. Henrich 2010, S. 9). Kein Wort über Hölderlin findet sich in Hegels *Vorlesungen über die Ästhetik*, obwohl in ihnen durchaus zeitgenössische Autoren, allen voran die Zelebritäten Goethe und Schiller, aber auch Außenseiter wie Jean Paul und Kleist erwähnt werden.

Hegel (rechts) und Napoleon in Jena 1806

Hegel, Porträt von Jakob Schlesinge

Hegel, Porträt von Carl Mittag

Hegel, Lithografie von Ludwig Sebbers

### *Hölderlin und Hegel*

Das ‚Ende' der Kunst

Seine *Vorlesungen über die Ästhetik* hielt Hegel zwischen 1818 und 1829 in Heidelberg und Berlin; überliefert sind sie durch die Mitschriften und Notizen seiner Studenten. In der Einleitung zum ersten Teil der *Vorlesungen* heißt es:

> In allen diesen Beziehungen ist und bleibt die Kunst nach der Seite ihrer höchsten Bestimmung für uns ein Vergangenes. […] Die *Wissenschaft* der Kunst ist darum in unserer Zeit noch viel mehr Bedürfnis als zu den Zeiten, in welchen die Kunst für sich als Kunst schon volle Befriedigung gewährte. Die Kunst lädt uns zur denkenden Betrachtung ein, und zwar nicht zu dem Zwecke, Kunst wieder hervorzurufen, sondern, was die Kunst sei, wissenschaftlich zu erkennen. (Hegel [14]2017, S. 25 f.)

Hegels Abgesang auf die Kunst wurde sowohl von den Zeitgenossen als auch in der Rezeptionsgeschichte oftmals als These vom Ende der Kunst fehlgedeutet (vgl. Geulen 2002). Wenn Hegel aber behauptet, die Kunst sei ein „Vergangenes", behauptet er keineswegs, dass die Kunst zu existieren aufgehört habe. Er stellt sogar in Aussicht, dass sie eine positive Entwicklung nehmen könne (vgl. Hegel [14]2017, S. 142). Der Vergangenheitscharakter der Kunst bezieht sich allein auf die „Seite ihrer höchsten Bestimmung" (ebd., S. 25), nämlich auf das Bedürfnis des „*absolute[n]* Geist[es]" (ebd., S. 128), sich im Medium der Kunst seiner selbst bewusst zu werden.

Ästhetik statt Poetik

Folgt man Hegels Ausführungen in den *Vorlesungen*, so scheint sich das Nachdenken über die Möglichkeiten moderner Kunst – und damit auch über die Poetik als Theorie und Praxis der Dichtkunst, um die es Hölderlin zu tun war – nicht zu lohnen. An die Stelle der Frage, nach welchen Regeln und Prinzipien Kunst hervorgebracht werden kann, setzt Hegel die „denkende[ ] Betrachtung" dessen, was Kunst ist. Wichtiger als die Poetik ist Hegel die philosophische Ästhetik. So hat ihm zufolge in der Moderne die Kunst ihre „höchste[ ] Bestimmung“ (ebd., S. 25) an die Philosophie abgetreten und haben „[d]er Gedanke und die Reflexion […] die schöne Kunst überflügelt“ (ebd., S. 24). Die Hierarchie zwischen dem „Gedanke[n]“ und der Kunst zeigt exemplarisch, wie weit sich Hegel im Laufe der Jahre von Hölderlin entfernt hat, obwohl sich ihre Positionen einst so nahe waren. Kurz bevor sich die beiden Stiftskameraden 1797 in Frankfurt wieder treffen sollten, verfasste Hegel in Bern ein Hölderlin gewidmetes Gedicht mit dem Titel *Eleusis*. Darin beschwört er die alte Freundschaft und nimmt eine Bestimmung des Verhältnisses zwischen dem „Gedanken“ und der Kunst, der gestaltenden „Phantasie“, vor, die derjenigen in den späteren *Vorlesungen* diametral entgegengesetzt ist: „Dem wiederkehrenden Gedanken fremdet, / ihm graut vor dem unendlichen, und staunend fast / er dieses Anschauns Tiefe nicht. / Dem Sinne nähert Phantasie das Ewige / vermählt es mit Gestalt“ (StA 7,1, 234, V. 34–38), heißt es in *Eleusis*.

Geschichte der Kunst

Im zweiten Teil der *Vorlesungen* widmet sich Hegel der Geschichte der Kunst. Die Epochenbildung gewinnt er aus der Bestimmung des Verhältnisses zwischen dem „*absolute*[n] Geist“ (Hegel [14]2017, S. 128) und der materiellen, sinnlichen Seite der künstlerischen Darstellung. Die vorgenommene Einteilung unterscheidet zwischen einer symbolischen, einer klassischen und einer romantischen Kunstform: „In dieser Weise *sucht* die symbolische Kunst jene vollendete Einheit der inneren Bedeutung und äußeren Gestalt, welche die klassische in der Darstellung der substantiellen Individualität für die sinnliche Anschauung *findet* und die romantische in ihrer hervorragenden Geistigkeit überschreitet.“ (Ebd., S. 392) Bei der symbolischen Kunst, der antiken Architektur, steht der geistige Gehalt noch hinter der Materialität zurück. Demgegenüber verkehren in der Moderne Musik und Malerei, die romantischen Kunstformen, dieses Verhältnis, indem in ihnen aufgrund der fortschreitenden Vergeistigung des Absoluten in der Weltgeschichte die äußere Gestalt der Idee untergeordnet ist. Gefunden wird die „freie adäquate Einbildung der Idee in die der Idee selber eigentümlich ihrem Begriff nach zugehörige Gestalt" (ebd., S. 109) in der griechischen Skulptur; gefunden wird damit eine gleichsam epiphanische Präsenz des Absoluten. Seine Differenzierungsarbeit setzt Hegel im dritten Teil der *Vorlesungen* auf einer weiteren Ordnungsebene fort, indem er die Unterscheidung zwischen der symbolischen, der klassischen und der romantischen Kunstform auf die Dichtung anwendet und zugleich modifiziert. Das Suchen wird dem Epos, das Finden der Tragödie – konkret: Sophokles' *Antigone* – und das Überschreiten der Lyrik zugewiesen. In der *Antigone* verwirklicht sich Hegel zufolge das Ideal als Übereinstimmung von Idee und Anschauung. Dementsprechend nimmt diese Tragödie in seinem Kanon eine unangefochtene Vorrangstellung ein: „*Antigone* [ist] [...] eine[s] der allererhabensten, in jeder Rücksicht vortrefflichsten Kunstwerke aller Zeiten." (Hegel [11]2018a, S. 60) Hegel erachtet den ins Werk gesetzten Superlativ der *Antigone* als Höhepunkt einer organisch modellierten Entwicklung. Was nach ihm kommt, ist nur noch ein Schwund- oder Verfallsphänomen.

Hölderlin vs. Hegel

Nachdem Hölderlin das Tübinger Stift verlassen hatte, intensivierte sich die Beschäftigung mit der Philosophie. Diese verstärkte Hinwendung beförderte seine „poëtischen Irren" (KA I, 315), wie er rückblickend einräumt. Damit meint er ein Sich-Verlieren im Abstrakten und einen Mangel an Welthaftigkeit. Das mühsame Ringen mit dem Konkreten und Realen führte Hölderlin auf seine Biografie zurück, vor allem auf die bedrückenden Erfahrungen in den Klosterschulen und im Stift (vgl. ebd.). Dass die Philosophie für ihn, den „verunglückte[n] Poët[en]" (ebd.), eine eskapistische Bewältigungsstrategie war, hält er in einem Brief an Neuffer aus dem Jahr 1798 fest: „Es gibt zwar einen Hospital [...] – die Philosophie. Aber ich kann von meiner ersten Liebe, von den Hoffnungen meiner Jugend nicht lassen, und ich will lieber verdienstlos untergehen, als mich trennen von der süßen Heimat der Musen" (ebd.). Die Krise, in die seine Lyrik nach Tübingen geraten war, überwand Hölderlin zur Jahrhundertwende. Im Gegensatz zu Hegel verschrieb er sich mithin nicht dauerhaft der Philosophie; er entwickelte sogar eine kritische Distanz zu ihr, die sich bereits in dem Magisterspecimen *Parallele zwischen Salomons Sprichwörtern und Hesiods Werken und Tagen* ankündigt. Während die Philosophie unermüdlich eine begriffliche Differenzierungs- und Zergliederungsarbeit verrichtet, dadurch aber einzig den Verstand anspricht, ist es Hölderlin zufolge das Ziel der Dichtung, darüber hinaus auf das Empfindungsvermögen des Menschen einzuwirken: „Wo wir zergliedern, wo wir deutliche Begriffe haben, empfinden wir schlechterdings nicht. Der Dichter will aber auf das Empfindungs- und Begehrungs-Vermögen wirken" (KA III, 468). Dies gelingt ihm, indem er Begriffe, also Abstraktionen und Verallgemeinerungen, versinnlicht und in eine konkrete, anschauliche Gestalt bringt, etwa durch das Mittel der Personifikation (vgl. ebd.). Einen reichen Fundus programmatisch verwertbarer Figuren bietet dabei der antike Mythos. Die Erkenntnis, dass sich die Dichtung sowohl an das Denk- als auch an das Empfindungsvermögen des Rezipienten wendet und damit eine ganzheitliche Bildung ermöglicht, ist eine Konstante in Hölderlins Werk. Sie wird nicht nur in dem frühen Magisterspecimen formuliert, sondern auch in den *Anmerkungen zur Antigonä* aus der Spätzeit: „So wie nämlich immer die Philosophie nur ein Vermögen der Seele behandelt, so daß die Darstellung dieses Einen Vermögens ein Ganzes macht, und das bloße Zusammenhängen *der Glieder* dieses Einen Vermögens Logik genannt wird; so behandelt die Poësie die verschiedenen Vermögen des Menschen" (KA III, 913). Diejenige Erkenntnisweise, die über die rein theoretische hinausgeht und alle Vermögen des Menschen einschließt, bezeichnete Hölderlin als „intellektuale Anschauung" (vgl. KA III, 502). Während in Hegels *Vorlesungen über die Ästhetik* „[d]er Gedanke und die Reflexion [...] die schöne Kunst überflügel[n]" (Hegel [14]2017, S. 24), ist diese für Hölderlin aufgrund ihrer Ganzheitlichkeit der Philosophie überlegen. Die Kunst, im Besonderen die Dichtkunst, hat bei ihm ihre höchste Bestimmung in der Moderne keineswegs eingebüßt, im Gegenteil: Dichtung leistet den maßgeblichen Beitrag zu deren Neubegründung. Sucht Hegel in seiner Ästhetik das Wesen der Kunst historisierend zu erforschen, stehen bei Hölderlin die Poetik, die technischen Grundlagen der Dichtung im Mittelpunkt, und zwar die einer genuin modernen. Von der Poetik versprach sich Hölderlin für den Dichter sogar die Sicherung einer bürgerlichen Existenz:

> Es wird gut sein, um den Dichtern, auch bei uns, eine bürgerliche Existenz zu sichern, wenn man die Poësie, auch bei uns, den Unterschied der Zeiten und Verfassungen abgerechnet, zur *μηχανη* [= ‚Technik', ‚Handwerk'] der Alten erhebt. […] Der modernen Poësie fehlt es aber besonders an der Schule und am Handwerksmäßigen, daß nämlich ihre Verfahrungsart berechnet und gelehrt, und wenn sie gelernt ist, in der Ausübung immer zuverlässig wiederholt werden kann. (KA III, 849)

Dass Hölderlin Dichtung wortwörtlich als ein *Hand*werk, als Werk der (schreibenden) Hand auffasste, zeigt die letzte Strophe der um 1803 entstandenen Ode *Blödigkeit*: „Gut auch sind und geschickt einem zu etwas wir, / Wenn wir kommen, mit Kunst, und von den Himmlischen / Einen bringen. Doch selber / Bringen schickliche Hände wir." (KA II, 319, V. 21–24) Schon Benjamin machte auf den „Doppelsinn des Wortes ‚geschickt'" (Benjamin 1977, S. 115) in *Blödigkeit* aufmerksam. Zum einen hat der Dichter eine Sendung: Er ist von den Göttern geschickt, um zwischen ihnen und den Menschen zu vermitteln. Zum anderen vermag er das Material der Sprache geschickt zu bearbeiten. Mehrdeutig sind auch die „schickliche[n] Hände". Wie das Wort „geschickt" verweisen sie wortspielerisch auf die Kunstfertigkeit des Dichters. Darüber hinaus bezieht sich „schicklich" auf die antike Rhetorik. Bei den römischen Rhetoren und Denkern Cicero und Quintilian etwa ist das *decorum* beziehungsweise *aptum*, das Schickliche und Angemessene, eine Leitkategorie, die sich auch in der ästhetischen Theoriebildung des 18. Jahrhunderts etabliert hat.

## 4. Hölderlins Antikerezeption

### *Hölderlin und Platon*

Platonlektüre

Mit Platons Schriften befasste sich Hölderlin bereits im Tübinger Stift. Ein Brief an Neuffer aus dem Jahr 1793 gibt in Form einer begeisterten Vision Auskunft über Hölderlins Lektüre:

> [...] aber dieses vielleicht schreckt mich eben nicht immer, am wenigsten in den Götterstunden, wo ich aus dem Schoße der beseligenden Natur, oder aus dem Platanenhaine am Ilissus zurückkehre, wo ich unter Schülern Platons hingelagert, dem Fluge des Herrlichen nachsah, wie er die dunkeln Fernen der Urwelt durchstreift, oder schwindelnd ihm folgte in die Tiefe der Tiefen, in die entlegensten Enden des Geisterlands, wo die Seele der Welt ihr Leben versendet in die tausend Pulse der Natur, wohin die ausgeströmten Kräfte zurückkehren nach ihrem unermeßlichen Kreislauf, oder wenn ich trunken vom Sokratischen Becher, und sokratischer geselliger Freundschaft am Gastmahle den begeisterten Jünglingen lauschte, wie sie der heiligen Liebe huldigen mit süßer feuriger Rede, [...] und endlich der Meister, der göttliche Sokrates selbst mit seiner himmlischen Weisheit sie alle lehrt, was Liebe sei [...]. (KA I, 102)

Inmitten der Mauern des ungeliebten Stifts flüchtete sich Hölderlin in eine befreiende Fantasie, die ihn als eifrigen Leser Platons ausweist. Das „Gastmahl[ ]" und die Rede des Sokrates über die Liebe beziehen sich auf den Dialog *Symposion*. Mit der „Seele der Welt", aus der alle Dinge hervorgehen und in die sie zurückzukehren streben, beschäftigt sich der Dialog *Timaios*. Und der „Platanenhain[ ]" am Flüsschen Ilissus bildet die Szene des Dialoges *Phaedros*. Wenn sich Hölderlin dort als „unter Schülern Platons hingelagert" imaginiert, überblendet er die fiktionale Kulisse des *Phaedros* mit dem historisch realen Standort von Platons Akademie, die sich zwar ebenfalls vor den Toren Athens in einem Platanenhain befand, aber nicht am Ilissus, sondern am Fluss Cephissus gelegen war. Binder wies zudem darauf hin, dass der Name „Menon" (vgl. *Menons Klagen um Diotima*) auf den gleichnamigen Dialog Platons anspielt (vgl. Binder 1961/62, S. 100), in dem Sokrates seine Theorie der Erinnerung ausführt.

Römische Kopie eines griechischen Platonporträts

Platons Akademie

*loci*-Methode

Die mit Platon verbundenen Orte haben in Hölderlins Werk unter anderem die Funktion, das Bild altgriechischer Idealität heraufzubeschwören. So wird etwa im *Gesang des Deutschen* Platons Schule, der „fromme[ ] Garten", mit der Sinnkrise der Gegenwart kontrastiert: „Wenn Platons frommer Garten auch schon nicht mehr / Am alten Strome grünt und der dürftge Mann / Die Heldenasche pflügt, und scheu der / Vogel der Nacht auf der Säule trauert." (KA II, 225, V. 29–32) Wie im Falle der Pappel oder des Bielersees, die auf

Rousseau anspielen, können sich die platonischen Erinnerungsbilder verselbstständigen. Historisch, mythologisch oder literarisch einschlägige Orte rufen komplexe Aussagestrukturen hervor. Damit greift Hölderlin auf eine von der antiken Rhetorik entwickelte Mnemotechnik zurück, auf die sogenannte *loci*-Methode. Diese nutzt Topografien als Erinnerungshilfe, indem sie sie mit bestimmten Sachverhalten und Vorstellungen assoziiert (vgl. Bennholdt-Thomsen 1995, S. 300–307).

Enthusiasmustheorie

Prägend für Hölderlin war die Enthusiasmustheorie in Platons *Phaedros*. Im Anschluss an die bis auf Homer zurückreichende Tradition des Musenanrufes führt Platon die Dichtung auf eine göttliche Beseelung zurück. Die Bewertung der dichterischen Begeisterung fällt dabei zwiespältig aus: Dadurch, dass der Enthusiasmus göttlichen Ursprunges ist, im *Phaedros* konkret im Zeichen des Dionysos steht, verfügt der Dichter über einen privilegierten Zugang zur Wahrheit und ein göttlich autorisiertes Wissen. Allerdings ist er im dichterischen Schöpfungsakt Platon zufolge ein Besinnungs- und Vernunftloser, der keine Rechenschaft über sein Handeln abzugeben vermag, mithin kein Wissen darüber besitzt, nach welchen Regeln sich Dichtung hervorbringen lässt. Dem rauschhaften Zustand des Dichters stellt Platon den eigenen Tätigkeitsbereich des Philosophierens gegenüber, das auf bewussten, rationalen Erkenntnisprozessen beruht. Platons Argumentation mündet schließlich in das Urteil, dass das Wissen des Philosophen demjenigen des Dichters überlegen ist (vgl. Fuhrmann 1973, S. 72–90). Das erinnert an Hegel, und Hölderlins Haltung dazu ist im Grunde die gleiche wie bei dem zeitgenössischen Philosophen. Er lässt sich zwar von der platonischen Enthusiasmus- und Inspirationslehre anregen, wandelt diese aber entscheidend ab: Zum einen verkehrt er die Hierarchie zwischen Dichtung und Philosophie und beanstandet deren eindimensionale, sich allein an den Verstand adressierende Wirkung. Zum anderen ergänzt er Platons produktionsästhetisches Modell der göttlichen Begeisterung um einen poetologischen Anspruch: Dichtung ist nicht nur ein enthusiastisches Sprechen, sondern auch ein Handwerk, das über ein bestimmtes, reproduzierbares Regelwissen verfügt.

Liebe und Schönheit

Wichtige Quellen für Hölderlin sind der *Phaedros* und das *Symposion* nicht zuletzt wegen der in ihnen erörterten Theorien der Schönheit und der Liebe. Im *Symposion* gibt der „göttliche Sokrates" (KA I, 102) die Sage von der Geburt des Eros wieder, die ihm Diotima, eine Priesterin aus Mantinea, berichtet hat. In Sokrates' Rede wird die Liebe als ein universales Prinzip bestimmt, das alle Dinge untereinander verbindet und einen Aufstieg aus der vergänglichen Welt der Erscheinungen zu einer allen Erscheinungen zugrunde liegenden Ursprungsdimension ermöglicht. Demgemäß preist Hölderlin in der ersten Fassung vom *Lied der Liebe* diese als ein „hohe[s] Wesenband" (KA II, 94, V. 12). In dem Gedicht wird die Liebe jedoch nicht allein als makrokosmisches Prinzip vorgestellt. Sie wirkt zugleich im menschlichen Mikrokosmos und vermag soziale Unterschiede und Despotismus zu überwinden: „Liebe wallt in Wüsteneien, / Höhnt des Dursts im dürren Sand, / Sieget, wo Tyrannen dräuen" (KA II, 95, V. 33–35). Im Anschluss an Platon knüpft Hölderlin einen inneren Zusammenhang zwischen Schönheit und Liebe. Schönheit begreift er als das Streben nach Liebe. Sie ist das zentrale Thema des *Phaedros*. Dass gerade diesem Dialog eine herausragende Bedeutung für Hölderlin zukommt, belegt ein Brief an Neuffer aus dem Jahr 1794. In ihm kündigt Hölderlin einen „Aufsatz über *die ästhetischen Ideen*" (KA I, 157) an, den er selbst als einen „Kommentar über den Phädrus des Plato" (ebd.) sowie als Kritik an Kant und Schiller verstanden hat:

> Im Grunde soll er eine Analyse des Schönen und Erhabnen enthalten, nach welcher die Kantische vereinfacht, und von der andern Seite vielseitiger wird, wie es schon Schiller zum Teil in s. Schrift über Anmut und Würde getan hat, der aber doch auch einen Schritt weniger über die Kantische Grenzlinie gewagt hat, als er nach meiner Meinung hätte wagen sollen. (Ebd.)

Der erwähnte Aufsatz ist zwar nicht überliefert, es lässt sich aber rekonstruieren, worin Hölderlins Kritik bestanden haben dürfte (vgl. Franz 1992/93, S. 120). Bei allen Differenzen im Detail war die Schönheit sowohl für Kant als auch für Schiller eine ästhetische und eine moralische Qualität. Über diese Verschränkung von Ästhetik und Moral ging Hölderlin hinaus, indem er, darin Platons *Phaedros* folgend, die Schönheit zugleich als eine metaphysische Kategorie deutete: als ein Zeichen, das aus der begrenzten Welt der Erscheinungen hinaus- und auf das Absolute hinweist.

Anselm Feuerbach: *Das Gastmahl Platons*

József Simmler: *Diotima von Mantinea*

Das Schöne und das Erhabene

Schönheit ist ein Leitbegriff in Hölderlins Werk, ebenso zentral sind aber auch die Begeisterung und verwandte transgressive Affekte wie der Zorn. Daraus resultiert eine Spannung in Hölderlins impliziter Ästhetik. Die Begeisterung verweist nämlich nicht auf die Kategorie des Schönen, sondern auf diejenige des Erhabenen, auch wenn dieses im Gegensatz zum Schönen in Hölderlins

Texten kaum ausdrücklich Erwähnung findet. Dass die Begeisterung dem ästhetischen Komplex des Erhabenen zugehört, verdeutlicht Longins Traktat *Peri hypsous* (Περὶ ὕψους = *Vom Erhabenen*), der die rhetorische wie poetologische Bedeutung von Platons Enthusiasmustheorie erschließt: „‚Longins' Schrift *Vom Erhabenen* bekundet zum ersten Male, wie sich der platonische Enthusiasmus poetologisch nutzbar machen ließ", hält Manfred Fuhrmann (1973, S. 73) fest. Bemerkenswert wie der Umstand, dass die Lehre von der dichterischen Begeisterung am Anfang der rhetorischen Tradition des Erhabenen steht, ist Hölderlins Auseinandersetzung mit Longin in den *Reflexionen* (vgl. Seifert 1982, S. 63–79; Vöhler 1992/93). Dabei fällt auf, dass er in ihnen weder Longin noch die ästhetische Kategorie des Erhabenen ausdrücklich nennt – so als würde dieses, das sich dem Vor- und Darstellungsvermögen entzieht, keine Repräsentation in der Sprache dulden.

### *Hölderlin und Longin*

Longin in Maulbronn

Longin kürt das Erhabene zur Leitkategorie der Rhetorik. Gleich zu Beginn von *Peri hypsous* heißt es, „daß die erhabenen Stellen Vollendung und Gipfel sprachlicher Gestaltung sind und die größten Dichter und Schriftsteller nur durch sie den Preis errangen und ihrem Ruhm Unsterblichkeit gewannen." (Longin 2002, 1,3) Schon in Maulbronn beschäftigte sich Hölderlin mit Longin, oder genauer gesagt: mit Pseudo-Longin. Lange Zeit wurde Longin die Autorschaft der Abhandlung *Peri hypsous* zugeschrieben, seit dem Beginn des 19. Jahrhunderts gilt sie jedoch als unbekannt. „Behalten Sie den Longin noch meinetwegen ein 4telJar. Es freut mich recht, daß er Ihnen gefällt" (StA 7,1, 6), notiert Magenau 1788 in einem Brief an Hölderlin. Zu diesem Zeitpunkt hatte Longin seinen rezeptionsgeschichtlichen Zenit bereits überschritten.

Das Erhabene zwischen Rhetorik und Moralphilosophie

Eine zentrale Referenz war er in der ersten Hälfte des 18. Jahrhunderts, als das Erhabene noch im Kontext der *genera dicendi*, der drei Stilniveaus, diskutiert wurde, die das *genus humile*, den niedrigen, das *genus medium*, den mittleren, und das *genus sublime*, den erhabenen Stil, umfassen. Gemäß der Verflechtung von Rhetorik und Poetik in der Antike waren die literarischen Gattungen den rhetorischen Stilqualitäten zugeteilt. In das Register des *genus sublime* zum Beispiel fielen das Epos sowie die Oden- und die Hymnendichtung. Mit der Etablierung der philosophischen Ästhetik im Zuge der Aufklärung löste sich allmählich das alte Band zwischen Rhetorik und Poetik (vgl. Geisenhanslüke 2018, S. 153–161). Vor diesem Hintergrund verlor sich in der zweiten Hälfte des 18. Jahrhunderts das Interesse an der Rhetorik des Erhabenen, damit zwangsläufig auch an Longin. In der ästhetischen Theoriebildung, bei Kant und Schiller etwa, firmierte es fortan primär als eine moralische Kategorie (vgl. Menninghaus 1991; Zelle 1995). Beispielhaft zeigt sich die Diskursverschiebung in der *Kritik der Urteilskraft*, die Hölderlin während seiner Zeit als Hofmeister in Waltershausen gelesen hat. In ihr bestimmt Kant das Dynamisch-Erhabene als Gefühl der moralischen Überlegenheit und Freiheit des Subjektes angesichts seiner physischen Ohnmacht gegenüber den Gewalten der inneren wie äußeren Natur (vgl. Kant 2003, S. 127–133). Entgegen den aktuellen Tendenzen knüpfte Hölderlin an Longin und der rhetorischen Tradition der Antike an. Hölderlins Modernität, die sich vor allem in seinem Spätwerk zeigt, gründet folglich paradoxerweise auf einem Anachronismus.

*Reflexionen*

In die Zeit des ersten Homburgaufenthaltes fällt Hölderlins Vorhaben, bei dem in Stuttgart ansässigen Verleger Johann Friedrich Steinkopf eine „poëtische Monatschrift“ (KA I, 351) mit dem Titel *Iduna* herauszugeben. Der Name ‚Iduna‘ verweist, wie dargelegt, auf Herders *Iduna, oder der Apfel der Verjüngung* und erhebt mit diesem intertextuellen Bezug den Anspruch, eine moderne, gemeinschaftsstiftende Mythologie zu entwerfen. Das Unternehmen scheiterte allerdings bereits in der Planungsphase. Hölderlin gelang es nicht, Prominenz wie Goethe oder Schiller für die Mitarbeit zu gewinnen. Auch um seine publizistisch tätigen Freunde warb er größtenteils vergeblich. Vorgesehen für das *Iduna*-Journal waren die *Reflexionen*, eine Sammlung von sieben Aphorismen, in denen sich Hölderlin implizit mit Longin auseinandersetzt. Die geplante Veröffentlichung in einer Zeitschrift, die sich allein mit ihrem Titel zu einer Erneuerung der Kultur bekennt, legt nahe, dass Hölderlin mit dem Erhabenen eine geschichtsphilosophische Dimension verband: Dieses scheint in der Lage zu sein, den ästhetischen Beitrag zu einer Neubegründung der Kultur in der Moderne zu leisten. Bemerkenswert ist darüber hinaus die Form, in der Hölderlin seine Überlegungen präsentiert. Der Aphorismus ist eine Textsorte, für die Prägnanz und Kürze charakteristisch sind: „Kürze ist ein anerkanntes Kennzeichen der Erhabenheit" (KA III, 466), ist der *Parallele zwischen Salomons Sprichwörtern und Hesiods Werken und Tagen* zu entnehmen. Indem also Hölderlin die Gattung des Aphorismus wählt, löst er die in den *Reflexionen* verhandelte Theorie performativ ein.

Pathos und Besonnenheit

Im Zentrum von Longins Abhandlung steht das Pathos der Rede: „[D]enn ich wage getrost zu behaupten, daß nichts so sehr wie echtes Pathos am rechten Ort einen erhabenen Eindruck macht, daß es wie aus Entzückung und Eingebung einen Hauch von Begeisterung verströmt und die Rede gleichsam mit prophetischer Macht erfüllt." (Longin 2002, 8,4) Und im Anschluss an Platon, der in seinem Dialog *Ion* den schöpferischen Enthusiasmus des Dichters als Aufschwung beschreibt, heißt es: „Denn unsere Seele wird durch das wirklich Erhabene von Natur aus emporgetragen, schwingt sich hochgemut auf" (ebd., 7,2). Trotz der Empfehlung zum erhabenen Pathos warnt Longin vor einem Übermaß an Begeisterung und dem damit einhergehenden Selbstverlust des Redners. Um diese Extremform zu vermeiden, bedürfe es der Besonnen- und Nüchternheit als einer korrektiven Instanz. Die dialektische Verschränkung der Gegensätze von Begeisterung und Besonnenheit nimmt

Hölderlin in seinen *Reflexionen* auf. Der erste Aphorismus hebt gleich zu Beginn hervor, dass der dem Dichter eigentümliche Affekt die Begeisterung in ihren vielfältigen Schattierungen ist:

> Es gibt Grade der Begeisterung. Von der Lustigkeit an, die wohl der unterste ist, bis zur Begeisterung des Feldherrn der mitten in der Schlacht unter Besonnenheit den Genius mächtig erhält, gibt es eine unendliche Stufenleiter. Auf dieser auf und abzusteigen ist Beruf und Wonne des Dichters. (KA III, 519)

Longins Warnung vor einem Zuviel an Begeisterung folgend, notiert Hölderlin ferner:

> Der große Dichter ist niemals von sich selbst verlassen, er mag sich so weit über sich selbst erheben als er will. Man kann auch in die Höhe *fallen*, so wie in die Tiefe. Das letztere verhindert der elastische Geist, das erstere die Schwerkraft, die in nüchternem Besinnen liegt. (Ebd.)

Das Zusammenspiel von Begeisterung und Nüchternheit wird von Hölderlin andernorts in geschichtsphilosophische Überlegungen eingebettet. So entwickelt der Brief an Böhlendorff vom 4. Dezember 1801 aus den beiden Polen ein Analyseinstrumentarium, mittels dessen die jeweiligen kulturellen Besonderheiten von Antike und Moderne beschrieben werden können. Zudem findet das geforderte Gleichgewicht von Begeisterung und Nüchternheit in *Hälfte des Lebens* einen lyrischen Ausdruck. Wiederum im Kontext einer geschichtsphilosophischen Gegenüberstellung von Antike und Moderne wird in der ersten Strophe ein idealer Zustand beschrieben, in dem die Trunkenheit und das Heilignüchterne in einem harmonischen Verhältnis zueinander stehen (vgl. KA II, 320, V. 1–7).

Zur Sprache des Erhabenen

Longin erörtert in *Peri hypsous* die produktionsästhetischen Aspekte des Erhabenen. Neben der Naturanlage des Redners ist es eine bewusste stilistische und syntaktische Gestaltung der Sprache, unter anderem die „würdevolle gehobene Wort- und Satzfügung" (Longin 2002, 8,1), die das Erhabene in der und durch die Rede hervorbringt. Gemeint sind mit der „gehobene[n] Wort- und Satzfügung" die Inversion einzelner Wörter, zudem die rhetorische Figur des Hyperbaton, also die Umstellung ganzer Perioden. Die technische Seite des Erhabenen verhandelt Hölderlin im zweiten Aphorismus der *Reflexionen*:

> Man hat Inversionen der Worte in der Periode. Größer und wirksamer muß aber dann auch die Inversion der Perioden selbst sein. Die logische Stellung der Perioden, wo dem Grunde (der Grundperiode) das Werden, dem Werden das Ziel, dem Ziele der Zweck folgt, und die Nebensätze immer nur hinten an gehängt sind an die Hauptsätze worauf sie sich zunächst beziehen, – ist dem Dichter gewiß nur höchst selten brauchbar. (KA III, 519)

In dem Bekenntnis zum erhabenen Pathos und zur rhetorischen Figur der Inversion, die die logische Ordnung der Prosa unterläuft, kündigt sich Hölderlins lyrisches Spätwerk an. Hier ist Klopstock als ein weiterer maßgeblicher Einflussfaktor neben Longin zu nennen. Wie bereits dargelegt wurde, plädiert auch er für die rhetorische Figur der Inversion und stellt seine Dichtung in das Zeichen des Erhabenen. In vielerlei Hinsicht ist darüber hinaus Pindar für Hölderlins Spätwerk konstitutiv. Dass Longin in seiner Lehrschrift diesen wie auch Sophokles kritisiert (vgl. Longin 2002, 33,5), konnte Hölderlin nicht davon abhalten, beide Autoren zu übersetzen und auf dieser Grundlage eigene dichtungstheoretische Positionen und eine innovative poetische Sprache zu entwickeln.

### *Hölderlin und Pindar*

Pindars Epinikien

Hölderlins literarische Anverwandlung Pindars hat mit seiner Rezeption von Longins rhetorischer Theorie des Erhabenen gemein, dass sie nicht den aktuellen Tendenzen entsprach. Am Ende des 18. Jahrhunderts besaß Pindar kaum noch den Stellenwert eines literarischen Musters, wie Winfried Menninghaus herausstellt:

> Anders als alle seine Vorgänger seit Ronsard schreibt der Pindarisierende Hölderlin der Jahre 1801 bis 1805 daher gegen ein Anachronistisch-Werden seines Vorbilds an: in ebendem Moment, in dem Pindar aus dem aktuellen Literatursystem zunehmend herausfällt und nurmehr ein Objekt historischer Wissenschaft wird, bringt Hölderlin ihn noch einmal mit vorher ungekannter Radikalität auf die Bühne der deutschen Literatur zurück. (Menninghaus 2005, S. 8)

Hölderlins Wertschätzung für Pindar reicht weit zurück. In der Maulbronner Ode *Mein Vorsatz* wird er zusammen mit Klopstock als Bezugspunkt von Hölderlins eigener Dichtung ausgewiesen. Auch das Tübinger Magisterspecimen *Geschichte der schönen Künste unter den Griechen* von 1790 betont den Vorbildcharakter Pindars: „Ich möchte beinahe sagen, sein Hymnus sei das Summum der Dichtkunst." (KA III, 488) Pindars Oden besingen die erfolgreichen Athleten der Pythischen und Olympischen Wettkämpfe, die die Griechen im Sommer veranstalteten. Den Anlass der Dichtung bildeten somit tagesaktuelle Ereignisse. Pindar transzendiert jedoch die ephemere Situation, indem er sie in größeren, die Polis und ihre Kultur betreffenden Zusammenhängen verortet. In den Epinikien, den ursprünglich vom Chor vorgetragenen Preisgesängen, finden sich zunächst persönliche Angaben zum Sieger und zu seiner Familie, die sogenannten prosopografischen Partien. Darauf folgen mythologische Erzählungen, die auf die Vergangenheit verweisen und dadurch den flüchtigen Augenblick in die Dimension der Geschichte überführen. Hinzu treten hymnische, sich an Götter adressierende Elemente. Eine weitere Strategie, die Preisgesänge von der flüchtigen Tagesaktualität zu entbinden, stellen allgemeine ethische Überlegungen sowie poetologische Reflexionen dar. Etliche dieser Elemente finden sich in Hölderlins lyrischem Spätwerk wieder.

Pindar

An die frühe Beschäftigung Hölderlins mit Pindar schließt sich um 1800 die teils vollständige, teils fragmentarische Übersetzung von sechs *Olympischen* und zehn *Pythischen Oden* an, die *Große Pindarübertragung*. Um 1805 entstehen zudem die *Pindarfragmente*. Hierbei handelt es sich um eine Sammlung von neun Texten, die jeweils einen Titel, ein übersetztes Zitat Pindars und eine dazugehörige Erläuterung umfassen. Die Kommentare tragen indes mehr zur Verrätselung als zur interpretatorischen Erhellung der Übersetzungen bei und konterkarieren dadurch ihre diskursive Bestimmung.

Übersetzungsarbeit

Die *Große Pindarübertragung* war nicht für die Veröffentlichung bestimmt, ihr Zweck bestand also nicht darin, Pindar einem deutschsprachigen Leserkreis zu vermitteln. Was sich Hölderlin grundsätzlich von der Übersetzungsarbeit versprach, gibt ein Brief an Neuffer aus dem Jahr 1794 zu erkennen: „Du hast recht, das Übersetzen ist eine heilsame Gymnastik für die Sprache. Sie wird hübsch geschmeidig, wenn sie sich so nach fremder Schönheit und Größe, oft auch nach fremden Launen bequemen muß." (KA I, 144) Übersetzung, das verdeutlicht die Stelle, ist für Hölderlin Arbeit an der eigenen Sprache, „Mimesis ans Fremde" (Theunissen 2000, S. 959; vgl. Christen 2007). Diese Ineinanderblendung zweier Sprachen, des Deutschen und des Griechischen, basiert in der *Pindarübertragung* auf dem Prinzip einer Wort-für-Wort-Übersetzung, die möglichst nah am Original bleibt und folglich stilistische und syntaktische Eigenheiten der Ausgangssprache übernimmt. Was dadurch entsteht, ist ein interkultureller Zwischenraum, ein Drittes zwischen der griechischen und der deutschen Sprache, das die binäre Opposition von Eigenem und Fremdem unterläuft.

Hölderlin und Luther

Zeitgleich zu dem Übersetzungsexperiment der *Großen Pindarübertragung* begründet Hölderlin sein hymnisches Spätwerk. Darüber, dass die späten Hymnen konsequent mit der Tradition und den Konventionen der deutschen Sprache brechen, war sich Hölderlin bewusst. In der Vorrede zur *Friedensfeier* heißt es: „Ich bitte dieses Blatt nur gutmütig zu lesen. So wird es sicher nicht unfaßlich, noch weniger anstößig sein. Sollten aber dennoch einige eine solche Sprache zu wenig konventionell finden, so muß ich ihnen gestehen: ich kann nicht anders." (KA II, 338) Hölderlins Geständnis zitiert den Abschluss von Luthers Rede auf dem Reichstag zu Worms im Jahr 1521: „Hier stehe ich! Ich kann nicht anders. Gott helfe mir. Amen." Auf dem Reichstag sollte der Häretiker Luther seine 95 Thesen widerrufen, in denen er unter anderem den Ablasshandel der katholischen Kirche verurteilte. Schon in dem Maulbronner Gedicht *Die Meinige* bezog sich Hölderlin auf den Reformator: „Sprechen will ich, wie dein Luther spricht" (KA II, 20, V. 12), verkündet das lyrische Ich, das ein Gebet für seine Angehörigen an den „Herr[n] der Welten" (KA II, 19, V. 1) richtet. Die Identifikation mit Luther beruht darauf, dass dieser erstmalig die Bibel in die deutsche Sprache übersetzte. Dabei nahm er zum einen umfangreiche sprachliche Erweiterungen und Neuschöpfungen vor. Zum anderen stellte er eine breite religiöse Öffentlichkeit her und machte dem Volk einen Mythos zugänglich, der zuvor der eingeweihten Kaste des Klerus vorbehalten war. Wie Luther, so wollte auch Hölderlin eine Sprache etablieren, die von dem bisher Gewohnten abweicht. Und wie dem Reformator, so war es auch Hölderlin darum zu tun, dem Volk einen kollektiven Mythos von sinn- und gemeinschaftsstiftender Wirkung zu geben.

Martin Luther

Hölderlins Spätwerk im Zeichen Pindars

Der Einfluss Pindars auf Hölderlins lyrisches Spätwerk zeigt sich anhand einer Reihe von sprachlich-stilistischen Eigentümlichkeiten. Der Übersetzungsarbeit geschuldet ist zum Beispiel der Einsatz von Füllwörtern, die keinen oder nur einen geringen Aussagewert besitzen; bei Hölderlin sind dies Partikel wie „nämlich" oder „aber". Hinzu kommt das oftmalige Fehlen von Artikeln, mit dem die späten Gedichte die Artikellosigkeit der griechischen Sprache nachahmen. Anregungen empfing Hölderlin gleichfalls von Pindars Gnomen, von den kurzen, prägnanten Sätzen, die zumeist im Präsens stehen und die allgemeingültige, teils schwer zu deutende Aussagen über ethische und poetologische Belange treffen. Ein Beispiel für einen gnomischen Kommentar liegt in dem Schlussvers „Was bleibet aber, stiften die Dichter" (KA II, 362, V. 59) der Hymne *Andenken* vor. Übernommen hat Hölderlin von Pindars Epinikien auch inhaltliche Elemente, zum Beispiel die Hinwendung zu göttlichen Instanzen und die Einbindung mythologischer Erzählungen, so etwa der Sage von Dionysos und dessen Mutter Semele in der Feiertagshymne (vgl. KA II, 240, V. 50–53). Ferner orientierte sich Hölderlin an Pindars triadischem Strophenbau, bei dem auf eine Strophe eine metrisch genau entsprechende Antistrophe und auf diese eine metrisch eigenständige Strophe folgt. Dieses Dreierschema konnte beliebig oft wiederholt werden. Was Hölderlin von Pindars Epinikien nicht übernehmen konnte, waren die prosopografischen Partien, die Auskunft über die persönlichen Verhältnisse der Sieger gaben, denen die Preisgesänge galten. An deren Stelle treten etwa in *Germanien* oder in *Der Rhein* ausladende Beschreibungen hesperischer Landschaften mit ihren Bergen, Flüssen und Städten. Dies ermöglichte Hölderlin, die kulturelle und zeitliche Differenz zwischen Antike und Moderne festzuhalten und den Standort des eigenen Sprechens anzuzeigen.

Fest und Dichtung

Der Einfluss Pindars beschränkt sich jedoch nicht auf die sprachlich-stilistische, motivische und formale Ebene von Hölderlins späten Hymnen: „Hölderlin interessiert sich nicht allein für Pindars Texte, sondern besonders auch für

Charles Thévenin: *Die „Fête de la Fédération" auf dem Marsfeld am 14. Juli 1790*

Darstellung der „Fête de l'Être suprême"

ihren Einsatz im öffentlichen Leben der Griechen, wo sie grundlegende Aufgaben und Funktionen zu erfüllen haben", kommentierte Martin Vöhler (2018/19, S. 38). Den Anlass von Pindars Epinikien bildete zwar der Erfolg Einzelner, doch waren sie Teil einer allgemeinen gesellschaftlichen Praxis, nämlich der institutionalisierten altgriechischen Festkultur. Pindar richtete sich mit seinen Siegesliedern an die gesamte Polis und behandelte deren Geschichte und Selbstverständnis. Demgegenüber konnte Hölderlin nicht auf ein bereits vorhandenes Publikum zurückgreifen. Als Aufgabe seiner Dichtung erachtete er es daher, eine Gemeinschaft und kollektive Identität überhaupt erst einmal herzustellen. Das Motiv des Festes hat bei Hölderlin seinen prominentesten Ausdruck in der Hymne *Friedensfeier* gefunden. Hier markiert es den Anbruch eines Goldenen Zeitalters im Sinne einer heilsgeschichtlichen Vollendung. Eine zentrale Referenz ist in diesem Zusammenhang allerdings nicht nur die Festkultur der antiken Polis, sondern auch diejenige des revolutionären Frankreich, das zum Beispiel mit der ‚Fête de l'Être suprême' (‚Fest des höchsten Wesens') die Begründung einer neuen politischen Ordnung rituell in Szene setzte (vgl. Mohagheghi 2019; Stierle 1989).

Zwischen Antike und Moderne

Im November 1802, kurz nach seiner Rückkehr aus Frankreich, schreibt Hölderlin an Böhlendorff: „Mein Lieber! ich denke, daß wir die Dichter bis auf unsere Zeit nicht kommentieren werden, sondern daß die Sangart überhaupt wird einen andern Charakter nehmen, und daß wir darum nicht aufkommen, weil wir, seit den Griechen, wieder anfangen, vaterländisch und natürlich, eigentlich originell zu singen." (KA I, 467) Die Stelle formuliert einen Originalitätsanspruch und weist implizit das klassizistische Nachahmungspostulat zurück. Es mag zunächst widersprüchlich anmuten, dass einerseits Pindar einen konstitutiven Einfluss auf das Spätwerk Hölderlins besaß, dieser andererseits in Abgrenzung zu den Griechen mit seiner vaterländischen „Sangart" eine spezifisch moderne Dichtung zu begründen suchte. Auskunft darüber, wie es gelingt, den Klassizismus zu überwinden, ohne sich dabei von der Antike abzuwenden, gibt ein Brief Hölderlins an Böhlendorff, der kurz vor der Abreise nach Bordeaux verfasst wurde.

### *Der Brief an Böhlendorff vom 4. Dezember 1801*

*Querelle des Anciens et des Modernes* II

Hölderlins Brief an Böhlendorff vom 4. Dezember 1801 ist ein pointierter Beitrag zur *Querelle des Anciens et des Modernes*. Der Anlass des Schreibens scheint zunächst darin zu liegen, dass Hölderlin seinem Freund zu dessen dramatischer Idylle *Fernando oder die Kunstweihe* gratulieren möchte. Im Zentrum des Briefes steht allerdings nicht die Besprechung von Böhlendorffs Drama, sondern eine geschichts-, kultur- und dichtungstheoretische Erörterung der Unterschiede von Antike und Moderne. Zur Analyse der beiden Kulturräume und Epochen greift Hölderlin auf den Dualismus des Eigenen, des „Nationellen" einerseits und des Fremden andererseits zurück. „Es klingt paradox" (KA I, 460), räumt er ein, wenn er behauptet, dass gerade das Eigene vorerst dem freien Gebrauch entzogen ist: „Wir lernen nichts schwerer als das Nationelle frei gebrauchen." (KA I, 459 f.) Eine jede Kultur muss sich in einem Lernprozess das Eigene zu eigen machen, es ins Bewusstsein heben, damit es zur freien Verfügung steht. Das Fremde dient dabei als ein Begegnungs- und Reflexionsraum, in dem das „Nationelle" erkannt werden kann. Die von Hölderlin statuierte Notwendigkeit des Fremden zeigt, wie verfehlt die deutschtümelnden Hölderlinlektüren waren, die die Begriffe des „Nationellen" und des Vaterlandes im Sinne eines völkisch-nationalistischen Chauvinismus auslegten.

Casimir Ulrich Böhlendorff

Das Fremde, mittels dessen sich die Moderne ihr Eigenes anzueignen vermag, ist die griechische Kultur der Antike: „Aber das eigene muß so gut gelernt sein, wie das Fremde. Deswegen sind uns die Griechen unentbehrlich." (KA I, 460) Doch obwohl die Griechen „unentbehrlich" sind, dürfen sie nicht nachgeahmt werden: „Deswegen ists auch so gefährlich sich die Kunstregeln einzig und allein von griechischer Vortrefflichkeit zu abstrahieren." (Ebd.) Hölderlin weist zum einen die Antike als einen notwendigen Orientierungspunkt für die eigene Kultur aus, zum anderen hebt er die kulturelle Eigenständigkeit der Moderne hervor. Damit kündigt er das klassizistische Postulat der *imitatio*, der künstlerischen Nachahmung, auf. Ferner rekurriert er implizit auf Herders Einsicht, dass jede Kultur aufgrund ihrer Individualität eine eigene, originäre Kunst zu entwickeln habe. In der *Querelle* plädiert Hölderlin folglich weder für einen allgemeingültigen Vorbildcharakter der Antike noch für eine Tabula rasa.

Antike und Moderne

Was ist das Eigene, was das Fremde der Antike? Das „Nationelle" der Griechen, das auf ihren orientalischen Ursprung zurückweist, bestimmt Hölderlin als „Feuer vom Himmel" (ebd.) und später, mythologisch illustrierend, als Reich Apolls (vgl. ebd.), der als Sonnengott über das „Feuer vom Himmel" herrscht. Gemeint ist damit ein Zustand vor jeglicher Differenzierung und Grenzziehung, eine naturhafte Einheit, die Hölderlin im *Grund zum Empedokles* „aorgisch[ ]" (KA III, 429) nennt und mit den privativen, das heißt einen Entzug, ein Fehlen bezeichnenden Begriffen „des Unbegreiflichen, des Unfühlbaren, des Unbegrenzten" (ebd.) umschreibt. Ein weiterer Begriff, der in diesen Vorstellungsbereich fällt, ist der des „Ungebundenen": „Und immer / Ins Ungebundene gehet eine Sehnsucht" (KA II, 364, V. 12 f.), heißt es in der um 1803 entstandenen Hymne *Mnemosyne*. Das Fremde der Antike ist die „Klarheit der Darstellung" (KA I, 460), die „homerische[ ] Geistesgegenwart" (ebd.) oder, um die Terminologie aus dem *Grund zum Empedokles* zu bemühen, das „organische[ ]" (KA III, 428), das Prinzip der Gestaltung und Begrenzung. Kultureller Fortschritt basiert Hölderlin zufolge auf einer Annäherung an den Ursprung des Fremden. Zugrunde gelegt wird hierbei die Annahme eines „*Bildungstrieb[es]*" (KA III, 507), einer inneren Dynamik, die jede Kultur über ihre Naturanlage hinausführt. Im Unterschied zur Antike zeichnet sich die Moderne dadurch aus, dass sie von der Nüchternheit ihren Ausgang nimmt und in Richtung der „schöne[n] Leidenschaft“ (KA I, 460) und des „heiligen Pathos“ (ebd.) strebt, also auf einer Umkehrung des antiken Bildungstriebes beruht. Das Verhältnis von Antike und Moderne bei Hölderlin fasste Klaus Düsing folgendermaßen zusammen:

> Die Griechen gehen aus von aorgischer, ungebundener Unendlichkeit, die ihnen natürlich ist, und schaffen in der Kunst Selbstgestaltung und Selbstbegrenzung, so daß sie sich darin als etwas Bestimmtes erfassen können. Die Hesperier, so wird man Hölderlins schwierige Hinweise wohl ausdeuten müssen, gehen aus von künstlich gewordener, unlebendiger Begrenztheit und verfestigter Gesetzlichkeit; sie streben im Vertrauen auf die Natur oder den ‚Naturgang‘ aus der erstarrten Begrenztheit heraus ins aorgische Unendliche. (Düsing 1988, S. 66)

Untergangsdiagnosen

Die Ursachen für den Untergang einer Kultur sieht Hölderlin in einer Störung des Gleichgewichtes, in einer einseitigen Hingabe an einen der beiden Pole von Pathos und Nüchternheit. Dabei variiert es in Hölderlins Werk, ob der kulturelle Verfall nun durch ein Sich-Verlieren im Eigenen oder im Fremden herbeigeführt wird (vgl. Bennholdt-Thomsen/Guzzoni 2004, S. 191–202). Im *Gesichtspunkt aus dem wir das Altertum anzusehen haben* ist es die Vernachlässigung des Eigenen und ein Sich-Verlieren im Fremden. Dies konkretisierend, heißt es in *… Meinest du es solle gehen …*, einem Gedichtentwurf aus der Spätzeit: „Nämlich sie wollten stiften / Ein Reich der Kunst. Dabei ward aber / Das Vaterländische von ihnen / Versäumet und erbärmlich ging / Das Griechenland, das schönste, zu Grunde.“ (KA II, 399, V. 3–7) Demgegenüber legt der Brief an Böhlendorff nahe, dass den kulturellen Untergang eine Verselbstständigung des Eigenen bewirkt. Hölderlin lobt Böhlendorffs *Fernando* als „*echte* moderne Tragödie“ (KA I, 460) und lässt darauf eine allgemeine Bestimmung des Tragischen in der Moderne folgen: „Denn das ist das tragische bei uns, daß wir ganz stille in irgend einem Behälter eingepackt vom Reiche der Lebendigen hinweggehn, nicht daß wir in Flammen verzehrt die Flamme büßen, die wir nicht zu bändigen vermochten.“ (Ebd.) Das Bild vom lebendigen Begrabensein veranschaulicht eine radikalisierte Form der Nüchternheit, an der die Moderne zugrunde zu gehen droht.

### *Hölderlin und Sophokles*

Übersetzungen und *Anmerkungen*

Im Frühjahr 1804 erschienen bei Wilmans Hölderlins Übersetzungen von Sophokles' *Ödipus* und *Antigone* samt den dazugehörigen *Anmerkungen*. Sowohl die Übersetzungen als auch die *Anmerkungen* stießen bei den Zeitgenossen auf Unverständnis. Heinrich Voß, der Sohn des berühmten Übersetzers, spottete in einem Brief: „Was sagst Du zu Hölderlins Sophokles? Ist der Mensch rasend oder stellt er sich nur so, und ist sein Sophokles eine versteckte Satire auf schlechte Uebersetzer? Ich habe neulich abends als ich mit Schiller bei Goethe saß, beide recht damit regaliert. [...] Du hättest Schiller sehen sollen, wie er lachte“ (StA 7,2, 303 f.). Nicht minder vernichtend fiel Schellings Urteil aus. In den Übersetzungen sah er ein Symptom für Hölderlins geistige Zerrüttung: „Seinen verkommenen geistigen Zustand drückt die Übersetzung des Sophocles ganz aus“ (StA 7,2, 296), heißt es in einem Brief an Hegel. Die scharfe Kritik der Zeitgenossen rührt daher, dass sie Hölderlins *Trauerspielen des Sophokles* die Maßstäbe einer traditionellen Übersetzung zugrunde legten. Hölderlin begriff seine Übersetzungsarbeit jedoch nie als eine reine Vermittlungsleistung und wollte „gar nicht bieten [...], was man gemeinhin unter einer Übersetzung versteht“ (Theunissen 2000, S. 959). Bereits die *Große Pindarübertragung* hatte eine Funktion für Hölderlins eigene Dichtung: Die zu große Nähe zum griechischen Original diente der Einübung in einen fremden Stil und der Integration des Fremden in die eigene Sprache. Auch den Übersetzungen des *Ödipus* und der *Antigone* widerfährt Unrecht, wenn man sie nach den Gütekriterien einer klassischen Übersetzung bewertet. Es soll nicht bestritten werden, dass es in Hölderlins Übersetzungen Fehler gibt,

# DIE TRAUERSPIELE

DES

# SOPHOKLES.

ÜBERSETZT

VON

FRIEDRICH HÖLDERLIN.

*ERSTER BAND.*

FRANKFURT AM MAIN, 1804

BEI FRIEDRICH WILMANS.

die auf unzureichende Kenntnisse der griechischen Lexik und Grammatik hindeuten. Zudem hat Hölderlin Sophokles' Tragödien der *Brubachiana* aus dem Jahr 1555 entnommen, einem Druck, der durch fehlerhafte Textstellen und eine irreführende Interpunktion entstellt ist. Doch ist eben nicht alles, was einem Kritiker missfallen mag, ein Fehler. Oft genug handelt es sich bei den Abweichungen vom Original um bewusste Eingriffe und Umdeutungen.

Pindar und Sophokles

Zeichnet sich die *Pindarübertragung* durch eine irritierende Nähe zum Original aus, so ist bei Hölderlins Übersetzung der Trauerspiele des Sophokles teils eine nicht weniger irritierende Distanz festzustellen. Diesmal war es ihm nicht nur darum zu tun, das Fremde für die eigene Sprache zu gewinnen; der fremden Sprache sollte zugleich ihr Eigenes zurückgegeben werden, nämlich, um den Brief an Böhlendorff vom 4. Dezember 1801 zu bemühen, das „Feuer vom Himmel" (KA I, 460) und das „heilige[ ] Pathos" (ebd.), der orientalische Ursprung, der den Griechen Hölderlin zufolge abhandengekommen ist. Wie Hölderlins Griechenlandbild, so entbehrt auch seine Vorstellung vom Orient einer empirischen Grundlage. In Übereinstimmung mit den Stereotypen der Zeit stellt für ihn das Morgenland ein illusionäres Gegenmodell zu der (vermeintlichen) Ursprungsferne und Entfremdung des Okzidents dar (vgl. Said 1981). Hölderlins Anliegen, das Original zu verbessern, indem er die orientalische Grundschicht der griechischen Kultur aufdeckt, kommt in zwei Briefen an Wilmans zum Ausdruck. Am 28. September 1803 heißt es: „Ich hoffe, die griechische Kunst, die uns fremd ist, [...] dadurch lebendiger, als gewöhnlich dem Publikum darzustellen, daß ich das Orientalische, das sie verleugnet hat, mehr heraushebe, und ihren Kunstfehler, wo er vorkommt, verbessere." (KA I, 468) Am 2. April 1804 kommentiert Hölderlin sein unorthodoxes Übersetzungsverfahren erneut: „Ich glaube durchaus gegen die exzentrische Begeisterung geschrieben zu haben und so die griechische Einfalt erreicht [zu haben]" (KA I, 473). „Gegen" meint hier „in Richtung auf"; und Hölderlin spricht wohlgemerkt nicht von „übersetzt", sondern von „geschrieben". Die Annäherung an das Exzentrische und Orientalische in Hölderlins korrigierendem Schreiben zeigt sich in einer Pathossteigerung, in dem „Streben nach Intensivierung" (Beißner 1933, S. 138). So wird in Hölderlins *Oedipus* dessen Zorn akzentuiert und in der *Antigonä* deren Wahnsinn, der im griechischen Original oftmals nur „Unheil" („ἄτη") ist.

Übersetzungsverfahren

In die intensivierende Übersetzung hat sich die Affekttheorie Hölderlins eingeschrieben, die er mit tragödientheoretischen Überlegungen kombinierte. Zorn und Wahnsinn sind für ihn affektivische Transgressionen, also mit einer seelischen Erregung einhergehende Überschreitungen, in denen sich das Göttliche mit dem Menschen vereint. Dementsprechend heißt es in den *Anmerkungen zum Oedipus*:

> Die Darstellung des Tragischen beruht vorzüglich darauf, daß das Ungeheure, wie der Gott und Mensch sich paart, und grenzenlos die Naturmacht und des Menschen Innerstes im Zorn Eins wird, dadurch sich begreift, daß das grenzenlose Eineswerden durch grenzenloses Scheiden sich reiniget. (KA III, 856)

Und in den *Anmerkungen zur Antigonä* wird als ihr „höchste[r] Zug" (KA III, 915) der „heilige[ ] Wahnsinn" (ebd.) identifiziert. Auch andere Eingriffe Hölderlins in das Original machen deutlich, dass mit der Übersetzung Verschiebungs- und Verdichtungsvorgänge einhergingen, die eine Abgrenzung zur Dichtung erschweren (vgl. von Koppenfels 1996, S. 350). Als Verschiebung zu bewerten ist zum Beispiel das Verfahren der aktualisierenden Übersetzung: „Um es unserer Vorstellungsart mehr zu nähern" (KA III, 916), lautet der Anspruch Hölderlins. Die Anpassung an „unsere[ ] Vorstellungsart", an das kulturelle Paradigma Hesperiens, zeigt sich unter anderem darin, dass aus dem paganen Hades die christliche Hölle und aus dem Vergehen im Griechischen die Sünde wird, die ebenfalls im christlichen Denken wurzelt. Hinzu kommen demetaphorisierende und etymologisierende Übersetzungsverfahren: die Rückführung der übertragenen auf ihre wörtliche Bedeutung sowie die Rückführung eines Wortes auf seine ursprüngliche Bedeutung (vgl. Louth 1998).

Vaterländische Umkehr

Mit den *Anmerkungen* zu den Trauerspielen des Sophokles knüpft Hölderlin an seine tragödientheoretischen Bestimmungen in *Über das Tragische* und *Das untergehende Vaterland ...* an, die das *Empedokles*-Projekt programmatisch begleiteten. Sophokles' Tragödien deutet Hölderlin als ein tödliches Entgrenzungsereignis. In die Sphäre des Individuums bricht in Form des Pathos – im *Ödipus* in Form des Zornes, in der *Antigone* in der des Wahnsinns – eine elementare, vorgängige Einheitsdimension ein. Erhält diese im Kontext der Liebe und der seligen, selbstvergessenen Verschmelzung mit der Natur eine paradiesische Qualität, ist sie im Falle der Tragödie eine zerstörerische Macht. Leitbegriffe in Hölderlins Beschreibung des transgressiven Geschehens sind das Exzentrische (vgl. KA III, 850; 851), das „Aorgische[ ]" (KA III, 916) sowie die „Begeisterung" (KA III, 913), ferner die „Rapidität" (KA III, 850), die „reißende[ ] Zeit" (KA III, 852) und der „reißende[ ] Zeitgeist" (KA III, 914). Der Begriff „Zeitgeist" verdeutlicht, dass Hölderlin in dem individuellen Schicksal des Ödipus und der Antigone eine übergeordnete geschichtliche Bedeutung erkannte. Der historische Ort der Tragödie ist die „müßige[ ] Zeit" (KA III, 856), die der „dürftige[n] Zeit" (KA II, 290, V. 122) in *Brot und Wein* entspricht: eine Epoche der Entfremdung, Sinnleere und Götterferne. In der kulturellen Krise ereignet sich eine „vaterländische Umkehr" (KA III, 919), die gemäß dem Sprachgebrauch im 18. Jahrhundert als Revolution oder Umwälzung zu verstehen ist, nicht im heutigen Sinne als Rückkehr. Hölderlin sieht in ihr die „Umkehr aller Vorstellungsarten und Formen" (ebd.), einen umfassenden kulturellen Paradigmenwechsel. Der historischen Umbruchsituation liegt dabei ein bestimmtes Zeitkonzept zugrunde. Im Moment der Zäsur lassen sich „Anfang und Ende [...] schlechterdings nicht reimen" (KA III,

857), der Geschichtsverlauf ist also ein diskontinuierlicher, gebrochener und steht damit Hegels dialektischer Vernunftgeschichte entgegen.

Antigone als Vorbotin der Moderne

Die *Anmerkungen zur Antigonä* beschäftigen sich ausführlicher als diejenigen zum *Oedipus* mit der geschichtlichen Dimension des tragischen Einzelschicksals. Und was in den *Anmerkungen zum Oedipus* allgemein gehalten ist, bezieht Hölderlin in den *Anmerkungen zur Antigonä* konkret auf den Übergang von der Antike zur Moderne. Nicht Ödipus, nicht Kreon – wie in Hegels staatsphilosophisch ausgerichteter Lesart (vgl. Emmrich 2020) –, sondern Antigone ist die Leitfigur der Moderne: Sie ist es, die zeigt, „wie es vom griechischen zum hesperischen gehet" (KA III, 915). Die symbolisch ausgestellte Revolution bezieht sich auf die „Form, [die] religiöse[ ], politische[ ] und moralische[ ] [des] Vaterlands" (KA III, 920). Wie im *Empedokles*, so deutet sich auch in Hölderlins *Antigon*ä eine Reihe kultureller Neuerungen an, zum Beispiel ein gewandeltes Verhältnis zwischen Mensch und Gott. An die Stelle der institutionellen Vermittlung tritt ein persönlicher, subjektiver Gottesbezug – ein Konzept, das an die pietistische Theologie erinnert. Bei der Verteidigung der Familienrechte gegen die Ansprüche des Staates, verkörpert durch Kreon, beruft sich Antigone auf *ihren* Zeus: „KREON: Was wagtest du, ein solch Gesetz zu brechen? / ANTIGONAE: Darum. *Mein* Zevs berichtete mirs nicht" (KA III, 877, V. 466 f.). Die programmatische Relevanz des Possessivpronomens „mein" bestätigt sich dadurch, dass es im griechischen Original keine Entsprechung besitzt. Des Weiteren wird den historisch überkommenen Gesetzen die Allgemeingültigkeit abgesprochen und, komplementär hierzu, den ungeschriebenen eine größere Autorität eingeräumt, wie bereits in dem Fragment *Über Religion*: Der „höhere Zusammenhang" (KA III, 562) basiert in dem Entwurf auf den „ungeschriebene[n] göttliche[n] Gesetze[n] […], von denen Antigonä spricht" (KA III, 563). Und wie im *Empedokles*, so kündigen sich gleichfalls in der *Antigone* das Ende der autokratischen Herrschaftsform und der Übergang zu einem demokratischen System an: „Die Vernunftform, die hier tragisch sich bildet, ist politisch und zwar republikanisch" (KA III, 920). Zum Ausdruck gelangt die republikanische „Vernunftform" in einem Streitgespräch zwischen Kreon und seinem Sohn Haemon, dem Verlobten der Antigone: „KREON: Und wohl ein anderer soll Herr sein in dem Lande? / HAEMON: Es ist kein rechter Ort nicht auch, der eines Manns ist." (KA III, 888, V. 765 f.) Während Ödipus und Kreon noch ganz das alte System der Tyrannis verkörpern, steht Antigone für eine umfassende kulturelle, religiöse und politische Transformation ein.

# V. Das Prosawerk: *Hyperion oder Der Eremit in Griechenland*

Entstehungsgeschichte

Der endgültigen Druckfassung des *Hyperion* geht eine mehrphasige Entstehungsgeschichte voraus. Bereits im Tübinger Stift hat Hölderlin die Arbeit an seinem Romanprojekt aufgenommen. Von dieser Vorstufe ist – vermutlich mit Ausnahme des Fragmentes *Ich schlummerte, mein Kallias* – nichts überliefert. In Waltershausen verwarf er seinen Plan und begann den Roman von Neuem. Greifbar wird die zweite Arbeitsphase in dem *Fragment von Hyperion*, das, aus einem Vorwort und fünf Briefen bestehend, 1794 in Schillers *Thalia* erschien. Als dieser Fassung zugehörig gilt das *Waltershäuser Paralipomenon*. Wahrscheinlich im März 1795 begann Hölderlin in Jena damit, den Hyperionstoff in eine epische Form zu bringen, doch auch die *Metrische Fassung* blieb unausgeführt, lieferte allerdings mit ihren Figuren und philosophischen Gesprächen Material für einen neuen Romanentwurf, *Hyperions Jugend*, der durch eine in Kapiteln gegliederte Ich-Erzählung die Briefform ersetzte. Zu dieser kehrte die vierte Bearbeitungsstufe, die *Vorletzte Fassung*, zurück, die Hölderlin noch vor seinem Antritt der Hofmeisterstelle in Frankfurt an den Verleger Cotta schickte. Veranlasst durch dessen Bitte, das Manuskript zu kürzen, überarbeitete Hölderlin den Text zwischen Oktober 1796 und Januar 1797. Das Ergebnis der Revision erschien im April 1797 als zwei Bücher umfassender erster Band von *Hyperion oder Der Eremit in Griechenland*. Erst danach widmete sich Hölderlin den zwei Büchern des zweiten Bandes, der im November 1799 veröffentlicht wurde.

Johann Friedrich Cotta

Der Roman als *terra incognita*

Am Ende der Stiftszeit hat sich für Hölderlin die Hymne Schiller'scher Prägung erschöpft; er sann auf alternative Formen des literarischen Ausdruckes. In einem Brief an Neuffer aus dem Jahr 1793 heißt es: „Was Du so schön von der terra incognita im Reiche der Poësie sagst, trifft ganz genau besonders bei einem Romane zu. Vorgänger genug, wenige, die auf neues schönes Land gerieten, u. noch eine Unermessenheit zu'r Entdeckung und Bearbeitung!" (KA I, 104) Lange Zeit als triviale Unterhaltungsliteratur ohne ästhetischen Anspruch abgetan, eroberte sich der Roman, als Hölderlin diese Zeilen schrieb, allmählich einen festen Platz im literarischen Kanon. Eine *terra incognita* ist der Roman als literarische Gattungsform, da er im 18. Jahrhundert noch keinen Normierungsprozeduren unterzogen worden war. Nur einige wenige Vorbilder in der Antike aufweisend, stand er im Gegensatz zu anderen Gattungen in keinerlei Abhängigkeit von antiken Vorgaben oder Traditionsmustern. Er bot somit eine Möglichkeit, sich von dem klassizistischen Nachahmungspostulat zu lösen und der Moderne ein eigenständiges literarästhetisches Profil zu verleihen.

Briefroman

Zwar betrat Hölderlin mit seinem Projekt ein noch unerschlossenes Gebiet, gänzlich ohne Orientierungspunkte war er aber nicht. Begründet wurde der Briefroman des 18. Jahrhunderts von Samuel Richardson, ihm folgten unter anderem Rousseau mit *Julie ou La Nouvelle Héloïse* und Goethe, der 1774 mit *Die Leiden des jungen Werthers* ein Manifest des sentimentalen Natur- und Subjektkultes von gesamteuropäischer Strahlkraft vorlegte. Wie der Brief an sich war auch der Briefroman prädestiniert für eine Expedition in die subjektive Innerlichkeit des schreibenden Ich. So groß der Einfluss von Goethes *Werther* auf Hölderlin auch war, der *Hyperion* unterscheidet sich grundlegend von ihm im Hinblick auf das zeitliche Verhältnis zwischen der Erzählung und den erzählten Ereignissen. Während im *Werther* das Erlebte und die dadurch hervorgerufenen Gefühle zeitnah zu Papier gebracht werden, berichtet Hyperion, ein Neugrieche (vgl. Link 2020), auf Bitten seines deutschen Briefpartners Bellarmin über längst Vergangenes. An die Stelle von Unmittelbarkeits- und Spontaneitätseffekten tritt eine reflexive Distanz, in der Hyperion die Etappen seiner bisherigen Biografie durcharbeitet.

Bildungsroman

Wie der erlebende Hyperion, dessen Name dem des Titanen des Lichts in der griechischen Mythologie entspricht, so durchläuft auch der erzählende eine Entwicklung, die den eingeschobenen Kommentaren abgelesen werden kann: Der Erzähler am Anfang ist ein anderer als der am Ende. Der *Hyperion* steht folglich nicht nur in einer Traditionslinie zum Brief-, sondern zugleich zum Bildungsroman. Auch auf diesem Gebiet leistete Goethe Pionierarbeit, und zwar mit *Wilhelm Meisters Lehrjahren*, die Hölderlin in Jena gelesen hat. Implizit auf die Gattung des Bildungsromans rekurrierend, hält Hegel im zweiten Teil seiner *Vorlesungen über die Ästhetik* fest:

> Denn das Ende solcher Lehrjahre besteht darin, daß sich das Subjekt die Hörner abläuft, mit seinem Wünschen und Meinen sich in die bestehenden Verhältnisse und die Vernünftigkeit derselben hineinbildet, in die Verkettung der Welt eintritt und in ihr sich einen angemessenen Standpunkt erwirbt. (Hegel [11]2018a, S. 220)

Hyperion läuft sich in einer langen Verkettung von Erfüllungs- und Enttäuschungsepisoden zweifelsohne die Hörner ab. Seine Lehrjahre führen ihn aber nicht in die Gesellschaft hinein, im Gegenteil: Sie treiben ihn aus dieser heraus. Am Ende des dargestellten Entwicklungsganges befindet sich Hyperion in eremitischer Isolation, was der Untertitel des Romans vorwegnimmt. Ein Antibildungsroman ist der *Hyperion* dennoch nicht, der Fortschritt wird lediglich von der Ebene der gesellschaftlichen Bewährung in den subjektiven Reflexionsprozess des erzählenden Protagonisten verlegt.

Dissonanzen und exzentrische Bahn

Hölderlin bestimmt in der Vorrede zum *Hyperion* als dessen Ziel die „Auflösung der Dissonanzen" (KA III, 13). Damit wendet er sich einem zentralen Anliegen der idealistischen Philosophie zu. Die musikalische Metapher der Dissonanz entspricht im Charakter des Protagonisten dem periodischen Wechsel von Begeisterung und Schwermut. Die für den Text strukturbildenden und generativen emotionalen Extreme gelangen gleich im ersten Satz zum Ausdruck: „Der liebe Vaterlandsboden gibt mir wieder Freude und Leid." (KA III, 14) Veranschaulicht wird die Polarität zwischen der erhebenden Freude und dem niederdrückenden Leid durch die in der Exposition aufgerufene Raumordnung und Blickregie des Erzählers. Hyperion berichtet davon, wie er nach seiner Rückkehr aus Deutschland allmorgendlich die „Höhn des Korinthischen Isthmus" (ebd.) aufsucht, und lenkt die Perspektive von unten nach oben, von dem Abgrund des Meeres hinauf zu den „glühenden Bergen" (ebd.). Zur Beschreibung der Instabilität von Hyperions Affekthaushalt verwendete Hölderlin in der Vorrede zum *Fragment von Hyperion* statt der „Dissonanzen" das Bild der „exzentrische[n] Bahn" (KA III, 177). In ihr erkennt Link ein „Modellsymbol" (Link 2020, S. 42), das „in den literarischen und sogar in den poetischen Diskurs spezialdiskursives (tendenziell wissenschaftliches) Wissen ein[speist]." (Ebd.) Das spezialdiskursive, nämlich astronomische Substrat von Hölderlins „exzentrische[r] Bahn" deckte Wolfgang Schadewaldt auf und brachte sie mit Johannes Keplers Theorie der Planetenumlaufbahnen in Verbindung (vgl. Schadewaldt 1952, S. 1–16). Schon früh erregte die Astronomie Hölderlins Interesse, wie ein Brief aus der Zeit im Tübinger Stift belegt (vgl. KA I, 86; Honold 2005). Und dass er speziell mit Kepler vertraut war, zeigt die Ode *Keppler* aus dem Jahr 1789.

Korinthischer Isthmus

Johannes Kepler

Hyperions elegischer Charakter

Kennzeichnend für Hyperions Leben sind zum einen drei soziale Beziehungsformen: das pädagogische Verhältnis zu seinem Lehrer Adamas, die Freundschaft zu Alabanda und die Liebe zu Diotima. Zum anderen ist der „tripolare Chronotopos Griechenland" (Link 2020, S. 56) prägend, eine spezifische Raum-Zeit-Erfahrung, die sich aufspannt zwischen dem Ursprungsideal der griechischen Antike, dem Leiden an der kulturellen Krise in der neugriechischen Gegenwart, die allgemein für die westliche Zivilisation einsteht, und dem Bestreben, auf griechischem Boden eine neue Gesellschaftsordnung zu errichten. Dabei überlagern sich die individuelle und die kulturelle Dimension: Das Lehrer-Schüler Verhältnis, die Freundschaft und die Liebe stellen Möglichkeiten dar, noch vor der zukünftigen kulturellen Revolution im kleinen, privaten Kreis das ersehnte Einheitsideal zu verwirklichen. Diesen Konnex spiegelt eine Analyse Diotimas wider, die zugleich eine Erklärung für „Hyperions elegischen Charakter" (KA III, 13) liefert:

> Es ist eine bessere Zeit, die suchst du [Hyperion], eine schönere Welt. Nur diese Welt umarmtest du in deinen Freunden, du warst mit ihnen diese Welt. [...] Den Verlust von allen goldenen Jahrhunderten, so wie du sie, zusammengedrängt in Einen glücklichen Moment, empfandest, den Geist von allen Geistern bessrer Zeit, die Kraft von allen Kräften der Heroën, die sollte dir ein Einzelner, ein Mensch ersetzen! – Siehest du nun, wie arm, wie reich du bist? [...] warum so schröcklich Freude und Leid dir wechselt? (KA III, 76 f.)

Im zweiten Brief an Bellarmin verbucht Hyperion rückblickend sein Leben als eine Verlustgeschichte: „Fern und tot sind meine Geliebten, und ich vernehme durch keine Stimme von ihnen nichts mehr." (KA III, 15) Im Anschluss an diese biografische Bilanz werden die zwei den Text leitmotivisch durchziehenden Bewältigungsstrategien Hyperions dargelegt. Auf die Verlusterfahrungen reagiert er einmal mit dem Rückzug in die Einsamkeit, mit sozialer Abkapselung und Vereinzelung, ein andermal mit der hierzu entgegengesetzten Sehnsucht nach Entgrenzung. In diesem Zusammenhang steht eine intertextuelle Referenz auf Heinse: „Eins zu sein und Alles zu werden, was uns in der Natur entzückt" (Heinse 1975, S. 309), so wird im *Ardinghello* das Symbiosephantasma zum Ausdruck gebracht. Und im *Hyperion* heißt es:

> Eines zu sein mit Allem, das ist Leben der Gottheit, das ist der Himmel des Menschen. Eines zu sein mit Allem, was lebt, in seliger Selbstvergessenheit wiederzukehren in's All der Natur, das ist der Gipfel der Gedanken und Freuden [...]. Eines zu sein mit Allem, was lebt! (KA III, 16)

Dass Hyperions pantheistischer Entgrenzungsdrang suizidale Züge trägt, stellte Maurice Blanchot (2012, S. 283) heraus: „Diese Bewegung ist auch Todeswunsch."

Hyperion und Adamas

Seine Kindheit verbringt Hyperion auf der griechischen Insel Tina. Die Schilderung dieser Etappe seines Lebens verschränkt sich mit einer Reflexion über das Kind. In Anlehnung an Rousseau wird es als ein freies Wesen verklärt, das in einem harmonischen Verhältnis zur Natur steht und sich von dieser noch nicht unterschieden weiß. Spuren von Hölderlins Rousseaurezeption zeigen sich gleichfalls in Hyperions pädagogischen Überzeugungen. Nicht zu früh dürfe das Kind durch eine einseitige Ausbildung der intellektuellen Fähigkeiten aus seinem paradiesischen Zustand vertrieben werden. Das ideale Erziehungsprogramm verkörpert der Lehrer Adamas, der für eine ganzheitliche Bildung und Förderung aller Vermögen einsteht. Am Ende der Kindheitsepisode kündigt sich das Strukturgesetz des gesamten Textes an: Auf die Erfüllung folgt der Verlust, auf die Vereinigung die Trennung. Adamas verlässt Hyperion, um „[i]n der Tiefe von Asien" (KA III, 24) ein „Volk von seltner Trefflichkeit" (ebd.) aufzusuchen. Hierin zeigt sich eine geografische Gegenbewegung zu der angenommenen *translatio artis*, der Kulturwanderung von Ost nach West. Nach dem Abschied von Adamas geht Hyperion nach Smyrna, wo er Kenntnisse über die „Künste der See und des Kriegs" (KA III, 27) sowie über „die Sprache gebildeter Völker und ihre Verfassungen und Meinungen und Sitten und Gebräuche" (ebd.) erwerben möchte. Die erhoffte Integration in die Gesellschaft scheitert, stattdessen macht Hyperion die Erfahrung einer unüberwindbaren sozialen Randständigkeit, auf die er mit dem Rückzug in die Einsamkeit reagiert: „Ich lebte nun entschiedner allein" (KA III, 30).

Hyperion und Alabanda

Erst die Begegnung mit Alabanda reißt Hyperion aus der Isolation. Was folgt, ist ein weiterer Kursus von Erfüllung und Enttäuschung. Dass die Freundschaft eine der Möglichkeiten darstellt, die Grenzen der Individualität zu sprengen, veranschaulicht der Erzähler anhand einer Naturallegorie. Das Treffen der beiden gesellschaftlichen Außenseiter wird mit zwei Bächen verglichen, die zusammenfließen und „vereint in Einen majestätischen Strom, die Wanderung in's weite Meer beginnen." (KA III, 34) Von Anfang an steht die Freundschaft zwischen Hyperion und Alabanda im Zeichen des gemeinsamen heroischen Kampfes gegen die Kultur der Gegenwart. Doch schon bald nach der Entdifferenzierung in der Freundschaft zeigen sich Differenzen im Hinblick auf die Frage, wie die bestehenden Verhältnisse überwunden werden sollen. Alabanda plädiert für eine gewaltsame Umwälzung, worauf Hyperion entgegnet:

> Du räumst dem Staate denn doch zu viel Gewalt ein. Er darf nicht fordern, was er nicht erzwingen kann. Was aber die Liebe gibt und der Geist, das läßt sich nicht erzwingen. Das lass' er unangetastet, oder man nehme sein Gesetz und schlag' es an den Pranger! Beim Himmel! der weiß nicht, was er sündigt, der den Staat zur Sittenschule machen will. Immerhin hat das den Staat zur Hölle gemacht, daß ihn der Mensch zu seinem Himmel machen wollte. (KA III, 39 f.)

Auch Hyperion strebt eine kulturelle Erneuerung an, die er mit zyklischen Ordnungsmustern umschreibt. So ist vom „Frühling" (KA III, 40) die Rede, von einem „nahen gesunden Erwachen" (ebd.) und, im Rekurs auf das Konzept der Palingenesie, von Verjüngung (vgl. KA III, 101). Statt auf politische Fraktionen und staatliche Machtapparate, wie sie sich im Zuge der Französischen Revolution herausgebildet haben, setzt Hyperion auf eine kulturelle Evolution und eine säkulare „neue Kirche" (KA III, 40), eine Gemeinschaft gleichgesinnter Geister, die an die „unsichtbare[ ] streitende[ ] Kirche" (KA I, 207) in Hölderlins Brief an Ebel vom 9. November 1795 erinnert. Endgültig überwerfen sich die beiden Freunde, als Hyperion erfährt, dass Alabanda einem sektiererischen Geheimbund namens Nemesis angehört, der nach dem Vorbild der radikalen politischen Gruppierungen im revolutionären Frankreich modelliert ist und nicht zufällig den Namen der griechischen Rachegöttin trägt. Niedergeschlagen kehrt Hyperion nach Tina zurück. Ein Aufschwung zu neuer Begeisterung wird eingeleitet, als Hyperion eines Tages von seinem Freund Notara eine Einladung auf die Insel Kalaurea erhält, wo er Diotima begegnet.

Hyperion und Diotima

Widmete sich das erste Buch dem Lehrer-Schüler Verhältnis zwischen Hyperion und Adamas sowie der Freundschaft zu Alabanda, steht im zweiten Buch des ersten Bandes die Liebe im Zentrum. Hyperion schreibt Bellarmin nun nicht mehr von Korinth aus, sondern von Salamis, der Insel des Ajax, der neben Achill eine der heroischen Leitfiguren in Hölderlins Werk ist (vgl. Knigge 1984/85). Ganz der platonischen Metaphysik der Schönheit und der Liebe ist die Figur der Diotima verpflichtet. In ihr erfüllt sich Hyperions pantheistische Vereinigungssehnsucht: „[W]ißt ihr seinen Namen? den Namen deß, das Eins ist und Alles? Sein Name ist Schönheit." (KA III, 62) Die Anlage Diotimas speist sich indes nicht allein aus dem antiken Traditionsarchiv, sondern auch aus Elementen der christlichen Vorstellungswelt: „Engelsaugen" (KA III, 63) verleihen Diotima eine sakrale Aura. Eingegangen in ihr Porträt ist zudem Schillers Theorie der schönen Seele (vgl. Wokalek 2011), in der Sinnlichkeit und Sittlichkeit kongruieren (vgl. KA III, 110). Unverkennbar ist auch das im 18. Jahrhundert verbreitete, unter anderem von Rousseau in seiner *Nouvelle Héloïse* propagierte Stereotyp, die Frau sei ein empfindsames Wesen, das in seligem Einklang mit der Natur lebt.

Der Athenbrief

Eine Reise Diotimas und Hyperions nach Athen bildet die Kulisse für kultur- und dichtungstheoretische Reflexionen. Die Vollkommenheit der attischen Antike erklärt Hyperion damit, dass das Volk der Athener, unbeeinflusst von äußeren Faktoren, in Freiheit lebte und sich aus sich selbst heraus vollendete, ehe es zur Wissenschaft kam: „Kein Eroberer schwächt sie, kein Kriegsglück berauscht sie, kein fremder Götterdienst betäubt sie, keine eilfertige Weisheit treibt sie zu unzeitiger Reife. Sich selber überlassen, wie der werdende Diamant, ist ihre Kindheit." (KA III, 88) Die ideale Entwicklung einer Kultur wird an dieser Stelle mit der an Rousseau ausgerichteten Pädagogik aus dem ersten Buch parallelisiert. Des Weiteren behandelt Hyperion das Verhältnis von (Dicht-)Kunst, Religion und Philosophie:

> Das erste Kind der göttlichen Schönheit ist die Kunst. [...] Der Schönheit zweite Tochter ist Religion. Religion ist Liebe der Schönheit. [...] Gut! unterbrach mich einer, das begreif ich, aber, wie dies dichterische religiöse Volk nun auch ein philosophisch Volk sein soll, das seh' ich nicht. Sie wären sogar, sagt' ich, ohne Dichtung nie ein philosophisch Volk gewesen! [...] Die Dichtung, sagt' ich, meiner Sache gewiß, ist der Anfang und das Ende dieser Wissenschaft. Wie Minerva aus Jupiters Haupt, entspringt sie aus der Dichtung eines unendlichen göttlichen Seins. Und so läuft am End' auch wieder in ihr das Unvereinbare in der geheimnisvollen Quelle der Dichtung zusammen. (KA III, 90 f.)

Das Verhältnis von Dichtung, Religion und Philosophie definiert Hyperion in Übereinstimmung mit dem *Systemprogramm* als eine Abfolge, deren Ende in ihren Anfang mündet. Im Gegensatz zu Hegel wird Hölderlin dieser ringkompositorischen Denkfigur und dem Primat der Dichtung treu bleiben. Wie Hyperion, so bestimmen die *Vorlesungen über die Ästhetik* – dabei insgeheim dem Muster eines Bildungsromans verpflichtet – Kunst, Religion und Philosophie als aufeinanderfolgende Stationen des kulturellen Fortschrittes. An die Stelle der zirkulären Bewegung tritt bei Hegel allerdings eine lineare. Das Telos des Wissens ist nicht die Dichtung, sondern die Philosophie. Die Geschichte des Geistes erzählt Hegel folglich als eine Geschichte der Entmündigung der Kunst (vgl. Danto 1993). Thematisiert wird von Hyperion zudem am Ende der Athenreise die Opposition zwischen der *vita contemplativa*, dem Rückzug in die „goldene Mittelmäßigkeit" (KA III, 146) des Privaten einerseits, und der *vita activa*, dem tätigen Leben, das sich der Veränderung der gesellschaftlichen Verhältnisse widmet, andererseits. Beruft Diotima Hyperion zum „Erzieher unsers Volks" (KA III, 100), weist sie ihm den Weg in eine *vita activa*, die sich an Schillers Konzept der ästhetischen Erziehung orientiert.

Revolution statt Evolution

Nach der Veröffentlichung des ersten *Hyperion*-Bandes im Jahr 1797 nahm Hölderlin die Arbeit am zweiten auf, der im November 1799 erschien. In dieser Zeitspanne entstand auch die erste Skizze zum *Tod des Empedokles*, der *Frankfurter Plan*. Der erste Band des zweiten Teiles handelt davon, dass sich Hyperion gegen die von Diotima vertretene Agenda einer kulturellen Evolution entscheidet und stattdessen die politisch-revolutionäre Variante der *vita activa*, das „heroische[ ] Leben[ ]" (KA III, 106) wählt. In diesem Zusammenhang kommt es zu einer Neuauflage der Freundschaft mit Alabanda, der Hyperion über die bevorstehende Erhebung der Griechen gegen die osmanische Fremdherrschaft unterrichtet. Den historischen Hintergrund bildet der russisch-türkische Krieg von 1768 bis 1774, in dem die Griechen an der Seite der Russen kämpften. Hyperion schließt sich dem Aufstand an, einem aus seiner Sicht „gerechte[n] Krieg" (KA III, 109), um einen „Freistaat" (KA III, 108) zu gründen. Die eingeschobenen Briefe an Diotima liefern eine Chronik der Ereignisse. Nach anfänglichen militärischen Erfolgen delegitimiert sich in Misistra der Befreiungskampf durch Ausschreitungen der Griechen: „Es ist aus, Diotima! unsre Leute haben geplündert, gemordet, ohne Unterschied" (KA III, 130). Verzweifelt über das Scheitern seiner politischen Ziele, entsagt Hyperion der Liebe zu Diotima, stellt sich in den Dienst der russischen Flotte und sucht in der Schlacht den Tod. Wie durch ein Wunder wird Hyperion gerettet und erhofft sich, mit Diotima, wenn auch als politisch Verfolgter im Exil, ein Leben in idyllischer Zurückgezogenheit zu verbringen. Es scheint, als könnte er am Ende trotz seiner politischen Desillusionierung zumindest in der Freundschaft und in der Liebe ein „stille[s] Glück[ ]" (KA III, 148) finden – doch es kommt zu einem doppelten Verlust: Alabanda kehrt erneut zum Bund der Nemesis zurück, und Diotima stirbt an einer Art autosuggestivem Suizid. Nicht nur sie hatte einen Einfluss auf Hyperion, sondern auch umgekehrt: Diotima hat sich an seinem „elegischen Charakter“ (KA III, 13) infiziert und ist nicht mehr das selbstgenügsame, mit sich und der Natur in harmonischer Übereinstimmung lebende Wesen, das sie dereinst war: „Ich will es dir gerade sagen, was ich glaube. Dein Feuer lebt' in mir, dein Geist war in mich übergegangen; [...] Du entzogst mein Leben der Erde“ (KA III, 161). Als ein weiblich kodiertes Gegenmodell zu dieser Entwicklung lässt sich Hölderlins Verserzählung *Emilie vor ihrem Brauttag* interpretieren. Auch in ihr werden die beiden Lebensentwürfe der heroischen *vita activa* und des privaten Glückes verhandelt. Doch während der männliche Protagonist im *Hyperion* durch die Entscheidung für den revolutionären Kampf den tragischen Ausgang der Liebe besiegelt, begründet die Protagonistin Emilie mit ihrem Bräutigam Armenion ein idyllisches Dasein jenseits der Sphäre politischer Gewalt.

Iwan Konstantinowitsch Aiwasowski: *Vernichtung der osmanischen Mittelmeerflotte bei Çeşme*

Berufung zum Dichter

In ihrem letzten Brief wiederholt Diotima, Hyperion sei berufen, Lehrer des Volkes zu sein, und konkretisiert das Mittel, mit dem er seine kulturrevolutionäre Mission verfolgen soll: „Dir ist dein Lorbeer nicht gereift und deine Myrten verblühten, denn Priester sollst du sein der göttlichen Natur, und die dichterischen Tage keimen dir schon." (KA III, 163) Indem Hyperion in den Briefen, die Hölderlins Roman *Hyperion* bilden, sein Schicksal erzählt, erfüllt er Diotimas Prophezeiung. Vor diesem Hintergrund wurde die lakonische Schlussklausel „Nächstens mehr" (KA III, 175) als Ankündigung weiterer Briefe Hyperions – und damit weiterer literarischer Werke Hölderlins – verstanden. Gegen die Lesart, Hyperion habe sich entschlossen, seine Bestimmung zum Dichter anzunehmen, um einen kulturellen Wandel herbeizuführen, lässt sich allerdings einwenden, dass der Adressat der Briefe ein Einzelner, nämlich Bellarmin, und keine breite Öffentlichkeit ist. Was genau folgt, bleibt ungewiss; der Roman bricht mit einer nicht endenden Vorläufigkeit ab. Dementsprechend resümierte Rainer Nägele: „Das Ende des Romans öffnet sich auf etwas hin, oder genauer: nicht auf ‚etwas', sondern aufs Offene hin" (Nägele 1998, S. 18).

Scheltrede gegen die Deutschen

Nach dem Tod Diotimas sucht Hyperion Zuflucht in Deutschland. Seine Erfahrungen im Exil fasst er in einer berühmten Scheltrede zusammen:

> So kam ich unter die Deutschen. […] ich kann kein Volk mir denken, das zerrißner wäre, wie die Deutschen. Handwerker siehst du, aber keine Menschen, Denker, aber keine Menschen, Priester, aber keine Menschen, Herrn und Knechte, Jungen und gesetzte Leute, aber keine Menschen – ist das nicht, wie ein Schlachtfeld, wo Hände und Arme und alle Glieder zerstückelt untereinander liegen, indessen das vergoßne Lebensblut im Sande zerrinnt? Ein jeder treibt das Seine, wirst du sagen, und ich sag' es auch. Nur muß er es mit ganzer Seele treiben, muss nicht jede Kraft in sich ersticken, wenn sie nicht gerade sich zu seinem Titel paßt, muß nicht mit dieser kargen Angst, buchstäblich heuchlerisch das, was er heißt, nur sein, mit Ernst, mit

Liebe muß er das sein, was er ist, so lebt ein Geist in seinem Tun, und ist er in ein Fach gedrückt, wo gar der Geist nicht leben darf, so stoß ers mit Verachtung weg und lerne pflügen! [...] Die Tugenden der Deutschen aber sind ein glänzend Übel und nichts weiter; denn Notwerk sind sie nur, aus feiger Angst, mit Sklavenmühe, dem wüsten Herzen abgedrungen, und lassen trostlos jede reine Seele, die von Schönem gern sich nährt, ach! die verwöhnt vom heiligen Zusammenklang in edleren Naturen, den Mißlaut nicht erträgt, der schreiend ist in all der toten Ordnung dieser Menschen. [...] denn wo einmal ein menschlich Wesen abgerichtet ist, da dient es seinem Zweck, da sucht es seinen Nutzen [...]. (KA III, 168 f.)

Selbst unter den Bewunderern des *Hyperion* sorgte solch harsche Abrechnung für Unmut. Was Hyperion beanstandet, sind jedoch letztlich keine spezifisch deutschen Verfallserscheinungen, sondern Symptome der gesamten westlichen Kultur. Allegorisch begleitet von dem martialischen Bild der abgetrennten Glieder, die zerstreut auf dem Schlachtfeld liegen, attackiert Hyperion die gesellschaftliche Zergliederung in der Moderne: zum einen die Trennungen auf der Ebene der sozialen Hierarchie in Form ungleicher Machtverteilung (vgl. „Herrn und Knechte"), zum anderen die Ausdifferenzierung in unterschiedliche Spezialdiskurse (vgl. „Fach"). Verurteilt wird des Weiteren das zweckrationale Denken (vgl. „Zweck", „Nutzen"), das die desintegrative Wissens- und Machtverteilung zementiert. Die Kritik an den Deutschen bildet den Kontrapunkt zu der Verherrlichung der attischen Kultur im Athenbrief: Der Zersplitterung und Entfremdung der Moderne steht das Ideal einer lebendigen Ganzheitlichkeit und Gleichheit in der griechischen Antike gegenüber.

Hölderlins Dialektik

Die Vorrede zur Druckfassung des *Hyperion* kündigt die „Auflösung der Dissonanzen in einem gewissen Charakter" (KA III, 13) an. Hölderlin verpflichtet damit an hervorgehobener Stelle seinen Roman, musikmetaphorisch verklausuliert, auf einen Schwerpunkt der idealistischen Philosophie und deren beharrliche Arbeit, mittels Syntheseoperationen Gegensätze aufzuheben. Das zu Beginn formulierte Programm des *Hyperion* greift der letzte Brief auf: „Wie der Zwist der Liebenden, sind die Dissonanzen der Welt. Versöhnung ist mitten im Streit und alles Getrennte findet sich wieder." (KA III, 175) Die Versöhnung im *Hyperion* lässt sich in gewisser Weise als ein literarisches Pendant zu Hegels Dialektik interpretieren, es gibt jedoch einen entscheidenden Unterschied: Während Hegel die Spannung zwischen den Polen überwindet, indem er sie neutralisiert und aufhebt (vgl. Derrida [2]2009, S. 64–69), bleibt deren Konfliktgeladenheit bei Hölderlin bewahrt. Die höhere Einheit im *Hyperion* suspendiert die Gegensätze nicht; sich gegenseitig bedingend, bilden sie vielmehr die höhere Einheit aus. Hansjörg Bay (2003, S. 52) bemerkte dazu: „Im Gegensatz zur Hegelschen Dialektik freilich ist die Bewegung von Hölderlins Roman dadurch gekennzeichnet, daß der Widerspruch, die Spannung zwischen den Polen, stehen bleibt." Hölderlins dialektisches Modell rekurriert nicht auf Hegel, der in der Moderne mit seiner eigenen Philosophie das Telos des Wissens erreicht glaubte, sondern auf Heraklit. Transparent wird dieser Bezug im Athenbrief: „Das große Wort, das εν διαφερον εαυτῳ (das Eine in sich selber unterschiedne) des Heraklit, das konnte nur ein Grieche finden, denn es ist das Wesen der Schönheit, und ehe das gefunden war, gabs keine Philosophie." (KA III, 92) Kurz danach wird die Heraklit zugeschriebene philosophische Formel erneut ästhetisch semantisiert: „das göttliche εν διαφερον εαυτῳ, das Ideal der Schönheit der strebenden Vernunft" (KA III, 94). Die zitierten Stellen geben zu erkennen, dass der zentrale ästhetische Gegenstand des *Hyperion* die Schönheit ist (vgl. Weinberg 2001, S. 99). Sie stellt eine der Möglichkeiten dar, das ursprüngliche Sein erfahrbar werden zu lassen. Darüber hinaus wird das logische Prinzip für die Auflösung der Dissonanzen in Hyperions Charakter benannt: Sie besteht nicht darin, die Phasen der Begeisterung zu verstetigen, sondern in der Anerkennung der Einheit von Gegensätzen. Diese Erkenntnis führt zu dem im Vorwort zum *Fragment von Hyperion* erörterten „Zustand der höchsten Bildung" (KA III, 177):

> Es gibt zwei Ideale unseres Daseins: einen Zustand der höchsten Einfalt, wo unsre Bedürfnisse mit sich selbst, und mit unsern Kräften, und mit allem, womit wir in Verbindung stehen, durch die *bloße Organisation der Natur*, ohne unser Zutun, gegenseitig zusammenstimmen, und einen Zustand der höchsten Bildung, wo dasselbe statt finden würde bei unendlich vervielfältigten und verstärkten Bedürfnissen und Kräften, *durch die Organisation, die wir uns selbst zu geben im Stande sind.* (Ebd.)

Hendrick ter Brugghen: *Heraklit*

Die Rückkehr zu einem idealen Dasein ist Hölderlin zufolge keine Regression in einen Rousseau'schen Naturzustand, sondern eine „inventive Rückkehr" (vgl. Link 1999): die Herstellung einer dem Ursprung analogen Einheit auf einer höheren Ebene. Erreicht werden soll sie durch die fortschreitende Bewusstseinsbildung sowohl bei der Gattung Mensch insgesamt als auch in der Entwicklung des Einzelnen.

# VI. Das dramatische Werk: *Der Tod des Empedokles*

Entstehungsgeschichte

Wie sein Roman, so erstreckt sich auch Hölderlins einziges Dramenprojekt über mehrere Arbeitsstufen. Die Keimzelle des *Empedokles* bildet der *Frankfurter Plan*, den Hölderlin 1797 in einem Schulheft von Henry Gontard im Anschluss an den Satz des Pythagoras skizzierte. In die zweite Hälfte des Jahres 1798 und in die Anfangsmonate des Folgejahres fällt die Arbeit an der ersten Fassung; im Frühjahr 1799 begann Hölderlin mit der Anlage einer zweiten. Nachdem er keine der beiden Versionen über einen Entwurf hinausführen konnte, schrieb er die Abhandlung *Über das Tragische*, die den *Grund zum Empedokles* enthält: Dem Stocken der dichterischen Praxis versuchte Hölderlin mit der Theorie beizukommen. Das Ergebnis der poetologischen Rechenschaftsablage war ein konzeptioneller Wandel, der die dritte Fassung des *Empedokles* entwuchs. Allerdings konnte die theoretische Selbstvergewisserung einen neuerlichen Abbruch des Projektes nicht verhindern. Es folgte ein weiterer tragödientheoretischer Aufsatz, *Das untergehende Vaterland …*, doch auch dieser verhalf nicht zu einem Abschluss des Dramas, das Hölderlin schließlich am Ende seines ersten Aufenthaltes in Homburg aufgab. Zu Hölderlins Lebzeiten wurde der *Empedokles* mit Ausnahme weniger Bruchstücke nicht veröffentlicht. Dass er Fragment blieb, erfuhr in der Forschung unterschiedliche Deutungen: Teils sah man darin ein Indiz für das Scheitern des Projektes, teils das Erproben alternativer theatraler Modelle oder das Signum moderner Kunst.

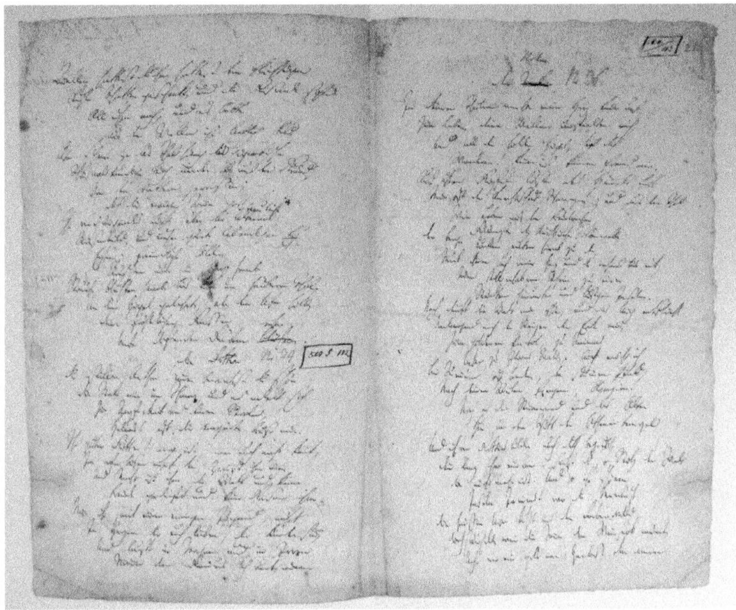

Manuskriptseite von *Der Tod des Empedokles*

Empedokles statt Sokrates

Der Plan, sich der Gattung des Trauerspieles anzunehmen, reicht bis in die Waltershausener Zeit zurück. In einem Brief an Neuffer vom 10. Oktober 1794 erwähnt Hölderlin das Vorhaben, „den Tod des Sokrates, nach den Idealen der griechischen Dramen zu bearbeiten“ (KA I, 157). Dass Sokrates durch Empedokles ersetzt wurde, bringt eine Reihe programmatisch relevanter Verschiebungen mit sich. An die Stelle Athens, des, wie Hölderlins Roman zu entnehmen ist, Mittelpunktes und Gipfels der antiken Kultur, tritt mit Sizilien die *Magna Graecia*, das kolonisierte Grenzgebiet der griechischen Inselwelt. Durch die Verlagerung des Schauplatzes auf der Orient-Okzident-

Achse in Richtung Westen nähert sich Hölderlin der eigenen Heimat an, von der er sich gemäß der Vorstellung von der *translatio artis* eine weltgeschichtliche Zäsur versprach. Die Schwelle der antiken griechischen Kultur erweist sich im *Empedokles* als ein ungemein produktiver Raum, der sich auf die neue, hesperische Ordnung hin öffnet. Darüber hinaus führte der Protagonistenwechsel zu einer philosophischen Neuausrichtung des Dramenprojektes. Empedokles galt im 18. Jahrhundert als eine obskure, nicht sonderlich brauchbare Gestalt der Philosophiegeschichte. Repräsentativ für den Status des vorsokratischen Naturphilosophen unter Hölderlins Zeitgenossen ist Hegels Einschätzung in den *Vorlesungen über die Geschichte der Philosophie*: „[A]us seiner Philosophie ist nicht viel zu machen." (Hegel [11]2020, S. 347) Unzeitgemäß ist nicht nur die Entscheidung für Empedokles, sondern zugleich diejenige gegen Sokrates; auch das verdeutlicht Hegels Urteil: „Er [Sokrates] ist nicht nur höchst wichtige Figur in der Geschichte der Philosophie – die interessanteste in der Philosophie des Altertums –, sondern er ist welthistorische Person. Er ist Hauptwendepunkt des Geistes in sich selbst" (ebd., S. 441). Das Aufklärungszeitalter erhob Sokrates zu seinem Idol und sah in ihm einen seiner prototypischen Vertreter, der trotz massiver gesellschaftlicher Widerstände und der Verurteilung zum Tode von seiner philosophischen Mission nicht abließ. Im Unterschied zu den Vorsokratikern, die den irreduziblen Bausteinen und letzten Gesetzen des Kosmos nachspürten, widmete sich Sokrates der Moralphilosophie. Dass bei ihm der Mensch in den Mittelpunkt rückt, stellt einen Akt der Emanzipation dar, bedeutet aber auch eine Abkehr von der Natur. Wendet sich in der Philosophie des Sokrates der Geist in sich selbst, so zieht er sich von der Außenwelt ab und geht auf Distanz zu ihr. Hölderlins Bemühen zielte allerdings darauf, Möglichkeiten zu erkunden, die Spaltung zwischen Subjekt und Objekt, dem Eigenen und dem Anderen zu überwinden und eine ursprungsanaloge Einheit herzustellen. Daher waren Empedokles' Theorieangebote wohl attraktiver als diejenigen, die Sokrates mit seiner Abspaltung des Geistes von der Natur unterbreiten konnte.

Sokrates

Empedokles

Diogenes Laërtius

„Ich habe dieser Tage in Deinem Diogenes Laërtius gelesen. Ich habe auch hier erfahren, […] daß mir nämlich das Vorübergehende und Abwechselnde der menschlichen Gedanken und Systeme fast tragischer aufgefallen ist, als die Schicksale, die man gewöhnlich allein die wirklichen nennt" (KA I, 327), schreibt Hölderlin in einem Brief an Sinclair vom 24. Dezember 1798. Ausgerechnet am Vortag von Christi Geburt dokumentiert Hölderlin im Zusammenhang mit einem tragödientheoretischen Reflex die Lektüre eines Textes, der von dem Freitod einer Figur erzählt, die vor allem in der dritten Fassung zu einem messianischen Erlöser stilisiert wird. Die Sammlung *Leben und Meinungen berühmter Philosophen* des spätantiken Kompilators Diogenes Laërtius stellt die wichtigste Quelle für Empedokles' Biografie und Lehren dar. Historisch gesichert ist dabei weniges, vieles fällt in den Bereich des

Hörensagens und der Legendenbildung, etwa der spektakuläre Sturz in den Ätna. Wenngleich sich kein Beleg für eine frühere Lektüre finden lässt, ist es unwahrscheinlich, dass sich Hölderlin, als er den Brief an Sinclair niederschrieb, zum ersten Mal mit Diogenes befasste. Der Plan zu einer Empedoklestragödie reicht, wie erwähnt, bis in das Jahr 1797 zurück, und eine Auseinandersetzung mit dem Vorsokratiker ohne die Kenntnis des Diogenes ist kaum vorstellbar.

Empedokles' Politik und Philosophie

In Diogenes' Sammlung wird Empedokles als Verfechter eines freiheitlich-demokratisch organisierten Gemeinwesens vorgestellt, der seine Ablehnung der autokratischen Herrschaftsform dadurch beglaubigte, dass er die ihm angetragene Königswürde ausschlug. Aufgrund seines politischen Engagements eignete sich Empedokles als Projektionsfigur für die Ideale der Französischen Revolution. Betont wird sein revolutionäres Potenzial überdies durch seine Todesart. In der zeitgenössischen Ikonografie war der Vulkan ein Kollektivsymbol für politische Umwälzungen: Der Aufruhr im Erdinneren wurde mit demjenigen unter den Völkern verglichen (vgl. Honold 2005, S. 296). Über die philosophischen Lehren des Empedokles ist bekannt, dass er den Kosmos auf vier Wurzeln (Rhizomata) zurückführte, auf Feuer, Wasser, Erde und Luft. Die Prinzipien, die eine Trennung und Vereinigung dieser grundlegenden Elemente des Universums bewirken, identifizierte er als Liebe und Streit. Die Liebe galt gleichfalls Hölderlin als eine universale kosmische Macht. Und auch, dass Empedokles die Dynamik der Vereinigung und Trennung als einen Kreislauf bestimmte, war mit Hölderlins zyklischen Denk- und Ordnungsmustern wie etwa seiner Verjüngungstheorie kompatibel. Anschlussfähig war Empedokles' Weltdeutung zudem, da sie von einer dialektischen Abhängigkeit zweier Gegensätze ausging.

Hyperion und Empedokles

Der Ätna verfügt nicht nur über einen politischen, sondern auch über einen philosophischen Symbolgehalt. Indem sich Empedokles dem Feuer der Erde übergibt, erfüllt er auf extreme Weise Rousseaus Forderung eines ‚Retour à la nature‘ (‚Zurück zur Natur‘). Bereits in seinem Roman hat Hölderlin die pantheistische Verschmelzungssehnsucht formuliert und mit suizidalen Zügen ausgestattet. „[W]iederzukehren in's All der Natur“ (KA III, 16), wünscht sich Hyperion zu Beginn des ersten Bandes. Dabei stehen die vereinigungsphilosophischen Verhandlungen im *Hyperion* und im *Empedokles* nicht ohne Interaktion nebeneinander. Die entstehungsgeschichtlich sich überlagernden Projekte treten in einen intertextuellen Dialog, wenn Hyperion am Ende des zweiten Bandes von einem Zwischenhalt auf Sizilien berichtet: „Gestern war ich auf dem Ätna droben. Da fiel der große Sizilianer mir ein, der einst des Stundenzählens satt, vertraut mit der Seele der Welt, in seiner kühnen Lebenslust sich da hinabwarf in die herrlichen Flammen“ (KA III, 166). Hyperion und Empedokles weisen recht ähnliche Züge auf. Beide kennzeichnet ein dissonanter Charakter; beide Protagonisten sind einem Rhythmus unterworfen, den die Erfahrung von Fülle und Begeisterung einerseits und die Isolation und Entzweiung andererseits vorgeben. Aber wenngleich der Roman und die Tragödie von demselben Grundproblem geprägt sind, werden in ihnen zwei alternative Modelle der Konfliktbewältigung vorgestellt. Im *Hyperion* erfolgt die Versöhnung im Rahmen eines Reflexionsprozesses. Dieser mündet in die sich an Heraklit anlehnende Erkenntnis, dass die Lösung der Dissonanz in der Anerkennung der Einheit unaufhebbarer Gegensätze besteht. Demgegenüber wird im *Empedokles*, der „Tragödie eines *gesteigerten Hyperion*“ (Schadewaldt 1958–1960, S. 45), das Einheitsideal durch den Freitod, eine radikale Form der Entgrenzung und Entindividualisierung, verwirklicht.

Philosophie, Rhetorik, Dichtung

Neben der philosophischen und politischen Aktualisierbarkeit war es das breite Tätigkeits- und Kompetenzspektrum des Empedokles, das ihn zu einer Identifikationsfigur für Hölderlins eigenes Programm prädestinierte. Bei Diogenes wird der Vorsokratiker als ein erfolgreicher Olympionike vorgestellt, als Magier, Prophet, Weiser, Heilkundiger sowie als religiöser und politischer Anführer. Er sei sogar der „erste[ ] Erfinder der Rhetorik“ (Diogenes 2015,

S. 461) gewesen. Des Weiteren habe er „eine homerische Ader und eine große Gewandtheit in der Darstellung gehabt, reich an bildlichem Ausdruck und gebietend über alle sonstigen Mittel zu dichterischem Erfolg" (ebd.). Nicht zuletzt das Verhältnis von Philosophie, Rhetorik und Dichtung ist es, das eine Nähe zwischen Hölderlin und Empedokles begründet. Trennte und hierarchisierte Sokrates in Platons Dialogen die drei Sprach- und Wissenssysteme, waren sie bei den Vorsokratikern keineswegs streng voneinander geschieden. Eine populäre Form der philosophischen Darstellung in der Vorsokratik war das Lehrgedicht. Es war – wie das Epos – metrisch auf den daktylischen Hexameter festgelegt und orientierte sich an literarischen und rhetorischen Gestaltungsmitteln (vgl. Most 2001, S. 321–329). Von Empedokles' Werk sind ein Gedicht über die Natur und ein kultisches Sühnelied, die *Katharmoi*, fragmentarisch überliefert. Außerdem habe er, so berichtet Diogenes, eine medizinische Abhandlung in Versen und einige Tragödien geschrieben. Dass bei Empedokles Philosophie und Dichtung noch nicht in einem Konkurrenzverhältnis zueinander standen, empfahl ihn nicht allen Zeitgenossen Hölderlins: „Empedokles ist mehr poetisch als bestimmt philosophisch; er ist nicht von großem Interesse" (Hegel [11]2020, S. 353), lautet Hegels Verdikt in den *Vorlesungen über die Geschichte der Philosophie*. In den drei Entwürfen zum *Tod des Empedokles* ist dieser zwar kein oder nur potenziell ein Dichter, wie Link (1999, S. 194) feststellt; dass Hölderlin den Empedokles aber durchaus mit der Dichtung in Verbindung brachte, bezeugt die 1801 erschienene Ode *Empedokles*, in der der Vorsokratiker feierlich als „Dichter" (KA II, 241, V. 7) angerufen wird. Ferner heißt es im *Grund zum Empedokles*: „In diesem Verhältnisse lebt er 1) überhaupt, als fühlender Mensch, 2) als Philosoph und Dichter, 3) als ein Einsamer, der seine Gärten pflegt." (KA III, 437) Indem sich in Empedokles unterschiedliche Wissens- und Tätigkeitsbereiche in Personalunion vereinen, stellt er den Kontrapunkt zu einer arbeitsteiligen und diskursiv atomisierten Gesellschaft dar, wie sie Hyperion in seiner Scheltrede gegen die Deutschen anprangert. Am deutlichsten gelangt die Opposition des

Vorsokratikers zu einer in Spezialdiskurse zerfallenen Moderne im *Frankfurter Plan* zum Ausdruck, der mit folgendem Porträt beginnt: „Empedokles, durch sein Gemüt und seine Philosophie schon längst zu Kulturhaß gestimmt, zu Verachtung alles sehr bestimmten Geschäfts, alles nach verschiedenen Gegenständen gerichteten Interesses, ein Todfeind aller einseitigen Existenz" (KA III, 421).

Der theo-politische Konflikt: erste Fassung

Auf der exzentrischen Schwingungskurve zwischen Begeisterung und Verzweiflung befindet sich Empedokles zu Beginn des Dramas an dem Tiefpunkt melancholischer Niedergeschlagenheit. Ein Vergehen, das vor der in Szene gesetzten Handlung liegt, führt zu einem doppelten Verlust: In der ersten Fassung ist es die Hybris der Selbstvergottung, die zum einen Empedokles' intimes Verhältnis zu der Natur und dem Göttlichen auflöste: „[D]u hast / Es selbst verschuldet, armer Tantalus / Das Heiligtum hast du geschändet, hast / Mit frechem Stolz den schönen Bund entzweit / Elender!" (KA III, 291, V. 328–332) Gefallen ist Empedokles zum anderen aus dem sozialen Gefüge. In diesen persönlichen Konflikt mengt sich ein öffentlicher, theo-politischer. Obwohl sich Empedokles ohnehin schon in die Abgeschiedenheit zurückgezogen hat, wird er von dem Priester Hermokrates und dem Archonten Kritias aus Agrigent verbannt. Damit suchen die politischen und religiösen Autoritäten Empedokles' selbstgewählte Abwesenheit in eine Souveränitätsgeste umzuwandeln. Für sie stellt er eine Bedrohung dar, weil er sich als ein rivalisierender gesellschaftlicher Einflussfaktor etabliert hat.

Empedokles und Antigone

Die Gegenüberstellung der beiden Parteien entspricht der Konstellation in der *Antigone*. Während Empedokles und Sophokles' Heldin die ungeschriebenen, höheren Gesetze verteidigen, die Hölderlin in *Über Religion* thematisiert, stehen Hermokrates, Kritias und Kreon für überkommene politische und religiöse Setzungen ein. „Auch den, ihr kanntet ihn, den heimlichen / Verführer, der die Sinne nahm dem Volk / Und mit dem Vaterlandsgesetze spielt', /

Und sie, die alten Götter Agrigents / Und ihre Priester niemals achtete" (KA III, 302, V. 603–607), lautet Hermokrates' Vorwurf. Demgegenüber klagt Empedokles den Priester an, die Religion institutionalisiert und für Herrschaftszwecke missbraucht zu haben: „Ich kenne dich und deine schlimme Zunft." (KA III, 299, V. 518) Ferner heißt es: „Hinweg! ich kann vor mir den Mann nicht sehn / Der Heiliges, wie ein Gewerbe treibt." (V. 530 f.) Die Verbindungslinie zur *Antigone* hat Hölderlin selbst gezogen. In dem Eingangsdialog zwischen Panthea und Delia, einer Gastfreundin aus Athen, berichtet diese von der Verehrung, die Sophokles genießt, und von den Spekulationen darüber, welche der Athenerinnen für die Figur der Antigone Modell gestanden haben könnte. Aufgerufen wird der attische Dramendichter von Delia als Kontrastfolie, um Empedokles zu charakterisieren. Zwar ist auch Sophokles ein großer Mann, doch Empedokles' Größe ist von anderer Art, sie ist unbegreiflich und numinos: „Ich begreife nichts / von diesem Manne" (KA III, 280, V. 25 f.), gesteht Delia; er scheint ihr „übergroß" (KA III, 283, V. 133) und „unbegrenzt[ ]" (V. 134). Die wiederholt und von allen Figuren betonte Unbegreiflich- und Rätselhaftigkeit des Empedokles verortet ihn in dem konzeptionellen Feld des Aorgischen, das Hölderlin im *Grund zum Empedokles* als „Extrem […] des Unbegreiflichen, des Unfühlbaren, des Unbegrenzten" (KA III, 429) paraphrasiert. Indem sich Empedokles durch seine Nähe zum Aorgischen von Sophokles unterscheidet, nimmt Hölderlin die Korrektur vorweg, die er in dem Brief an Wilmans vom 2. April 1804 erläutert: „Ich glaube durchaus gegen die exzentrische Begeisterung geschrieben zu haben und so die griechische Einfalt erreicht [zu haben]" (KA I, 473). Die Steigerung des Exzentrischen, die Hölderlin in seiner Übersetzung der Sophokleischen Trauerspiele vornehmen wird, um die Fehler des griechischen Originals zu beheben, hat er mit der Figurenanlage des Empedokles bereits begonnen. Eine weitere Parallele zur *Antigone* besteht darin, dass auch in Hölderlins Tragödie eine „Umkehr aller Vorstellungsarten" (KA III, 919) in Aussicht gestellt wird, nämlich die Überwindung der autokratischen Herrschaftsform und die Errichtung einer freiheitlich-demokratischen Gesellschaft. Nachdem das Volk von den Autoritäten der Stadt aufgewiegelt wurde, besinnt es sich und trägt Empedokles die Königswürde an, doch dieser lehnt ab und begründet seine Weigerung mit dem Anbruch einer neuen politischen Ordnung: „Dies ist die Zeit der Könige nicht mehr" (KA III, 337, V. 1418), lautet Empedokles' politisches Vermächtnis.

Der theo-politische Konflikt: zweite Fassung

Der Konflikt mit dem Priester Hermokrates gewinnt in der zweiten Fassung an Kontur. Dass es nicht mehr die Überschreitung durch die Erhebung zu einem Gott ist, die Empedokles aus der ursprünglichen Naturinnigkeit reißt, zeigt der mythologische Referenzwechsel. Wurde Empedokles in der ersten Fassung mit Tantalus verglichen (vgl. KA III, 291, V. 329), ist sein Schicksal in der zweiten auf den Mythos von Prometheus bezogen: „Sie dankens ihm / Daß er vom Himmel raubt / Die Lebensflamm und sie / Verrät den Sterblichen." (KA III, 363, V. 37–40) Aus Tantalus' Missbrauch der Götternähe für eigene Zwecke wird ein Vergehen, das zu einem zivilisatorischen Fortschritt führt. Wie Goethes berühmtes *Prometheus*-Gedicht belegt, wurde Prometheus' Handeln im 18. Jahrhundert auf den Autonomieanspruch des Subjektes bezogen. Thematisiert wird vor diesem Hintergrund insbesondere die religiöse Umkehr der Vorstellungsarten. Empedokles verkündet dem Volk ein geheimes Wissen, das Hermokrates für eine eingeweihte religiöse Elite beansprucht. Als „Allmitteilende[r]" (KA III, 368, V. 198) demokratisiert Empedokles das theologische Herrschaftswissen und macht es zu einem Gemeingut. Verbunden ist damit das Plädoyer gegen eine dogmatische, auf Vermittlung basierende Religion und für einen mündigen, persönlichen Gottesbezug, der in Hölderlins Übersetzung der *Antigone* durch die Berufung auf „*[m]ein* Zevs" (KA III, 877, V. 467) zum Ausdruck gelangt.

Der Tod des Empedokles I

Am Ende der Tragödie übergibt sich Empedokles dem Krater des Ätna, was jedoch der Darstellung und – in Ermangelung an Zeugen – letztlich auch der

Gewissheit entzogen ist. Da sich Empedokles und das Volk versöhnt haben, bricht der nur angedeutete Sturz in den Vulkan mit der traditionellen Konfliktstruktur der Tragödie. Der Entschluss zum Selbstmord beruht zunächst auf dem Ungenügen an den beschränkten Verhältnissen der menschlichen Existenz und dem Wunsch, durch die Symbiose mit der Natur eine höhere Form des Lebens zu erreichen. Dementsprechend heißt es im *Frankfurter Plan*: „Nun reift sein Entschluß der längst schon in ihm dämmerte, durch freiwilligen Tod sich mit der unendlichen Natur zu vereinen. [...] er betrachtet ihn, als eine Notwendigkeit, die aus seinem innersten Wesen folge." (KA III, 423 f.) Wenngleich in der ersten und in der zweiten Fassung mit einem Priester (Hermokrates) und einem Archonten (Kritias/Mekades) Vertreter der religiösen und staatlichen Machtapparate als Gegner des Empedokles auftreten, ist dessen Untergang nicht das unausweichliche Resultat eines Zusammenstoßes von Antagonisten wie in Sophokles' *Antigone*. Empedokles' Tod steht vielmehr in einer Kontinuität zu seiner Denk- und Lebensart: „[D]enn groß ist auch der Tod der Großen" (KA III, 284, V. 141), konstatiert Panthea.

Der Tod des Empedokles II

Zu den Abbrüchen und Neuanfängen des Tragödienprojektes führten wohl die Schwierigkeiten, die sich mit Empedokles' Todesentschluss ergaben. Hölderlin schien die rein individuelle Motivation des Suizides letztlich nicht überzeugt zu haben. Die konzeptionelle Neuausrichtung der dritten Fassung bereiteten die tragödientheoretischen Erwägungen in der Abhandlung *Über das Tragische* vor. In ihr wird Empedokles als ein „religiöser Reformator" (KA III, 437) ausgewiesen, in dem die Zeitenwende eine individuelle Gestalt annimmt:

> [...] und eine solche Zeit ergreift alle Individuen so lange, fodert sie zur Lösung auf, bis sie eines findet, in dem sich ihr unbekanntes Bedürfnis und ihre geheime Tendenz sichtbar und erreicht darstellt, von dem aus dann erst, die gefundene Auflösung ins Allgemeine übergehen muß. So indivi-

> dualisiert sich seine Zeit in Empedokles, und jemehr sie sich in ihm individualisiert, je glänzender und wirklicher und sichtbarer in ihm das Rätsel aufgelöst erscheint, um so notwendiger wird sein Untergang. (KA III, 434)

Der tragische Untergang basiert in der dritten Fassung, die mit einer Szene auf dem Ätna beginnt, somit nicht länger auf der inneren Disposition des Empedokles, sondern auf einer Tausch- und Opferlogik. Dadurch wird er zu einem heilsgeschichtlichen Ereignis umgedeutet. Mit Manes, einem ägyptischen Priester, tritt nun ein dem Empedokles ebenbürtiger Gegenspieler auf. Der Konflikt zwischen den Antagonisten besteht dabei nicht mehr in einer konkurrierenden Auffassung über politische und religiöse Macht. Worüber gestritten wird, ist die Rolle des Opfertodes und des „neue[n] Retter[s]" (KA III, 412, V. 372).

Allein die dritte Fassung skizziert einen Auftritt des Chores, der im griechischen Drama eine feste Instanz zur Kommentierung der Handlung war. Die bruchstückhafte Ausführung unterstreicht, dass der Fokus der letzten Fassung auf dem Übergang von einer alten zu einer neuen Ordnung lag und dass dieser unmittelbar mit dem Untergang des Empedokles verbunden war: „Neue Welt / […] O wann, wann öffnet sie sich / die Flut über die Dürre. / Aber wo ist er? / Daß er beschwöre den lebendigen Geist" (KA III, 417). Das Fragmentarische der Szene wie auch das des gesamten Projektes lässt sich aus der Theorie der Zeitenwende ableiten. Da die neue Ordnung, die radikale Umkehr aller Vorstellungsarten und Formen, erst im Kommen begriffen, folglich noch unüberblickbar und offen ist, kann sie weder durch die herkömmliche Sprache noch durch konventionelle Darstellungsmittel erfasst werden. Mit dem *Empedokles* wich Hölderlin von seinem 1794 in Waltershausen formulierten Plan zu einem „Tod des Sokrates" (KA I, 157) also nicht nur durch den Protagonistenwechsel ab, sondern auch insofern, als er die traditionellen „Ideale[ ] der griechischen Dramen" (ebd.) wie etwa Einheit und Geschlossenheit (vgl. Aristoteles 2006, 1450b; 1459a) zurückwies.

Empedokles und das Erhabene

Der zentrale ästhetische Gegenstand des *Hyperion* ist die Schönheit. Das ändert sich im *Empedokles* grundlegend. Mit der Absage an Sokrates und der Entscheidung für Empedokles hat nicht nur eine philosophische, sondern auch eine ästhetische Akzentverschiebung stattgefunden, die sich allgemein in Hölderlins Werk nach dem Abschied von Diotima abzuzeichnen beginnt. Während Sokrates für eine Metaphysik der Schönheit einsteht, ist der Empedokleskomplex mit der Kategorie des Erhabenen verschränkt. Angezeigt wird dies durch den Hinweis auf Empedokles' Größe im *Hyperion* und in den Trauerspielentwürfen, ferner durch das symbolische Zentrum der Tragödie, den Vulkan. Dass der Vulkan ein einschlägiger Topos des Erhabenen der Natur ist, belegt Kants *Kritik der Urteilskraft* (vgl. Kant 2003, S. 128). Zudem ist er, und ganz konkret der sizilianische, mit dem Erhabenen im Sinne des rhetorischen *genus sublime* assoziiert. Longin vergleicht in *Peri hypsous* die Gewalt der erhabenen Rede mit den „Krater[n] des Ätna, dessen Ausbrüche Steine und ganze Felsmassen aus der Tiefe emporschleudern und manchmal Ströme des erdgeborenen, elementaren Feuers ergießen." (Longin 2002, 35,4) Ein rhetorischer Vulkan ist Empedokles selbst. In der zweiten Fassung wird die Macht seiner Rede hervorgehoben, durch die er gemäß Longins oratorischem Ideal die Zuhörer überwältigt und in einen Zustand der „Trunkenheit" (KA III, 364, V. 83) versetzt: „Daß Einer so / Die Menge bewegt, es dünkt / Mir furchtbarer, als wie wenn Jovis Blitz / Den Wald ergreift" (KA III, 362, V. 7–10), klagt der Archont Mekades, der darin offensichtlich seine eigene Position gefährdet sieht. Die rhetorische Kategorie des *movere*, das Bewegen der Zuhörer, hat eine bildliche Entsprechung in der Metaphorik des Feuers: „Ich weiß, wie dürres Gras / Entzünden sich die Menschen" (KA III, 361, V. 5 f.), kommentiert Hermokrates Empedokles' Einfluss auf das Volk von Agrigent. Vorgeprägt findet sich die Feuermetapher im Zusammenhang mit Longins Unterscheidung der unterschiedlichen Typen des Erhabenen. Cicero ergreife, so Longin, die Zuhörer „wie eine breite Feuersbrunst [...], erfaßt alles mit starker, anhaltender Glut" (Longin 2002, 12,4). In den ästhetischen

Kanon des Erhabenen fällt der *Empedokles* ferner, da er gegen die traditionelle Repräsentationslogik verstößt. Stellt die Schönheit eine Form der Präsenz und Unmittelbarkeit dar, ist das Erhabene durch eine Überschreitung des Vor- und Darstellungsvermögens, einen Entzug gekennzeichnet. Dementsprechend werden Empedokles Eigenschaften zugeschrieben, die seine hermeneutische Unverfügbarkeit betonen und ihn, wie dargelegt, in das konzeptionelle Feld des Aorgischen einordnen: „[U]nbeschränkt[ ]" (KA III, 285, V. 183), „unbegreiflich" (KA III, 328, V. 1185), „[u]nberührbar[ ]" (KA III, 358, V. 1987) und „[u]nendlich" (KA III, 359, V. 2015) – dies ist das privative Vokabular, auf das die anderen Figuren zur Charakterisierung des Empedokles zurückgreifen. Unverfügbar und der Darstellung entzogen sind gleichfalls die Schlüsselmomente des Trauerspieles: das Vergehen des Empedokles, sein Todesentschluss sowie der Sturz in den Ätna. Dass die Tragödie des Empedokles zugleich eine Tragödie der Repräsentation ist, hat Anja Lemke herausgestellt:

> Dass der tragische Konflikt im ‚Tod des Empedokles' nicht zur Darstellung kommt, ist kein kompositorischer Mangel, sondern Ausdruck von Hölderlins Bemühungen, für sein revolutionäres Drama eine adäquate neue Form zu finden. Die Abwesenheiten sind Ausdruck der Tatsache, dass der im ‚Empedokles'-Projekt thematisierte Umschlag von einer alten in eine neue Ordnung nicht mehr bruchlos im Darstellungsparadigma der alten Ordnung inszeniert werden kann. Das heißt am Ende des 18. Jahrhunderts konkret, dass die dramatische Darstellung abrücken muss vom Paradigma der Repräsentation […]. (Lemke 2010/11, S. 69 f.)

Titanen und Olympier

Dass Empedokles „des Stundenzählens satt" (KA III, 166) ist, wie es im *Hyperion* heißt, und er sich deswegen in die Flammen des Ätna stürzt, verweist insgeheim auf die Konkurrenz zwischen den Titanen und den olympischen Göttern. Sich vom Messen der Zeit abwendend, wendet sich Empedokles zugleich vom „Vater der Zeit" (KA III, 916). Diesen identifiziert Hölderlin in den *Anmerkungen zur Antigonä* mit Zeus, dem Obersten des olympischen Göttergeschlechtes (vgl. ebd.). Wie die Motivation zum Selbstmord, so ist auch die Todesart implizit eine mythologische Stellungnahme. Die vulkanischen Aktivitäten des Ätna bekunden der Sage nach das Schicksal des Titanen Typhon, der gegen die Olympier rebellierte und als Strafe dafür in den Krater verbannt wurde (vgl. Honold 2005, S. 314). Auf den Mythos bezogen entsprechen dem Überdruss am Stundenzählen und dem Sprung in den Ätna folglich ein Bekenntnis zur titanischen und eine Abwertung der olympischen Götterdynastie.

Zeus schleudert einen Blitz gegen Typhon, schwarzfigurige Hydria

# VII. Das lyrische Werk

## 1. Lyrik als Paradigma der Moderne

Die Entdeckung des Lyrikers Hölderlin

Seinen prominenten Status in der Weltliteratur verdankt Hölderlin der Lyrik, insbesondere der nach 1800 entstandenen. Diese wurde nicht immer, schon gar nicht zu Hölderlins Lebzeiten als Zentrum seines Œuvre ausgemacht. Die von ihm veröffentlichten Gedichte finden sich versprengt in Musenalmanachen und literarischen Journalen, er selbst hat nie eine Sammlung herausgegeben. Erst 1826, als er schon zwei Jahrzehnte bei der Familie Zimmer in Tübingen einquartiert war, besorgten Schwab und Uhland einen Band mit Hölderlins Gedichten, der allerdings nur einen Bruchteil des lyrischen Werkes umfasste. Etliches, gerade die späte Lyrik blieb unzugänglich, nicht zuletzt deswegen, weil man in ihr nur die bemitleidenswerten Sprachsymptome eines Umnachteten sah. Obwohl der *Hyperion* als handlungsarm und zu philosophielastig kritisiert wurde, verhalf er Hölderlin zu einer gewissen Anerkennung, sodass er im ausgehenden 18. und im 19. Jahrhundert vornehmlich als Romanautor bekannt war. Zu einem tiefgreifenden Einschnitt in der Rezeption kam es, als im November 1909 Norbert von Hellingrath bei Recherchearbeiten in der Stuttgarter Landesbibliothek die *Pindarübertragungen* und zahlreiche späte Hymnen Hölderlins entdeckte. Der spektakuläre Fund machte schnell die Runde und leitete eine radikale Neubewertung von Hölderlins Spätwerk ein: Plötzlich galt er als Dichter, bald sogar als „Dichter des Dichters" (Heidegger [7]2012, S. 34).

**Jugendlyrik**

Dass Hölderlin zu einer Leitfigur der Moderne reüssieren wird, lässt sich auf der Grundlage seiner Jugendlyrik noch nicht erahnen. Die im *Marbacher Quartheft* versammelten Gedichte aus der Zeit in den Klosterschulen haben größtenteils einen epigonalen Charakter. Ihre literarischen Fixpunkte sind unter anderem Klopstock, Matthisson, Schiller und Stolberg-Stolberg. In formaler Hinsicht ist die Jugendlyrik ungemein heterogen. Hölderlin erprobte vierzeilige Lieder, das hexametrische Versmaß, achtzeilige Reimstrophen, verschiedene Odenformen und den freien Rhythmus. Den Themen ist die pietistische Prägung deutlich abzulesen, die sich etwa in der Weltabkehr und dem Rückzug in die Innerlichkeit zeigt. Die frühen Gedichte sind noch ganz dem christlichen Dualismus verpflichtet: Das trübe irdische Dasein wird der erlösenden Transzendenz des Schöpfergottes gegenübergestellt.

**Die Tübinger Hymnen**

Nach dem Besuch der Klosterschulen wandelten sich Hölderlins Weltbild und Lyrikkonzeption grundlegend. In den Tübinger Hymnen, einem ersten, relativ einheitlichen Werkkomplex, der sich im Stift ab 1790 auszubilden begann, wird der Dualismus von Diesseits und Jenseits verabschiedet zugunsten der Vorstellung, dass das Göttliche eine die Immanenz durchwaltende Macht ist. Beeinflusst wurde diese Entwicklung von der Beschäftigung mit Kant sowie mit Spinoza und dem zeitgenössischen Pantheismus, zudem von der intensiven Auseinandersetzung mit der Antike und der Französischen Revolution. Hölderlin entwarf Bilder einer revolutionär befreiten Menschheit, zeichnete die lyrische Vision einer Vereinigung des Menschen mit dem Göttlichen. Dabei war Letzteres nicht mehr auf den monotheistischen christlichen Gott beschränkt, sondern wurde um die Götter und Heroen der griechischen Mythologie erweitert. Klopstock verlor an Bedeutung, der unangefochtene literarische Leitstern der Stiftsjahre war Schiller. Von ihm übernahm Hölderlin die achtzeilige Reimstrophe, die einem starren Wechsel von Hebungen und Senkungen folgt.

Roman statt Lyrik

Nach dem Studium geriet Hölderlins Lyrik in eine Krise. Die Tübinger Hymnen waren abstrakten Ideen und Idealen gewidmet, dem Konkreten und Sinnlichen standen sie fern. Gerade der Mangel an Anschaulichkeit wurde Hölderlin zum Problem, wie ein Brief aus Waltershausen dokumentiert: „Übrigens komm' ich jetzt so ziemlich von der Region des Abstrakten zurück, in die ich mich mit meinem ganzen Wesen verloren hatte." (KA I, 132) Wovon sich Hölderlin Abhilfe versprach, war die Arbeit am *Hyperion*. Die Gattung des Romans mit ihrer Nähe zum Welthaften zwang ihn dazu, sich objektive, konkrete Gehalte erzählerisch zu erschließen. Im Falle des *Hyperion* waren das die Geografie Griechenlands und der russisch-türkische Krieg von 1768 bis 1774, Hyperions Freundschaft zu Alabanda und die Liebe zu Diotima.

Frankfurt und das Odenwerk

In Frankfurt knüpfte Hölderlin mit der in mehreren Fassungen vorliegenden Hymne *Diotima* formal an die vielstrophige Reimhymne der Tübinger Jahre an. Daneben konzentrierte er sich auf die Gattung der Ode. Mit ihr experimentierte Hölderlin bereits in Denkendorf und Maulbronn, doch erst in Frankfurt erreichte sie einen Höhepunkt. Bis auf wenige Ausnahmen bediente sich Hölderlin der reimlosen alkäischen und asklepiadeischen Strophenform. Es entstanden überwiegend Kurzoden, die in einem auffälligen Kontrast zu den ausladenden Tübinger Hymnen stehen (vgl. die programmatische Ode *Die Kürze*). Viele dieser kurzen Gedichte lieferten das Material für die nachfolgende Odenproduktion. Die erste Überarbeitungsphase fällt in die Zeit, als Hölderlin in Stuttgart bei Landauer wohnte. Hölderlin brach die epigrammatische Struktur der Frankfurter Oden auf und formte sie um, indem er sie erweiterte. So wurden *Die Liebenden* zu *Der Abschied* ausgestaltet und die zunächst nur zweistrophige Ode *An die Deutschen* um zwölf weitere Strophen ergänzt. Die zweite Stufe der Überarbeitung gehört dem Spätwerk an. Der Zyklus der *Nachtgesänge*, der in Wilmans' *Taschenbuch für das Jahr 1805* erschien, besteht aus sechs Oden und drei metrisch freien Gedichten. Drei der

Oden gehen auf Frankfurter Gedichte zurück: *Chiron* basiert auf *Der blinde Sänger*, *Blödigkeit* auf *Dichtermut* und *Ganymed* auf *Der gefesselte Strom*.

Abschied von der Tragödie

In Frankfurt und Homburg standen mit dem *Hyperion* und dem *Empedokles* die Gattungen des Romans und des Dramas im Mittelpunkt von Hölderlins literarischem Schaffen. Zur Jahrhundertwende und zeitgleich mit dem Abbruch des Trauerspielprojektes änderte sich dies. In einem Brief an Schiller aus der ersten Septemberhälfte des Jahres 1799 notiert Hölderlin: „Ich glaubte jenen Ton, den ich mir vorzüglich zu eigen zu machen wünschte, am vollständigsten und natürlichsten in der tragischen Form exequieren zu können, und habe mich an ein Trauerspiel, den Tod des Empedokles, gewagt" (KA I, 394). Die Stelle steht im Präteritum und signalisiert dadurch ein Umdenken. In der Gattung der Tragödie fand Hölderlin nicht länger die ihm adäquate Ausdrucks- und Darstellungsweise. Zugleich schien sie ihm nicht mehr die angemessene literarische Form der Moderne zu sein. Der Abbruch des *Empedokles* lässt sich daher als ein performativer deuten: Die Unabgeschlossenheit zeigt, dass die Tragödie nicht diejenige Gattung sein kann, die der Moderne und ihrem spezifischen Erfahrungshorizont eignet. „[S]o wie wir irgend einen Stoff behandeln, der nur ein wenig modern ist, so müssen wir, nach meiner Überzeugung die alten klassischen Formen verlassen, die so innig ihrem Stoffe angepaßt sind, daß sie für keinen andern taugen" (KA I, 367), heißt es in einem Brief an Neuffer vom 3. Juli 1799. Wenn sich Hölderlin vom *Empedokles* abwendet, bestätigt sich damit auch werkgeschichtlich, dass die Tragödie eine der „alten klassischen Formen" ist, die es zu verlassen gilt, um der Moderne ein eigenes literarästhetisches Profil zu verleihen (vgl. Szondi [6]2015, S. 125).

Die poetische Zäsur um 1800

Die Diotimalyrik findet in der Elegie *Menons Klagen um Diotima* ihren Abschluss. In ihr kommt die Hoffnung zum Ausdruck, dass die Liebenden, die das Leben trennte, einst im Jenseits wieder vereint werden. Während seiner

Zeit in Stuttgart nahm Hölderlin sich der formal über das Distichon, eine zweizeilige Strophenform, definierten Gattung der Elegie an. Sie beendet jedoch nicht nur einen Werkkomplex, sondern markiert zugleich den Beginn eines neuen, nämlich des lyrischen Spätwerkes. Es entstand zum Beispiel die Elegie *Brot und Wein*, die Hellingrath zufolge „immer die beste Grundlage bleiben [wird] zum Eindringen in Hölderlins Gedankenwelt" (Hellingrath [3]1943, S. 318). *Brot und Wein* entwickelt paradigmatisch Hölderlins Geschichtsmodell: Dem Ideal der Antike steht die Krise der Gegenwart gegenüber, die durch eine kulturelle Revolution überwunden werden soll. An die Seite ausgreifender universalgeschichtlicher Entwürfe treten Elegien, die Hölderlins schwäbische Heimat zum Thema haben, etwa *Der Gang aufs Land*, *Der Wanderer* und *Stutgard*. Die Hinwendung zur Geografie der Heimat in den Elegien um 1800 antizipiert die in Hölderlins Spätwerk zunehmende Auseinandersetzung mit landschaftlichen Objekten des mitteleuropäischen und insbesondere süddeutschen Raumes. Eingeläutet wurde um 1800 fernerhin eine intensive Reflexion auf den geschichtsphilosophischen Stellenwert der Lyrik.

Lyrik als Paradigma der Moderne

Die Verschränkung von Geschichtsphilosophie und Gattungspoetik lässt sich in Hölderlins Interpretation von Sophokles' *Antigone* nachvollziehen. Wie im Bereich der moralischen, politischen und religiösen Vorstellungsarten gibt es gleichfalls im literarischen Gattungssystem spezifisch „vaterländische[ ] Formen unserer Dichter" (KA III, 921): „Ist die intellektuelle Anschauung subjektiver, und gehet die Trennung vorzüglich von den konzentrierenden Teilen aus, wie bei der Antigonä, so ist der Styl lyrisch" (KA III, 557), heißt es in *Über den Unterschied der Dichtarten*. Sieht Hölderlin in der Antigone diejenige Figur, die zeigt, „wie es vom griechischen zum hesperischen gehet" (KA III, 915), und ist diese im „Styl lyrisch" (KA III, 557), bestimmt er die Lyrik als Leitgattung der Moderne. Auch dem Brief an Böhlendorff vom 4. Dezember 1801 liegt eine geschichtsphilosophisch kodierte Poetik zugrunde. Hölderlin schreibt darin Homer die entscheidende Kulturleistung zu, „die abendländische *Juno-*

*nische Nüchternheit* für sein Apollonsreich" (KA I, 460) gewonnen zu haben. Damit weist er das Epos als einen Höhepunkt der antiken griechischen Literaturgeschichte aus. Da Hölderlin dem klassizistischen Nachahmungspostulat eine Absage erteilt, kann es ihm nicht darum gehen, moderne Epen zu verfassen, wohl aber darum, sich in Auseinandersetzung mit dem homerischen Epos das Eigene, also die Nüchternheit, zu erschließen. Eine Lyrik, die sich über Homer das „Nationelle" anzueignen hat, muss epische, narrative Züge annehmen, durch die sich gleichfalls Pindars Epinikien auszeichnen. Was Hölderlin in seinem Spätwerk zum Beispiel durch das Motiv der imaginären Reise (vgl. *Andenken*, *Die Wanderung*, *Friedensfeier*, *Patmos*), mythologische Erzählungen und epische Vergleiche (vgl. *Wie wenn am Feiertage …*) sowie durch Beschreibungen von hesperischen Städten, Landschaften und Flüssen (vgl. *Am Quell der Donau*, *Der Rhein*, *Der Ister*) in die Praxis umsetzt, gerinnt in dem aphoristischen Text *Mischung der Dichtarten* zu einer theoretischen Formel: „Der tragische Dichter tut wohl, den lyrischen, *der lyrische den epischen*, der epische den tragischen zu studieren." (KA III, 560; Hervorhebung T. E.)

Gefühlslyrik vs. *Vaterländische Gesänge*

Im Spätwerk verdrängen freirhythmische Hymnen allmählich die anderen lyrischen Formen. In einem Brief an Wilmans aus dem Jahr 1803 vermerkt Hölderlin: „Übrigens sind Liebeslieder immer müder Flug, denn so weit sind wir noch immer, trotz der Verschiedenheit der Stoffe; ein anders ist das hohe und reine Frohlocken vaterländischer Gesänge." (KA I, 470) In der zweiten Hälfte des 18. Jahrhunderts galt die Lyrik als eine privilegierte Gattung für den Ausdruck von Subjektivität, Empfindung und Innerlichkeit. In Anlehnung an Aristoteles' Bestimmung, Dichtung sei Mimesis, künstlerische Nachahmung handelnder Menschen (vgl. Aristoteles 2006, 1447a; 1448a), definierte Charles Batteux in *Les Beaux-arts réduits à un même principe* (*Einschränkung der schönen Künste auf einen einzigen Grundsatz*) Lyrik als Nachahmung von Gefühlen: „[D]ans le lyrique, on chante les sentiments, ou les passions imitées" (Batteux 1989, S. 226): „In der Lyrik werden Gefühle besungen oder nachgeahmte Leidenschaften“ (Übersetzung T. E.). Und andernorts heißt es: „La poésie n'est-elle pas un chant, qu'inspire la joie, l'admiration, la reconnaissance ? N'est-ce pas un cri du cœur, un élan [...] ? Tout y est feu, sentiment, ivresse“ (ebd., S. 222): „Die Poesie, ist sie nicht ein Gesang, welchen Freude, Verwunderung, Dankbarkeit einflößen? Ist sie nicht die Stimme des Herzens, nicht Ausdruck zärtlicher Empfindung [...]? Alles in ihr ist Feuer, Gefühl, Taumel“ (Übersetzung T. E.). Ein wichtiges Dokument für die Subjektivitätstheorie der Lyrik sind Hegels *Vorlesungen über die Ästhetik*. Wie Hölderlin, so sieht auch Hegel in der Lyrik das gattungspoetische Paradigma der Moderne. Jene sei

> vornehmlich solche[n] Zeiten günstig, die schon eine mehr oder weniger fertig gewordene Ordnung der Lebensverhältnisse herausgestellt haben, indem erst in solchen Tagen der einzelne Mensch sich dieser Außenwelt gegenüber in sich selbst reflektiert und sich aus ihr heraus in seinem Inneren zu einer selbständigen Totalität des Empfindens und Vorstellens abschließt. (Hegel [11]2018b, S. 431)

Für Hegel ist die Lyrik die literarische Signatur einer Zeit, in der das Subjekt unwiderruflich von der Außenwelt getrennt und in sich selbst eingekapselt ist. Hölderlin teilt Hegels Diagnose vom isolierten Subjekt der Moderne. Veranschaulicht wird dessen Absonderung durch das Bild vom Behälter, das er in dem Brief an Böhlendorff vom 4. Dezember 1801 verwendet: „Denn das ist das tragische bei uns, daß wir ganz stille in irgend einem Behälter eingepackt vom Reiche der Lebendigen hinweggehn“ (KA I, 460). Von dem empfindungs- und subjektivitätstheoretischen Ansatz, wie ihn die *Vorlesungen über die Ästhetik* entwickeln, hat sich Hölderlin jedoch zunehmend entfernt. Die in dem Brief an Wilmans erwähnten Liebeslieder stehen als *pars pro toto* für den gesamten Bereich subjektiver Erlebnis- und Ausdruckslyrik ein. Wenn Hölderlin sie hier abwertet, schwingt darin eine Entfremdung von der eigenen Diotimalyrik mit. Dietrich Uffhausen zumindest bewertete die Disqualifikation der Liebeslieder in seiner Ausgabe von Hölderlins hymnischer Spätdichtung als „eine Art Requiem auf Diotima“ (Uffhausen 1989, S. 221). Wie dem auch sei, im Zentrum von Hölderlins Spätwerk stehen die *Vaterländischen Gesänge*, denen es gerade darum zu tun ist, die Vereinzelung des Subjektes zu überwinden und eine neue Wechselwirkung zwischen Mensch und Natur, ein neues Vaterland heraufzubeschwören. Als ein programmatisches Bekenntnis ist es zu verstehen, wenn Hölderlin unmittelbar nach der Erwähnung der „Liebeslieder“ und der *Vaterländischen Gesänge* an Klopstock erinnert: „Das Prophetische der Messiade und einiger Oden ist Ausnahme.“ (KA I, 470) Mit der „Messiade“ ist Klopstocks religiöses Epos *Messias* gemeint, und auch die „Oden“ verweisen auf Klopstock, der die sogenannte hohe Ode, die Hymne, pflegte. Die Stelle zeugt davon, dass sich Hölderlin nach seiner Emanzipation von Schiller wieder stärker an Klopstock orientierte.

Die *Gesänge* und das Erhabene

Mieth (2007, S. 64) hat darauf hingewiesen, dass Hölderlins Gegenüberstellung von „Liebeslieder[n]“ und dem „hohe[n] und reine[n] Frohlocken vaterländischer Gesänge“ Klopstocks Unterscheidung zwischen Lied und Gesang (vgl. Klopstock 2010, S. 3–8), zwischen der „gemilderte[n]“ (ebd., S. 5) und der „erhabne[n] Schreibart“ (ebd.) zitiert. Wie das Attribut „hohe“, so bestätigt auch der implizite Rückgriff auf Klopstocks Typologie der Schreibarten, dass Hölderlin die *Vaterländischen Gesänge* in dem rhetorischen Register des *genus sublime* verortet. In den Kanon des Erhabenen fällt zudem das „Frohlocken“. Zieht man die Elegie *Brot und Wein* heran, lässt es sich als eine Verzückung identifizieren, die den Anhängern des Dionysoskultes eignet: „Drum! und spotten des Spotts mag gern frohlockender Wahnsinn, / Wenn er in heiliger Nacht plötzlich die Sänger ergreift.“ (KA II, 287, V. 47 f.) Die Verse beziehen sich im Allgemeinen auf die Kultanhänger, die in den dionysischen Orgien bis zum Wahnsinn gereizt werden, und im Besonderen auf die Dichter, die Dionysos zu ihrem Gesang begeistert. Die durch Heinse angeregte Auseinandersetzung mit dem Gott der Ekstase führte zu einer „dionysische[n] Wende [...] im ganzen lyrischen Werk Hölderlins nach 1800" (Bohrer 2015, S. 50), in deren Folge der idealistisch-klassizistische Schönheitsbegriff von einer dionysisch kodierten Erhabenheit zurückgedrängt wurde. In der zweiten Hälfte des 19. Jahrhunderts wird Nietzsche den Zusammenhang zwischen dem Dionysischen und dem Erhabenen aufgreifen (vgl. Geisenhanslüke 2020, S. 257–265). Wie Hölderlin forderte der Philosoph eine kulturelle Umwälzung, die allerdings in ihrer antidemokratischen Ausrichtung Hölderlins politischer Agenda diametral entgegengesetzt ist. In den ästhetischen Horizont des Erhabenen fügt sich darüber hinaus die für Hölderlins späte Hymnen konstitutive Auseinandersetzung mit Pindar ein, der traditionell als Vertreter des *genus sublime* klassifiziert wurde.

Amphore mit Darstellung der Dionysien

Ins Ungebundene

Das Schreiben „gegen die exzentrische Begeisterung" (KA I, 473) findet nicht nur einen Niederschlag in den Übersetzungen des *Ödipus* und der *Antigone*, sondern ist auch ein poetologisches Prinzip der späten Hymnen. Die Entgrenzungsdynamik gelangt in der dritten Fassung von *Mnemosyne* explizit zum Ausdruck: „Und immer / Ins Ungebundene gehet eine Sehnsucht" (KA II, 364, V. 12 f.). Das „Ungebundene" lässt sich als ein Element der „*μηχανη*" (KA III, 849) und des „gesetzlichen Kalkul[s]" (ebd.) auslegen, die Hölderlin in den *Anmerkungen zum Oedipus* für die moderne Dichtung fordert. Es bezieht sich auf die metrisch ungebundene Sprache, auf die freien, flexiblen Rhythmen. Ungebunden oder allenfalls lose gebunden sind zudem die syntaktische Architektur und infolgedessen die Semantik der *Gesänge*. In diesen herrscht die Parataxis vor, die sogenannte harte Fügung, in der Sätze nebengeordnet sind. Der parataktische Stil Hölderlins entbindet die Sprache von der semantischen Verbindlichkeit subjunktivischer Konnektoren, die darauf zielen, Sinn klar und präzise hervorzubringen. An die Stelle von Perioden, die ein geordnetes Fließen der Gedanken in der Sprache abbilden, indem sie das logische Verhältnis zwischen den Satzgliedern kausal, konsekutiv, konditional, modal, konzessiv, temporal oder lokal festlegen, tritt eine Serie assoziativ verknüpfter Glieder, deren Relation zueinander nicht eindeutig geregelt ist. Luzide Sinnzusammenhänge werden dadurch sabotiert. Im Rückgriff auf Pindar und die von Dionysios von Halikarnassos in *Über die Fügung der Wörter* erörterte Stilfigur der harten Fügung stellte Hellingrath die Parataxis als ein konstitutives Merkmal von Hölderlins Spätwerk heraus (vgl. Eschenbach 2014). Das Schreiben gegen die „exzentrische Begeisterung" (KA I, 473), das sich unter anderem des parataktischen Prinzips bedient, trieb Hölderlins späte Gedichte und Gedichtfragmente an die Grenze der Deut- und Verstehbarkeit. Dadurch reihen sie sich in die bereits in der Antike ausgebildete rhetorische Tradition der *obscuritas* ein (vgl. Fuhrmann 1966). Dass sich die *Gesänge* hermeneutisch kaum erschließen lassen, führte in der Rezeptionsgeschichte dazu, dass Hölderlin von all denjenigen als literarischer Kronzeuge aufgerufen werden konnte, die sich einem sprach- und subjektkritischen Denken verpflichtet haben, wie etwa Blanchot (1946), Jacques Derrida ([3]2012) oder Michel Foucault (2003). Die Aufwertung Hölderlins in der Theoriebildung geht dabei gerade im Poststrukturalismus bezeichnenderweise mit einer Wendung gegen die Philosophie Hegels einher (vgl. Derrida [2]2009, S. 64–69; Foucault [10]2007, S. 44–49).

Jacques Derrida

*Späteste Gedichte*

„Ich habe dieser Tage einen Rummel Hölderlinischer Papiere erhalten, meist unlesbares, äußerst mattes Zeug" (StA 7,3, 170), notiert Eduard Mörike in einem Brief vom 26. Juni 1838. Das abschätzige Urteil über die sogenannten *Spätesten Gedichte*, die Hölderlin während seiner Hospitalisierung bei der Familie Zimmer teils auf Bitten von Besuchern hin verfasste, hielt sich lange, selbst in der Forschung: Lediglich das Zeugnis eines zerbrochenen Geistes glaubte man in ihnen zu erkennen. Erst unter dem Eindruck von Autoren wie Georg Trakl, Johannes Bobrowski und Paul Celan erfuhr Hölderlins Turmdichtung eine gewisse Anerkennung (vgl. Böschenstein 1965/66; Philipsen

1995). Den Einfluss der *Spätesten Gedichte* auf die moderne Lyrik bestimmte Ute Oelmann folgendermaßen:

> Diskontinuität, hohe Rekurrenz schlichter Bilder in Einzeltext und Zyklus, Parataxe, Simplizität der äußeren Form, Ichverschweigung und Ichmaskierung heißen einige der Schlagwörter, die sowohl für die späteste Lyrik Hölderlins als auch für Teile der nachsymbolistischen Dichtung mit einiger Unschärfe benutzt werden. (Oelmann 2010, S. 202)

Der Unterschied der *Spätesten Gedichte* zu den späten Hymnen mit ihrem komplexen syntaktischen wie metrischen Bau und ihrer semantischen Dichte ist zweifelsohne befremdend. Als hätte sich Hölderlin zu weit in das Ungebundene vorgewagt, kehrt er in seinen Turmgedichten zu alten, längst aufgegebenen Bindungen zurück: zum Paarreim, zu schlichter rhythmischer Alternation, die überwiegend dem Jambus (◡ –) verpflichtet ist, sowie zu kurzen und geschlossenen Strophen. Einen thematischen Akzent setzen der Wechsel der Jahreszeiten und die Natur. Überliefert ist nur ein Bruchteil, lediglich ein halbes Hundert der in den knapp vierzig Jahren im Turm niedergeschriebenen Gedichte. Das Korpus unterteilt sich in zwei Textgruppen. Die erste reicht bis in die 1830er Jahre. Die ihr zugehörigen Gedichte sind undatiert. Unter ihnen finden sich mehrere alkäische Oden, daneben Reimgedichte, die in metrischer und syntaktischer Hinsicht noch stark variieren. Die zweite Gruppe ist nach 1838 entstanden und zählt 27 Gedichte. Die meisten davon tragen fiktive Datierungen und sind mit ‚Scardanelli' signiert. Der *Scardanelli*-Zyklus hebt sich von der ersten Textgruppe dadurch ab, dass in ihm kein lyrisches Ich mehr auftritt. Hinzu kommt ein Mangel an Differenziertheit. Vor 1838 blühten noch „Hyazinthe[n]" (KA II, 452, V. 27), „Tulpe[n], Viole[n], Nelke[n]" (V. 28) und „Veilchen" (KA II, 455, V. 24), es „grünte der Efeu" (KA II, 452, V. 29), „Eichen" (KA II, 455, V. 16) und „Tannen" (ebd.) ragten empor. Demgegenüber breiten sich in den repetitiven Jahreszeitengedichten (vgl. *Der Frühling, Der Sommer, Der Herbst, Der Winter*) der *Scardanelli*-Phase nur noch „Gefilde" (z. B. KA II, 465, V. 1) und „Felder" (z. B. KA II, 471, V. 2) schemenhaft aus oder ist abstrakt von „Natur" (z. B. KA II, 472, V. 2) die Rede. Formal kennzeichnen die letzte Textgruppe große Geschlossenheit und Homogenität, gar Monotonie: Es entstehen ein- bis dreistrophige Vierzeiler, durchgehend dem jambischen Maß folgend und vom Paarreim dominiert. Roman Jakobson und Grete Lübbe-Grothues (1976) unternahmen in einer strukturalistischen Analyse der *Scardanelli*-Gedichte den Versuch, das Pseudonym auf Molières Sganarelle, den Diener des Don Juan aus der Komödie *Dom Juan ou le Festin de pierre* zurückzuführen. Zwar lässt sich eine Kenntnis Hölderlins von Molières Komödien nicht nachweisen, die Erklärung erregte jedoch Aufsehen. Rückblickend betrachtet ist sie wohl eher ein Zeugnis der Wissenschaftsgeschichte, als dass sie Aufschluss darüber geben könnte, warum Hölderlin zu Scardanelli wurde.

## 2. Aufruf zur Revolution I: *Hymne an die Menschheit*

Rousseau

In einem Brief an Neuffer vom 28. November 1791 meldet Hölderlin aus dem Tübinger Stift: „Mit dem Hymnus an die Menschheit bin ich bald zu Ende. […] Sonst hab' ich noch wenig getan; vom großen Jean Jacque mich ein wenig über Menschenrecht belehren lassen" (KA I, 85). Die Lektüre von Rousseaus *Gesellschaftsvertrag* (*Du contrat social*) steht nicht separat neben der Arbeit an der *Hymne an die Menschheit*, sondern hat sie maßgeblich beeinflusst, wie deren Motto bezeugt. Es zitiert eine Passage aus dem *Gesellschaftsvertrag*, die von der Freiheit handelt, von „großen Männern" („grands hommes", G, 125), die für sie zu kämpfen bereit sind, und den Vertretern des Absolutismus, „abscheulichen Sklaven" („vils esclaves", ebd.). Der Konflikt zwischen dem Autonomiestreben politisch aufgeklärter Individuen und der absolutistischen Tyrannei bestimmt auch die *Hymne an die Menschheit* selbst. In der Französischen Revolution war ‚Menschheit' ein politischer Leitbegriff. Mit ihm verband sich

Rousseau

der Anspruch einer naturrechtlich verbürgten, ursprünglichen Gleichheit aller Menschen, deren Wiederherstellung sich die Revolution zum Ziel setzte.

Zeitkritik und revolutionäres Pathos

Das politische Beben im Nachbarland wurde von dem Stiftler Hölderlin als geschichtlicher Kairos, als günstiger Moment einer historischen Entscheidung gefeiert. Die Erwartung einer Zeitenwende spiegelt sich im Eingangsvers der elfstrophigen Reimhymne Schiller'scher Prägung wider: „Die ernste Stunde hat geschlagen" (KA II, 125, V. 1). Des Weiteren unterstreicht das anaphorische, dreifach wiederholte „schon" zu Beginn der zweiten, dritten und vierten Strophe das historische Schwellenbewusstsein, das das lyrische Ich und Hölderlin teilen. Überwunden werden sollen die Willkür des absolutistischen Herrschaftssystems, die höfische Kultur der Repräsentation (vgl. „Flitter[ ]", V. 22) sowie soziale Ungleichheiten und Trennungen, die die ständischen Privilegien hervorbringen (vgl. „Scheidewand", ebd.). An die Seite der Gegenwartskritik tritt der revolutionäre Appell zur politischen Tat und die Bekundung heroischer Opferbereitschaft: „Beim nahen Heil! das Opfer ist gerecht." (V. 8) Ferner heißt es: „Sein Tod, sein Himmel ist das Vaterland" (KA II, 127, V. 72).

Elysium

Das, was in der *Hymne an die Menschheit* unter „Heil" verstanden wird, orientiert sich an der politischen Programmatik der Französischen Revolution: „Freiheit" (KA II, 126, V. 25), „Gerechtigkeit" (KA II, 127, V. 78) und Brüderlichkeit: „Bruderrechte" (KA II, 125, V. 19), „brüderlich" (KA II, 127, V. 64) sind die Ideale, die die Hymne propagiert. Sie entwirft die Vision eines „Elysium[s]" (KA II, 125, V. 12), wie in der griechischen Mythologie die Insel der Seligen genannt wird, und verweist auf eine zukünftige „Vollendung", der die aufklärerische Annahme von der Perfektibilität des Menschengeschlechtes zugrunde liegt: „Und zur Vollendung geht die Menschheit ein" (KA II, 127, V. 88), lautet der letzte Vers der Hymne. Die als historisches Telos aufgefasste „Vollendung" entspricht der Losung „Reich Gottes" (KA I, 146), mit der sich Hegel und Hölderlin am Ende ihres Studiums voneinander verabschiedeten. Die heilsgeschichtliche Erwartung, die sowohl die Hymne als auch die Abschiedslosung zum Ausdruck bringen, ist dabei keine, die auf ein Jenseits hin ausgerichtet ist. Wurde die Transzendenz von dem Klosterschüler Hölderlin noch verherrlichend dem diesseitigen Jammertal gegenübergestellt, betrachtet der Stiftler das Erlösungsgeschehen als ein innerweltliches.

Sebastiaen Vranx: *Das Elysium*

Abkehr von den Tübinger Hymnen

Schon bald wird Hölderlin auf Distanz zu seinen frühen Hymnen gehen. In einem Brief aus Waltershausen hält er fest: „Übrigens komm' ich jetzt so ziemlich von der Region des Abstrakten zurück, in die ich mich mit meinem ganzen Wesen verloren hatte.“ (KA I, 132) Hölderlin erkannte, dass er sich mit seinen Hymnen in eine weltlose Sphäre abstrakter Ideen und Ideale verirrt hatte. Doch schon in Tübingen durchzieht ein Riss das Verhältnis zwischen Werk und Autor. Die Kritik ist zu diesem Zeitpunkt allerdings noch nicht poetologisch begründet, wie in dem oben zitierten Brief, sondern beruft sich auf Leserpräferenzen: „Ich fand bald, daß meine Hymnen mir doch selten in dem Geschlechte, wo doch die Herzen schöner sind, ein Herz gewinnen werden, u. dies bestärkte mich in meinem Entwurfe eines griechischen Romans“ (KA I, 103), schreibt Hölderlin Neuffer im Juli 1793 aus dem Tübinger Stift.

## 3. Emanzipation: *Die Eichbäume*

Liminalität

„Ich bin vor Ihnen, wie eine Pflanze, die man erst in den Boden gesetzt hat“ (KA I, 274), bekennt Hölderlin im August 1797 in einem Brief an Schiller. Im Jahr 1798 erschien in dessen Zeitschrift *Die Horen* das Gedicht *Die Eichbäume*, das das Pflanzenmotiv aufgreift. Es wird jedoch nicht wie in dem Brief als Devotionsgeste verwendet, im Gegenteil. Betrachtet man den Inhalt des Gedichtes, so lässt es sich als eine Naturallegorie auf Hölderlins eigene werkbiografische Situation und sein ambivalentes Verhältnis zu Schiller deuten. Die Anklänge der *Eichbäume* an Schillers Gedichte *Der Spaziergang* und *Der philosophische Egoist* legen sogar nahe, dass Hölderlin bewusst die Auseinandersetzung mit Schiller suchte, wenngleich in literarisch verschlüsselter Form (vgl. Mommsen 1965). Beschrieben wird in *Die Eichbäume* eine liminale Phase, in der sich das lyrische Ich von der vergangenen Existenzweise löst und in eine neue überzugehen beginnt. Der aus der Kulturanthropologie stammende Begriff der Liminalität leitet sich von dem lateinischen Substantiv ‚limen‘, der ‚Schwelle‘, ab. Er bezeichnet einen Zustand, in dem eindeutige Zuordnungen nicht möglich sind (vgl. Turner 1995). Das lyrische Ich lässt sich nicht mehr der einen Sphäre zuschreiben, gehört aber auch noch nicht der anderen Sphäre an; es befindet sich vielmehr im Modus des „Kommens“, in einer erst in der Zukunft abzuschließenden Bewegung: „Aus den Gärten komm’ ich zu euch, ihr Söhne des Berges!“ (KA II, 181, V. 1)

Schiller

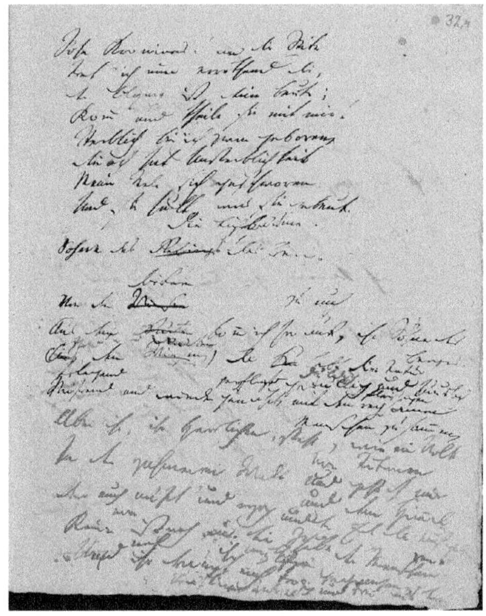

Manuskriptseite von *Die Eichbäume*

Binäre Opposition

Strukturiert wird das Gedicht durch eine binäre Opposition. Auf der einen Seite stehen die „Gärten“ und die darin eingehegte, durch Kulturleistung beschnittene Natur. Auf der anderen Seite türmt sich die freie Natur des „Berges“ auf. Unterstrichen wird der Freiheits- und Autonomieanspruch, den die Eichbäume symbolisieren, indem sie mit dem rebellischen Geschlecht der Titanen verglichen werden: „Aber ihr, ihr Herrlichen! steht, wie ein Volk von Titanen / In der zahmeren Welt und gehört nur euch und dem Himmel“ (V. 4 f.). Auf die zunächst positiv anmutende Schilderung der Gärten in den ersten drei Versen folgt ein adversatives „[a]ber“ (V. 4) – ein Signal dafür, dass die Gegenüberstellung zugleich von einem hierarchischen Gefälle geprägt ist: Die Welt des „Berges“ ist der „zahmeren Welt“ (V. 5) der Gärten überlegen.

Bekräftigt wird der Autonomieanspruch der Apostrophierten, wenn das lyrische Ich festhält: „Keiner von euch ist noch in die Schule der Menschen gegangen" (V. 7). Ferner heißt es: „Eine Welt ist jeder von euch, wie die Sterne des Himmels / Lebt ihr, jeder ein Gott, in freiem Bunde zusammen." (KA II, 182, V. 12 f.) Da sie nicht in die „Schule der Menschen" (KA II, 181, V. 7) gegangen, folglich von kulturellen Zurichtungen verschont geblieben sind, haben sich die Angeredeten aus eigener Kraft entwickelt. Sie sind urwüchsig und unabhängig von einer Schule, die sich, metapoetisch gewendet, als Dichterschule auslegen lässt. Aber auch wenn jeder von ihnen, unbeeinflusst von anderen, aus sich heraus eine eigene Welt erschaffen hat, sind sie nicht isoliert. An die Stelle der Schule, die zugleich eine Traditionsbildung mitsamt der Verpflichtung gegenüber Autoritäten bedingt, tritt ein „freie[r] Bund[ ]" (KA II, 182, V. 13), eine zwanglose Vereinigung Gleicher und Gleichgesinnter, die an Hölderlins „unsichtbare[ ] streitende[ ] Kirche" (KA I, 207) gemahnt.

Ästhetischer Paradigmenwechsel

Mit der Absage an die Schul*bildung* korrespondiert ein ästhetischer Paradigmenwechsel. Steht der „gepflegt[e]" (KA II, 181, V. 3) Garten als *locus amoenus* für den Komplex des Schönen und Anmutigen ein, so fallen die „Söhne des Berges" (V. 1) in die Kategorie des Erhabenen, dem eine grenzüberschreitende Dynamik zugrunde liegt. Die Berge sind seit jeher ein Topos des Erhabenen. Transgressiv sind Hölderlins Eichbäume zudem im Hinblick auf ihr raumübergreifendes Wachstum, das Sich-Erheben in die Höhe: „Und ihr drängt euch fröhlich und frei, aus der kräftigen Wurzel, / Unter einander herauf und ergreift, wie der Adler die Beute, / Mit gewaltigem Arme den Raum, und gegen die Wolken / Ist euch heiter und groß die sonnige Krone gerichtet." (KA II, 181 f., V. 8–11)

*Coming of age*

Hölderlin ist selbst in eine Schule gegangen, in diejenige Schillers. Von der Verpflichtung gegenüber dessen literarischen Vorgaben beginnt er sich nach dem fluchtartigen Weggang aus Jena schrittweise zu lösen. Er ist auf dem Weg von den einengenden „Gärten", die das lyrische Ich am Ende des Gedichtes unverhohlen als „Knechtschaft" (KA II, 182, V. 14) kritisiert, zu der unverwechselbaren Gestalt der späten Lyrik. Nicht nur auf der Ebene des Inhaltes lassen sich *Die Eichbäume* als *Coming-of-age*-Gedicht lesen. Die Autonomiebekundung schlägt sich auch auf der formalen Ebene nieder. Orientierte sich die Tübinger Lyrik ab 1790 an den gereimten Hymnen Schillers, so entsagt Hölderlin nach der Zeit im Stift den Bindungen des Reimes und greift zunehmend auf antike Versmaße zurück – im Falle der *Eichbäume* auf das Metrum des Hexameters. Mit ihm hat Hölderlin zwar schon in seiner Jugendlyrik experimentiert, „[j]etzt aber bedeutet der Gebrauch dieses Versmaßes, daß der Dichter endlich beginnt, sich loszulösen von der problematischen Form der Reimhymne, der Form, in der es ihm nie gelang, seine dichterische Eigenart voll zur Geltung zu bringen" (Mommsen 1965, S. 228). Der Durchbruch zu seinem lyrischen Spätwerk gelang Hölderlin zur Jahrhundertwende. In dieser Zeit legte er das *Stuttgarter Foliobuch* an, in dem er bereits veröffentlichte Gedichte versammelte, die sich vom Frühwerk emanzipiert haben und auf das Kommende verweisen. Eingeleitet wird das *Foliobuch* von einer Abschrift der *Eichbäume*, unter der sich die Notiz findet, dass sie als Proömium zu gebrauchen seien (vgl. StA 1,2, 500). Hölderlin erkannte mithin selbst, dass *Die Eichbäume* eine poetische Zäsur darstellen und etwas Neues einläuten. Wie sein lyrisches Ich, so befindet sich das Gedicht, werkbiografisch betrachtet, in einer liminalen Phase, auf der Schwelle zwischen dem Alten und dem Neuen.

## 4. Aufruf zur Revolution II: *Der Tod fürs Vaterland*

Marseillaise

Dass trotz der politischen Desillusionierung die Französische Revolution ein zentraler und unveräußerlicher Bezugspunkt von Hölderlins Werk ist, belegt die alkäische Ode *Der Tod fürs Vaterland*. Entstanden ist sie um 1799, zu einem Zeitpunkt also, da die revolutionären Umwälzungen im Nachbarland durch terroristische Auswüchse und die ernüchternde Realpolitik des Direktoriums längst in Misskredit geraten waren. Ungeachtet dessen stellt die Ode einen emphatischen Revolutionsaufruf dar und beschwört den Opferwillen im Freiheitskampf gegen die Tyrannei. In den ersten zwei Strophen skizziert sie den Kontrast zwischen unerfahrenen „Jünglinge[n]" (KA II, 216, V. 1), die aus revolutionärer Begeisterung in den Krieg ziehen, und den kampferprobten, aber politisch unmotivierten Soldaten der despotischen Mächte. Der Gegensatz zwischen Kriegs- und Opferbereitschaft aus Überzeugung einerseits und reinem Kriegsdienst ohne politische Identifikation andererseits kennzeichnet gleichfalls die Marseillaise, das Kampflied des Marseiller Bataillons, das 1792 zur Unterstützung des Volksaufstandes nach Paris marschierte. In ihr stoßen die „enfants de la Patrie", die „Kinder des Vaterlandes", auf die „phalanges mercenaires", die „Söldnerscharen". Als Reminiszenz sind zudem die „Würger" in Vers 3 zu verstehen, die in der ersten Strophe der Marseillaise ein Vorbild in den Feinden haben, die kommen, um „euren Söhnen, euren Gefährtinnen die Kehle durchzuschneiden": „Égorger vos fils, vos compagnes". Darüber hinaus greift Hölderlin den revolutionären Leitbegriff der ‚fraternité' auf: Als „brüderlich" beschreibt das lyrische Ich in *Der Tod fürs Vaterland* das imaginierte Wiedersehen derer, die sich für die Freiheit des Vaterlandes geopfert haben: „Nun grüßt ihr freundlich den geringen / Fremdling und brüderlich ist's hier unten;" (KA II, 217, V. 19 f.) Das „unten" be-

François Rude: *Die Ankunft des Marseiller Bataillons im Jahr 1792*

zieht sich auf die antike Vorstellung der Unterwelt und zeigt, wie sich in Hölderlins Texten Gegenwart und Vergangenheit, die Zeitgeschichte und der antike Mythos überlagern können.

Die Marseillaise

Das Vaterland

*Der Tod fürs Vaterland* wurde im Vorfeld und während der Weltkriege nationalistisch vereinnahmt. Das „Vaterland" bei Hölderlin bezeichnet jedoch nicht vornehmlich den national oder territorial definierten Staat, sondern eine republikanische Ordnung, die den revolutionären Dreiklang von Freiheit, Gleichheit und Brüderlichkeit verwirklicht. Es hat daher nichts gemein mit einem völkischen Chauvinismus, der auf Ausgrenzung und Abwertung anderer Völker und Kulturen beruht und zur Durchsetzung der eigenen hegemonialen Ansprüche eine aggressive, gar usurpatorische Außenpolitik betreibt. Vor dem Hintergrund seiner Kritik an Martin Heideggers ideologischer Instrumentalisierung Hölderlins vermerkte Theodor W. Adorno in seinem Vortrag *Parataxis. Zur späten Lyrik Hölderlins*:

> Das Wort Vaterland selbst jedoch hat in den hundertfünfzig Jahren seit der Niederschrift jener Gedichte zum Schlimmen sich verändert [...]. Es durchtränkte sich mit einem Nationalismus, von dem bei Hölderlin jede Spur fehlt. Der Hölderlin-Kultus der deutschen Rechten hat entstellend den Hölderlinschen Begriff des Vaterländischen so verwandt, als ob er ihren Idolen gälte und nicht dem glücklichen Einstand von Totalem und Partikularem. (Adorno [6]2017, S. 458)

Adornos Bestimmung von Hölderlins Begriff des Vaterlandes als eines „glücklichen Einstand[es] von Totalem und Partikularem", von Allgemeinem einerseits und Einzelnem andererseits, weist darauf hin, dass Hölderlins Vaterland nicht nur eine politisch garantierte Harmonie der Menschen untereinander bezeichnet. Es meint darüber hinaus eine harmonische, gelebte und gefühlte Einheit oder Wechselwirkung zwischen den Menschen, dem Göttlichen und der Natur.

Dichter und Heros

*Der Tod fürs Vaterland* legt nahe, dass bei Hölderlin Dichtung und politisch-revolutionäre Tat bisweilen in einem komplementären Verhältnis zueinander stehen. In der vorletzten Strophe zeichnet das lyrische Ich eine Unterweltsszene, in der es sowohl den „Helden" (KA II, 217, V. 18) als auch den „Dichter[n] aus alter Zeit" (ebd.) begegnet. In diesem Zusammenhang ist die um 1799 entstandene, Sinclair gewidmete Ode *An Eduard* anzuführen. Im Gegensatz zu seinem Freund betätigte sich Hölderlin zwar nie aktiv in der Politik. Dennoch werden in *An Eduard* der Dichter und der kriegerische Heros durch den Vergleich mit den Dioskuren genannten unzertrennlichen Brüdern Castor und Pollux (vgl. KA II, 298, V. 1 f.) sowie mit Achill und dessen Waffengefährten Patroklos (vgl. KA II, 299, V. 25–28) als brüderliche Kampfgenossen ausgewiesen (vgl. Hamlin 1971/72). Wiederum im Rückgriff auf das antike Motiv der Unterwelt versichert das lyrische Ich seine Treue bis in den Tod: „Mein Saitenspiel, ich wagt' es, wohin er wollt', / Und mit Gesange folgt' ich, selbst in's / Ende der Tapferen ihm hinunter." (KA II, 298, V. 10–12) Bei Hölderlin verfolgen Dichtung und revolutionärer Kampf ein gemeinsames Ziel: eine Neubegründung der Kultur. Im Unterschied zur politischen Tat und ihrer Kompromittierungsgefahr, die der *Hyperion*-Roman aufzeigt, hat die Dichtung jedoch den Vorzug, das „unschuldigste aller Geschäfte" (KA I, 338) zu sein, wie Hölderlin in einem Brief an die Mutter erklärt.

## 5. Gefährliches Privileg: *Der Zeitgeist*

Herder

Lothar Kempter (1990/91) machte darauf aufmerksam, dass das Kompositum ‚Zeitgeist' eine Schöpfung Herders ist. Vor dem Hintergrund von dessen Bedeutung für Hölderlin ist zu vermuten, dass sich Hölderlins ‚Zeitgeist' und benachbarte Wendungen unmittelbar von Herder ableiten und nicht auf Rezeptionsumwegen in sein Werk eingedrungen sind. Wortwörtlich zum Vorschein gelangt der Begriff in der 1799 an Neuffer geschickten alkäischen Ode *Der Zeitgeist*. In ihr verleiht Hölderlin Herders Prägung mythologische Anschaulichkeit. „Geist der Zeiten", notiert Herder, „hieße also die Summe der Gedanken, Gesinnungen, Anstrebungen, Triebe und lebendigen Kräfte, die in einem bestimmten Fortlauf der Dinge mit gegebnen Ursachen und Wirkungen sich äußern. Die Elemente der Begebenheiten sehen wir nie; wir bemerken blos ihre Erscheinungen" (Herder 1881, S. 80). An die Stelle von Herders abstrakter Erläuterung tritt in *Der Zeitgeist* mit dem vom lyrischen Ich angeredeten „Gott der Zeit" (KA II, 217, V. 2) eine mythische Gestalt. Und aus den im Vagen belassenen „Erscheinungen", die es zu interpretieren gilt, wird bei Hölderlin die konkrete Naturerscheinung des Gewitters. Donner und Blitz, das Feuer vom Himmel, sind in Hölderlins Texten Zeichen, durch die sich das Göttliche mitteilt. In dem Brief an Böhlendorff vom 4. Dezember

Herder

1801 heißt es dementsprechend über den Blitz: „Denn unter allem, was ich schauen kann von Gott, ist dieses Zeichen mir das auserkorene geworden." (KA I, 461) Der Dichter als Auserwählter, als großer Einzelner, muss für die Zeichen der Zeit empfänglich sein, sich ihnen aussetzen; zugleich hat er sie zu deuten und den vielen Unberufenen zu vermitteln. In *Der Zeitgeist* gelangt die Epiphanie des Göttlichen in Form des Gewitters durch das Bild der dunklen Wolke zum Ausdruck: „Zu lang schon waltest über dem Haupte mir / Du in der dunkeln Wolke, du Gott der Zeit!" (KA II, 217, V. 1 f.)

Blödigkeit

Das zerstörerische Potenzial des Gewitters macht deutlich, dass die Vermittlung zwischen den Göttern und den Menschen eine Bedrohung für den Dichter darstellt. Die gefährliche Götternähe ist ein wiederkehrendes Motiv insbesondere in Hölderlins Spätwerk, etwa in dem Hymnenfragment *Wie wenn am Feiertage ...* oder in dem Hexametergedicht *Der Archipelagus*. An dessen Ende wird der Zeitgeist – wie auch in den *Anmerkungen zur Antigonä* – zur „reißende[n] Zeit" (KA II, 263, V. 293) gesteigert, die dem lyrischen Ich „[z]u gewaltig das Haupt ergreift" (V. 294). In *Der Zeitgeist* wird die Gefahr, die das innige Verhältnis zu den Göttern birgt, mit dem scheu zu Boden gesenkten Blick gestisch unterstrichen: „Ach! wie ein Knabe, seh' ich zu Boden oft, / Such' in der Höhle Rettung von dir, und möcht' / Ich Blöder, eine Stelle finden, / Alleserschütt'rer! wo du nicht wärest." (KA II, 217, V. 5–8) ‚Blöde' bedeutete im 18. Jahrhundert ‚schüchtern', ‚ängstlich' (vgl. Stanitzek 1989). Trotz der Gefahr und der Verhaltensstrategien der Abwehr, die das lyrische Ich in der zweiten Strophe von *Der Zeitgeist* schildert, nimmt es seine Bestimmung an und fordert zu Beginn der dritten Strophe von dem „Gott der Zeit" (KA II, 217, V. 1): „Lass' endlich, Vater! offenen Aug's mich dir / Begegnen!" (KA II, 218, V. 9 f.) Prominent verhandelt wird bei Hölderlin die Scheu des Dichters in der Ode *Blödigkeit*. In ihr ermahnt sich das lyrische Ich zu größerem Selbstvertrauen: „Drum, mein Genius! tritt nur / Bar in's Leben, und sorge nicht!" (KA II, 318, V. 3 f.) Das Selbstvertrauen und das Wissen um die Gunst der Götter dürfen indes nicht in den Gegenpol der Blödigkeit, in Hybris umschlagen. Diese hat Hölderlin, gleichsam als Warnung, wiederholt mit dem Schicksal des Tantalus und dessen Qualen mythologisch illustriert.

Gioacchino Assereto: *Tantalus*

## 6. Titanen I: *Natur und Kunst oder Saturn und Jupiter*

Titanenmythen

Es vermengen sich widersprüchliche Traditionen in der Sage von den Titanen, dem mächtigen Göttergeschlecht in der Gestalt von Riesen. In der griechischen Mythologie repräsentieren sie einerseits eine monströse, zerstörerische Macht; andererseits stehen sie für einen vorkulturellen und vorzeitlichen Urzustand ein, in dem die Menschen in Freiheit und im Einklang mit der Natur lebten. Als Ungeheuer dargestellt werden sie in Hesiods *Theogonie*. Kronos, dem Obersten der Titanen, wurde geweissagt, dass ihn einer seiner Söhne stürzen würde, weshalb er seine Nachkommen verschlang. Den Zeus rettete Kronos' Gemahlin Rhea mittels einer List vor diesem Schicksal und versteckte ihn in einer Höhle auf Kreta. Der Betrug blieb allerdings nicht unbemerkt. Kronos spie seine Nachkommen wieder aus, woraufhin es zu der sogenannten Titanomachie kam, dem Kampf zwischen dem Göttergeschlecht des Kronos und dessen Nachfahren, den Olympiern, denen Zeus vorstand. Die Olympier

Die *Theogonie* in einer 1319 entstandenen Handschrift

Hesiod, Teil des Monnus-Mosaiks

errangen den Sieg und stießen die Titanen in den Tartarus, die tiefste Region der Unterwelt, hinab. Durch die Verbannung wurde die titanische Gewalt allerdings nur gefesselt, nicht vollends unschädlich gemacht, und so stellt sie eine fortwährende latente Bedrohung für die kosmische Ordnung dar. Derselbe Hesiod, der in der *Theogonie* die Titanen als eine feindselige Dynastie porträtiert, weiß in seinen *Werken und Tagen* eine alternative Sage zu berichten: Im Rahmen des Mythos von der Aufeinanderfolge der Weltalter ist Kronos der Herrscher über einen paradiesischen Urzustand vor jeglicher Gewaltausübung. Beide Überlieferungsstränge haben in Hölderlins Œuvre Eingang gefunden.

Cornelis van Haarlem: *Der Fall der Titanen*

Das Goldene Zeitalter

Bei den Römern, die die griechische Mythologie in die eigene Kultur importierten, wurde aus Kronos Saturn, aus Zeus Jupiter. Die konkurrierenden Herrschaftsansprüche zwischen Saturn und Jupiter verhandelt Hölderlin in der spätestens 1801 entstandenen alkäischen Ode *Natur und Kunst oder Saturn und Jupiter*. In dem Gedicht wird Jupiter aufgefordert, die Rechte seines Vaters Saturn anzuerkennen. Die Parteinahme für die Ordnung der Titanen kündigt sich bereits im zweiten Vers an, in dem das lyrische Ich Jupiter nicht als solchen bezeichnet, sondern als „Sohn" anredet und dadurch dessen genealogische Abhängigkeit hervorhebt: „Du waltest hoch am Tag' und es blühet dein / Gesetz, du hältst die Waage, Saturnus Sohn!" (KA II, 297, V. 1 f.) In der fünften Strophe leitet der Sprecher zudem die Macht des obersten Olympiers von dessen Vater ab: „Denn, wie aus dem Gewölke dein Blitz, so kömmt / Von ihm, was dein ist, siehe! so zeugt von ihm, / Was du gebeutst, und aus Saturnus / Frieden ist jegliche Macht erwachsen." (KA II, 298, V. 17–20) Hölderlin stellt Jupiters „unsterbliche[ ] Herrscherkünste" (KA II, 297, V. 4), die als solche ein Moment der Gewalt enthalten, der „goldenen Zeit" (V. 9) sowie dem „Frieden" (KA II, 298, V. 20) Saturns gegenüber. Dieser war „[e]inst mühelos, und größer, wie du, wenn schon / Er kein Gebot aussprach" (KA II, 297, V. 10 f.). Damit bezieht sich Hölderlin auf den Mythos von der Abfolge der Weltalter, den neben Hesiods *Werken und Tagen* auch Ovids *Metamorphosen* überliefern. Im ersten Buch seines Verwandlungsepos schildert Ovid die Sukzession der Weltzeitalter von einer „Aurea [...] aetas" (Ovid 2006, 1,89), einem „goldene[n] Geschlecht", hin zu einem Geschlecht „de duro [...] ferro" (ebd., 1,127), „von hartem Eisen". Am Anfang der degenerativen Entwicklung steht ein paradiesischer Urzustand: Die Natur musste nicht unterworfen werden, da sie von sich aus Nahrung spendete (vgl. „mühelos"); Gesetze waren nicht nötig (vgl. „kein Gebot"), da sich die Menschen freiwillig an das Gute hielten. Der harmonische Weltzustand endete mit Jupiters Herrschaft, der seinen Vater Saturn in den Tartarus verbannte (vgl. ebd., 1,113–115). Da Jupiter somit nicht nur für einen kulturellen Fortschritt, sondern zugleich für eine Verfallsstufe der Menschheitsgeschichte einsteht, ist nicht er es, dessen der „Sänger" zuerst gedenkt, sondern Saturn: „Und gönn' es ihm, daß ihn vor Allen, / Göttern und Menschen, der Sänger nenne!" (KA II, 298, V. 15 f.)

Lucas Cranach d. Ä.: *Das Goldene Zeitalter*

Mythologische Personifikation

Dass das lyrische Ich letztlich keine bloße Vertauschung der Positionen fordert, verdeutlicht der Doppeltitel des Gedichtes, der sich aus einem begrifflichen und einem mythologischen Paar zusammensetzt. Beide Paare sind durch die Konjunktion ‚und' verbunden. „Natur *und* Kunst" sowie „Saturn *und* Jupiter" schließen sich demnach nicht aus, sondern bilden ein wechselseitiges Ergänzungsverhältnis. Hölderlins Revision des alten Mythos, seine Arbeit an einem neuen erschüttert die traditionelle binäre Opposition von Natur und Kunst samt der in sie eingetragenen Hierarchie. Die Alternative, angezeigt durch die

Konjunktion ‚oder', besteht also nicht zwischen Natur und Kultur. Sie besteht in der Art und Weise des Sprechens, nämlich zwischen dem begriffsphilosophischen und dem poetischen Diskurs („Natur und Kunst *oder* Saturn und Jupiter"). Um auf das gesamte Empfindungs- und Vorstellungsvermögen des Menschen einzuwirken, muss die Dichtung abstrakte Begriffe versinnlichen, zum Beispiel mittels der Personifikation, wie Hölderlin in der *Parallele zwischen Salomons Sprichwörtern und Hesiods Werken und Tagen* betonte:

> Der Dichter will aber auf das Empfindungs- und Begehrungs-Vermögen wirken, oder welches einerlei ist, er hat Schönheit und Erhabenheit zum Zweck. Er muß also abstrakte Begriffe die ihrer Natur nach mehr zur Zergliederung, zur Auflösung in deutliche Begriffe reizen, so darstellen, daß sie klare Begriffe oder Total-Vorstellungen werden, das ist, er muß sie versinnlichen. Und dies ist das Werk der Personifikation abstrakter Begriffe. (KA III, 468)

Welchem der beiden Diskurse der Vorzug gebührt, beantwortet Hölderlin in *Natur und Kunst oder Saturn und Jupiter* performativ: Mit der Ode wählt er eine literarische Gattung und mit Saturn und Jupiter greift er auf mythologische Personifikationen zurück, um den Zusammenhang zwischen Natur und Kunst zu veranschaulichen.

## 7. Dichtung und Abwesenheit: *Hälfte des Lebens*

*Nachtgesänge*

In einem Brief vom 8. Dezember 1803 kündigt Hölderlin dem Verleger Wilmans eine Gruppe von Gedichten an, die er als *Nachtgesänge* bezeichnet und auf deren Erwähnung er eine Diagnose des kulturellen Status quo folgt lässt:

> Ich bin eben an der Durchsicht einiger Nachtgesänge für Ihren Almanach. Ich wollte Ihnen aber sogleich antworten, damit kein Sehnen in unsere Beziehung kommt. Es ist eine Freude, sich dem Leser zu opfern, und sich mit ihm in die engen Schranken unserer noch kinderähnlichen Kultur zu begeben. (KA I, 470)

Da der Gedichtzyklus bei seiner Erstveröffentlichung in Wilmans' *Taschenbuch für das Jahr 1805. Der Liebe und Freundschaft gewidmet* lediglich mit *Gedichte* überschrieben ist, liegt die Vermutung nahe, dass es sich bei den *Nachtgesängen* nicht um den Titel einer Werkeinheit handelt, sondern um eine Gattungsbezeichnung oder einen Gedichttypus. Verstanden wurden sie als Anspielung auf Edward Youngs *Night-Thoughts* (*Nachtgedanken*) und Novalis' *Hymnen an die Nacht* und damit als Referenz auf die Tradition romantischer Melancholieerfahrung. Diese Erklärung vernachlässigt jedoch den kultur- und geschichtsphilosophischen Kontext, in dem die *Nachtgesänge* in dem Brief an Wilmans stehen. Dass bei Hölderlin die Nacht eine geschichtsphilosophische Bedeutung hat, bestätigt die Elegie *Brot und Wein*. In ihr wird die Notwendigkeit betont, in einer Zeit der nächtlichen Götterferne die Erinnerung an die einstige Präsenz des Göttlichen zu bewahren, um „wachend zu bleiben bei Nacht" (KA II, 286, V. 36). In *Blödigkeit*, dem Zentrum der *Nachtgesänge* finden sich die Nacht, indirekt in Form des Schlafes angezeigt, der Vergleich mit Kindern und eine historische Positionsbestimmung verschränkt: „Der [Zeus], zur Wende der Zeit, uns die Entschlafenden / Aufgerichtet an goldnen / Gängelbanden, wie Kinder, hält." (KA II, 318, V. 18–20)

Hölderlin und Sappho

Die *Nachtgesänge* umfassen sechs Oden; in der Reihenfolge der Veröffentlichung in Wilmans' Almanach sind dies *Chiron*, *Tränen*, *An die Hoffnung*, *Vulkan*, *Blödigkeit* und *Ganymed*. Fünf der Oden sind alkäisch gebaut, einzig *Blödigkeit* folgt der asklepiadeischen Strophenform und unterstreicht dadurch seine exponierte Stellung innerhalb des Zyklus. Den Oden schließen sich drei kürzere Gedichte an, *Hälfte des Lebens*, *Lebensalter* und der *Winkel von Hahrdt*, die trotz ihrer freien Rhythmik von regelmäßig wiederkehrenden metrischen Sequenzen durchzogen sind. Aufmerksamkeit erfuhr vor allem die Häufung des Adoneus (– ◡ ◡ – ◡) in *Hälfte des Lebens* (vgl. Menninghaus 2005). Seinen Namen verdankt das fünfsilbige Versmaß dem rituellen Klageruf „ὦ τὸν Ἄδωνιν“ („ô ton Adônin“ = „Ách, der Adónis“), dessen älteste Quelle ein Fragment der Sappho ist. Wertschätzend gegenüber der Dichterin von der Insel Lesbos zeigt sich Hölderlin bereits im Tübinger Stift. In der *Geschichte der schönen Künste* verteidigt er sie angelegentlich gegen missgünstige „Kritiker[ ] und Literatoren“ (KA III, 481):

> Wer bewundert sie nicht lieber, wenn er sieht, wie, ungeachtet ihrer niederdrückenden Schicksale, ihr kühner männlicher Geist sich im Gesang erhebt, wie sie mit solcher unnachahmlichen Heftigkeit ihre Empfindungen schildert, und doch dabei so genau, wie der kalte Beobachter, jede kleine Bewegung derselben belauscht! (Ebd.)

Sappho wird darüber hinaus in dem literarischen Kanon angeführt, den Hölderlin in seinem Journal *Iduna* zu untersuchen beabsichtigte: „Die übrigen Aufsätze werden enthalten I) charakteristische Züge aus dem Leben alter und neuer Dichter [...]. So über Homer, Sappho, Aeschyl, Sophokles, Horaz, Rousseau (als Verfasser der Heloise) Shakesspear“ (KA I, 351). Die Bedeutung Sapphos für den Zyklus der *Nachtgesänge* verdeutlicht die Ode *Tränen*, die in den ersten beiden Fassungen bezeichnenderweise den Titel *Sapphos Schwanengesang* trug. Aus diesen Bezügen und der metrischen Signatur von *Hälfte des*

*Lebens* schließt Menninghaus, dass in dem Gedicht ein weibliches Gegenzentrum und Korrektiv zu Pindar und der mit ihm verbundenen agonalen Maskulinität transparent wird (vgl. Menninghaus 2005, S. 100 f.).

Antithesen

Eine positive Aufnahme blieb den *Nachtgesängen* lange Zeit versagt. Friedrich Laun bewertete sie 1805 in einer Rezension als „dunk[le] und höchst sonderbare[ ] *Gedichte*[ ]" (StA 7,4, 22). In den 1846 von Christoph Theodor Schwab, dem Sohn Gustav Schwabs, herausgegebenen *Sämmtlichen Werken* Hölderlins wurden sie sogar in eine eigene Abteilung mit dem Titel *Gedichte aus der Zeit des Irrsinns* verbannt. Zumindest *Hälfte des Lebens* mutet alles andere als dunkel, sonderbar oder vom Irrsinn gezeichnet an, im Gegenteil: Es besticht durch eine für Hölderlins späte Lyrik nahezu befremdliche Evidenz und Eingängigkeit. *Hälfte des Lebens* besteht aus zwei Strophen, die sowohl semantisch als auch formal einen scharfen Kontrast ausbilden: Ein sommerliches Naturtableau der Fülle prallt auf einen winterlichen Zustand des Mangels. Mit den „gelben Birnen" (KA II, 320, V. 1), die in den See hängen, und den „wilden Rosen" (V. 2) zeichnet die erste Strophe ein Bild botanischer Üppigkeit. Hinzugefügt werden dem *locus amoenus* „holde[ ] Schwäne" (V. 4), die, „trunken von Küssen" (V. 5), die Innigkeit der Liebe zur Anschauung bringen. Die motivisch-inhaltliche Harmonie korrespondiert mit der syntaktischen und metrischen Struktur der Strophe. Über ihre sieben Verse erstreckt sich ein einziger, durch Enjambements verbundener Satz. Die syntaktischen Einheiten fallen dabei mit den Versgrenzen zusammen. Durch den Klageruf „Weh mir" (V. 8) hebt sich die zweite Strophe schroff von der Idylle der ersten ab. Der Interjektion schließt sich eine durch „wo nehm' ich" (ebd.) eingeleitete Frage an, die einen Zustand umfassender Abwesenheit imaginiert. Während das lyrische Ich in der ersten Strophe nur implizit in der Anrede der Schwäne anwesend war, tritt es nun in der zweiten durch die Personalpronomina „mir" und „ich" direkt in Erscheinung. Die in der Frage verwendeten Motive sind dem Fundus der Natur entnommen: „Winter" (V. 9), „Blumen" (ebd.), „Sonnenschein“ (V. 10), „Schatten der Erde“ (V. 11). Demgegenüber gehören die Bilder der letzten Verse, die „Mauern“ (V. 12) und „Fahnen“ (V. 14), dem Bereich der Kultur an. Aufgerufen werden mit den Mauern Instanzen der Sonderung, die in ihrer isolierenden Funktion dem Behälter aus Hölderlins Brief an Böhlendorff vom 4. Dezember 1801 vergleichbar sind, in dem das Subjekt eingeschlossen ist (vgl. KA I, 460). Die inhaltliche Disharmonie der zweiten Strophe spiegelt sich auf der formalen Ebene wider, indem sie im Gegensatz zu der ersten in zwei Blöcke zerfällt: in einen Fragesatz (vgl. KA II, 320, V. 8–11) und eine abschließende deskriptive Partie (vgl. V. 12–14). Überdies werden – wiederum im Gegensatz zur ersten Strophe – die syntaktischen Einheiten durch die Versgrenzen zerrissen.

Leben

Dass es das „Leben“ ist, dessen „Hälfte“ das Gedicht behandelt, verleitete zu Deutungen, die in *Hälfte des Lebens* den literarischen Ausdruck einer *midlife crisis* sahen. In der Tat hat Hölderlin das Gedicht ziemlich genau zur Halbzeit seines Lebens niedergeschrieben, doch die biografische Stimmigkeit des Titels war für ihn natürlich nicht absehbar. Interpretationen, die in Hölderlins Leben den Schlüssel zu dem Gedicht zu erkennen glauben, vernachlässigen zentrale Aspekte seiner Überlieferung und des Autorkommentars. In dem Brief an Wilmans vom 8. Dezember 1803 sind die *Nachtgesänge* – einschließlich der *Hälfte des Lebens* – geschichtsphilosophisch dimensioniert. Achim Geisenhanslüke hält dementsprechend fest: „*Hälfte des Lebens* etwa vollzieht die epochale Trennung zwischen der griechischen und der hesperischen Kunst, die der Zyklus insgesamt verhandelt, in der schlichten Zweiteilung und der damit verbundenen Mittelzäsur selbst mit.“ (Geisenhanslüke 2012, S. 138) Gegen die biografische Auslegung spricht des Weiteren die handschriftliche Überlieferungslage. Im *Stuttgarter Foliobuch* erwächst *Hälfte des Lebens* aus der fragmentarischen Hymne *Wie wenn am Feiertage …* Diese endet nach einem zweifachen „Weh mir“ (vgl. KA II, 241, V. 67 f.) und der Problematisierung des Bestrebens, „die Himmlischen zu schauen“ (V. 70). Unter Aufnahme des Klagerufes ließ Hölderlin mehrere Stufen von *Hälfte des Lebens* folgen. Die handschriftlich-materiale Nähe der beiden Gedichte wirft die Frage auf, ob vielleicht auch ein inhaltlicher Zusammenhang zwischen ihnen besteht. *Wie wenn am Feiertage* … handelt von den Grundlagen der Dichtung und den Gefahren, denen der Dichter ausgesetzt ist (vgl. Knoop 2020). Dass Poetologisches gleichfalls in *Hälfte des Lebens* eine Rolle spielt, gibt deren Symbolik preis. Seit der Antike wird der Schwan mit dem Dichter assoziiert (vgl. Jakob 2000). Darüber hinaus verweisen die „Blumen" (KA II, 320, V. 9) auf die *flores orationis*, auf den Schmuck der Rede. Explizit wird die metaphorische Verbindung von Blume und Rhetorik in der „Blume des Mundes" (KA II, 336, V. 72) in *Germanien*. Schmidt hat zudem darauf aufmerksam gemacht, dass die Kombination aus Trunkenheit und dem Heilignüchternen in der ersten Strophe von *Hälfte des Lebens* den poetologischen Topos der *sobria ebrietas*, der ‚nüchternen Trunkenheit', zitiert (vgl. Schmidt 1982/83). Auch werkimmanent lässt sich deren poetologische Bedeutung nachweisen. Das stille Zwiegespräch mit Longin in den *Reflexionen* und der Brief an Böhlendorff vom 4. Dezember 1801 dokumentieren, dass der Ausgleich von Nüchternheit und Enthusiasmus ein Grundprinzip der Dichtungstheorie Hölderlins darstellt.

Dichtung und Abwesenheit

*Hälfte des Lebens* präsentiert sich in einer für Hölderlins Spätwerk ungewöhnlichen Lesbarkeit: eine Szene der Erfüllung steht einem Zustand des Mangels, gar der Abwesenheit gegenüber. Bei einer sorgfältigen Lektüre indes ergeben sich unscheinbare, aber folgenreiche hermeneutische Krisen, die die Verständlichkeit des Gedichtes unterlaufen. Destabilisiert wird die binäre Opposition durch die Zeitstruktur des Gedichtes, genauer: durch die Gleichzeitigkeit konträrer Gegenwarten. Die Beschreibung in der ersten Strophe ist vollständig im Präsens verfasst („hänget", „tunkt"). Die zweite Strophe wird durch eine Frage eingeleitet, die aufgrund ihrer Abhängigkeit von der konditionalen Periode „wenn / Es Winter ist" (KA II, 320, V. 8 f.) einen futurischen Zeitindex trägt. Die letzten drei Verse kehren zu einer Beschreibung zurück und sind wie die gesamte erste Strophe im Präsens gehalten („stehn“, „[k]lirren“). Da die Sprecherinstanz nicht Teil des Präsens sommerlicher Harmonie und zugleich des Präsens kalter, sprachloser Mauern und im Winde klirrender Fahnen sein kann, stellt sich die Frage, welcher der einander entgegengesetzten Gegenwarten sie angehört. Im Unterschied zu der Frage am Anfang der zweiten Strophe („mir“, „ich“) tritt das lyrische Ich rein grammatisch in keiner der beiden deskriptiven Abschnitte hervor: Es scheint von beiden Welten gleichermaßen absorbiert zu sein. Aufschluss über das Verhältnis zwischen der Sprecherposition und dem spannungsreichen Zeitprofil des Gedichtes gibt der Sprechakt in der ersten Strophe. Indem das implizite lyrische Ich die Schwäne anredet: „Ihr holden Schwäne“ (V. 4), erweist es sich als ein Gegenüber, ein Ab- und Ausgegrenztes. Als solches kann es aber kein integraler Teil der idyllischen Szene sein. Eine derartige Spaltung durch Apostrophierung gibt es in den Versen 12 bis 14 nicht, weshalb die in ihnen skizzierte Welt diejenige des lyrischen Ich ist: „Die Mauern stehn / Sprachlos und kalt, im Winde / Klirren die Fahnen.“ Hervorgehoben wird die Sprachlosigkeit zum einen durch das Fehlen poetologischer Motive wie der „Schwäne“ (V. 4) und der in der Frage lediglich hypothetisch fehlenden „Blumen“ (V. 9). Die Abwesenheit der Sprache als eines semantisch aufgeladenen Zeichensystems wird zum anderen durch das „Klirren“ (V. 14) der „Fahnen“ (ebd.) betont. Dieses ist ein bloßes Geräusch, das im Gegensatz zur Sprache keine Bedeutung vermittelt, sieht man einmal von dem meteorologischen Hinweis ab. Der Umstand, dass das lyrische Ich einer Sphäre der Abwesenheit angehört, leitet zu der Rätselhaftigkeit des Titels über: *Hälfte des Lebens*. Da das Gedicht aus zwei Strophen besteht, kann es, als Ganzes betrachtet, nur dann eine oder die Hälfte sein, wenn sich zwei weitere Strophen anschließen würden. Sollte sich *Hälfte des Lebens* auf eine der beiden Hälften, also auf eine der beiden Strophen beziehen, stellt sich die Frage, auf welche; merkwürdig wäre zudem, warum ein Gedicht einen Titel trägt, der lediglich eine seiner Hälften abdeckt. Die Verwicklungen des Titels lassen sich nur dann auflösen, wenn „Hälfte“ nicht als Ausdehnung verstanden wird, sondern als Zäsur oder Punkt, der die beiden Hälften miteinander verbindet und zugleich voneinander trennt. Diese Mitte ist die Lücke zwischen den Strophen: das typografische Pendant zu dem Präsens der Abwesenheit am Ende der zweiten Strophe. In *Hälfte des Lebens* erweist sich somit die Abwesenheit als die Möglichkeitsbedingung des lyrischen Sprechens (vgl. Hiller 2005).

*Nachtgesänge* und *Vaterländische Gesänge*

Die Abwesenheit, aus der heraus das lyrische Ich spricht, bestimmt zugleich Diktion und Anzahl der Verse, die von jener handeln. Die Beschreibung in der ersten Strophe umfasst sieben Verse, diejenige in der zweiten ist um vier Verse kürzer. Zudem sind in der ersten Strophe die Substantive mit Attributen versehen („gelben Birnen", „wilden Rosen", „holden Schwänen", „heilignüchterne Wasser"), während der zweiten Strophe schmückende Beiwörter abhandengekommen sind. Vor diesem Hintergrund vermerkt Geisenhanslüke:

> Wenn in *Hälfte des Lebens* auf die Frage [...] der enigmatische Schlusssatz [...] folgt, dann gibt der Satz keine Antwort auf die poetologisch gemeinte Frage nach den Blumen als konventionellem Ausdruck für die Sprache der Dichtung, er ist die Antwort, sprachlich realisiert in einer Form der Dichtung, die sich jeden Schmuckes entledigt hat und bewusst die Nähe zum prosaischen Ausdruck sucht. (Geisenhanslüke 2012, S. 139)

Wie *Hälfte des Lebens*, das wohl meist rezipierte Gedicht der *Nachtgesänge*, so entfaltet der gesamte Zyklus das Programm einer Sprechweise, die der „dürftige[n] Zeit" (KA II, 290, V. 122) gemäß ist. In dem Brief an Wilmans vom 8. Dezember 1803 führt Hölderlin neben den *Nachtgesängen* eine weitere Gedichtgruppe ein, die *Vaterländischen Gesänge*. Im Gegensatz zu den *Nachtgesängen* passen sich diese nicht an die hesperische Dürftigkeit an, sondern stellen mit ihrem „hohe[n] und reine[n] Frohlocken" (KA I, 470) ein von Begeisterung durchdrungenes Sprechen dar, mittels dessen der krisenhafte

Status quo überwunden und ein neues kulturelles Paradigma etabliert werden soll. In der Forschung wurden die *Vaterländischen Gesänge* zumeist als Hymnen bezeichnet, auch wenn Hölderlin selbst immer nur von *Gesängen* sprach. Gegen die Kategorisierung als Hymnen wendet Gaier ein, dass den *Gesängen* wesentliche Bestandteile der traditionellen Hymnendichtung fehlen, unter anderem „die von allen präsent geglaubten oder stellvertretend herbeizurufenden Gottheiten [...] und ihre Kultgemeinde." (Gaier 2004, S. 195) Unbestritten sind die *Gesänge* eher ein Präludium der hymnischen Feier und Verherrlichung. Sie müssen die Gemeinde erst noch konstituieren und in einer Zeit der Götternacht die Präsenz des Göttlichen vorbereiten. Ob allerdings diese Abweichungen von der Gattungstradition ein hinreichender Grund dafür sind, die *Gesänge* nicht in das Register der Hymnik einzuordnen, ist keineswegs gewiss. Genauso gut ließen sich Hölderlins *Gesänge* als eine der hesperischen Übergangszeit adäquate und innovative Form der Hymnik deuten. Der Unterschied zwischen dem Zyklus der *Nachtgesänge* und den *Vaterländischen Gesängen*, der Diktion gegenwärtiger Dürftigkeit und der feierlichen Verheißung lässt sich selbst anhand einzelner Motive nachweisen. So beginnt *Chiron*, das erste Gedicht der *Nachtgesänge*, mit der Frage: „Wo bist du, Nachdenkliches! das immer muß / Zur Seite gehn, zu Zeiten, wo bist du, Licht?" (KA II, 314, V. 1 f.) Einen Kontrapunkt hierzu setzt die Beschwörung am Anfang von *Der Ister*, eines *Vaterländischen Gesanges*: „Jetzt komme, Feuer! / Begierig sind wir / Zu schauen den Tag" (KA II, 362, V. 1–3).

## 8. Zurück nach Frankreich: *Andenken*

Retour à Bordeaux

Die um 1803 entstandene Hymne *Andenken* wurde zusammen mit *Patmos* und *Der Rhein* erstmals in Leo von Seckendorfs *Musenalmanach für das Jahr 1808* veröffentlicht, zu einem Zeitpunkt also, da ihr Verfasser zwangsweise im Autenrieth'schen Klinikum in Behandlung war. In einer für Hölderlins Werk ungewöhnlichen Transparenz und Präzision ging in *Andenken* eine reale Topografie ein, die über das kurze, weitestgehend im Dunkeln liegende Intermezzo in Bordeaux im Frühjahr 1802 einige Auskunft zu geben vermag. *Andenken* ist überdies das einzige Gedicht, das Hölderlin Frankreich gewidmet hat, wie Jean-Pierre Lefebvre hervorhob: „‚Andenken' ist ein Gedicht über Frankreich, ein französisches Gedicht, das einzige französische Gedicht Hölderlins, ein Gedicht ‚retour de France'." (Lefebvre 1988/89, S. 203) Die Hymne zeichnet sich durch einen relativ schlichten Aufbau aus: Sie umfasst fünf Strophen zu je zwölf Zeilen, lediglich die letzte Strophe ist um eine Zeile kürzer. In den ersten beiden Strophen sucht das lyrische Ich in seiner Erinnerung Bordeaux als einen idyllischen Sehnsuchtsort auf, in der dritten Strophe wendet es sich seiner aktuellen krisenhaften Situation zu, an deren Darlegung sich in der vierten und fünften Strophe eine Reflexion auf die Heroik der Seefahrt anschließt. Auslöser der Erinnerungsbewegung ist der „Nordost" (KA II, 360, V. 1), der, aus Deutschland in südwestlicher Richtung wehend, die Sprecherinstanz vom heimatlichen Raum in die Ferne der französischen, an der „schöne[n] Garonne" (V. 6) gelegenen Hafenstadt trägt. Die Frage, von welchem Standort die Landschaft von Bordeaux in *Andenken* betrachtet wird, führte in der Forschung zu einer Kontroverse. Henrich vermutete wie die meisten Interpreten, dass das lyrische Ich den Flussverlauf bis zum Hafen von Bordeaux von der linken Garonneseite aus beschreibt (vgl. Henrich 1986, S. 78), während Lefebvre das perspektivische Zentrum mit der Höhe von Lormont auf dem rechten Ufer der Garonne identifizierte (vgl. Lefebvre 1988/89, S. 213).

Jacques-Raymond Brascassat: *Sicht auf Bordeaux*

Claude-Joseph Vernet: *Der Hafen von Bordeaux*

Dekonstruiertes Idyll I: Eiche und Pappel

Zu Beginn der ersten Strophe erwähnt das lyrische Ich „Schiffer[ ]" (KA II, 360, V. 4), die sich enthusiastisch beseelt, mit „feurige[m] Geist" (V. 3), und wagemutig dem weiten Ozean überantworten. Mit einer heroischen *vita activa*, ferner mit dem Thema der Freundschaft assoziiert sind die im Folgenden angeführten Bäume: „[D]arüber aber / Hinschauet ein edel Paar / Von Eichen und Silberpappeln" (V. 10–12). Die Eichen stehen wie in dem Hexametergedicht *Die Eichbäume* für heroische Stärke, die Silberpappeln für Unsterblichkeit. Dass es sich bei beiden Baumarten um ein „edel Paar" handelt, deutet Roland Reuß als einen untergründigen Rekurs auf das Schicksal der Dioskuren: auf die Trauer des Pollux um den Tod seines sterblichen Bruders Castor und auf ihre Bedeutung als Sternbilder für die Navigation in der Schifffahrt (vgl. Reuß 1990, S. 175 f.). Subtil demontiert wird der *locus amoenus* der Landschaft von Bordeaux allerdings durch den alternativen Symbolgehalt der Pappel. Sie ist nicht nur ein Sinnbild der Unsterblichkeit, sondern, antithetisch hierzu, gleichfalls des Todes. In der antiken Mythologie säumen Pappeln den Unterweltsfluss Acheron, darüber hinaus verweisen sie auf Rousseaus Grab, das sich, umgeben von Pappeln, auf einer Insel im Park von Ermenonville befand, worauf Hölderlin in seiner Ode *An die Ruhe* eingeht (vgl. KA II, 82, V. 29–32).

Dekonstruiertes Idyll II: Ulme und Feige

Der düstere Subtext von *Andenken* schreibt sich in der zweiten Strophe in der ambivalenten Semantik der Ulme und des Feigenbaumes fort: „Noch denket das mir wohl und wie / Die breiten Gipfel neiget / Der Ulmwald, über die Mühl', / Im Hofe aber wächset ein Feigenbaum." (KA II, 360, V. 13–16) Die Ulme und die Feige symbolisieren im Kontext des Dionysischen Fruchtbarkeit. Dadurch erhalten sie eine erotische Konnotation (vgl. Gaier 1988/89, S. 180 f.), werfen aber zugleich wie das „edel Paar" (KA II, 360, V. 11) und die „Silberpappeln" (V. 12) in der ersten Strophe den Schatten des Todes über das harmonische Landschaftsbild. Der Feigenbaum gemahnt an das Ende Achills, von dem es in der etwa zeitgleich zu *Andenken* entstandenen Hymne *Mnemo-*

*syne* liebevoll-sentimental heißt: „Am Feigenbaum ist mein / Achilles mir gestorben“ (KA II, 365, V. 35 f.). Auch die Ulme trübt das Idyll und gehört wie die Pappel dem Motivrepertoire der antiken Unterwelt an. So ist dem sechsten Buch von Vergils *Aeneis* zu entnehmen, dass am Eingang des Hades eine „ulmus opaca“ (Vergil 1998, 6,283), eine „schattige Ulme“ steht, in der die „eitlen Träume [...] unter allen Blättern hängen“ (ebd., 6,283 f.).

Fest

Im Anschluss an die Erwähnung des Ulmwaldes und des Feigenbaumes skizziert die zweite Strophe eine Festtagsszene: „An Feiertagen gehn / Die braunen Frauen daselbst / Auf seidnen Boden, / Zur Märzenzeit, / Wenn gleich ist Nacht und Tag“ (KA II, 360 f., V. 17–21). Mit den „braunen Frauen“ wird die latente Erotik der dionysisch kodierten Bäume fortgeführt, zudem überlagern sich in dem Festtagsporträt eine kalendarische und eine politische Zäsur. Im revolutionären Frankreich diente die kollektive Feier als institutionalisierte, rituelle Bestätigung der neuen politischen Ordnung. Und dass die „Feiertage[ ]“ in die „Märzenzeit“ fallen, zeigt den Übergang vom Winter zum Frühling an. Die Tagundnachtgleiche (vgl. „Wenn gleich ist Nacht und Tag“) datierte Lefebvre auf den 22. März 1802, also kurz nach dem 32. Geburtstag Hölderlins, den er fernab von Freunden und Familie in Frankreich verbrachte (vgl. Lefebvre 2006/07, S. 243).

Verlust und Vergessen

Die chiffriert unter der Oberfläche Arkadiens, des Naturidylls, als das Bordeaux hier erscheint, verhandelten Verlusterfahrungen werden in der dritten Strophe explizit. In ihr kehrt das lyrische Ich zur Gegenwart des Sprechens zurück, die sich durch Einsamkeit und Mangel auszeichnet: Die „Tage[ ] der Lieb'“ (KA II, 361, V. 35) sind vergangen, die großen „Taten [...] geschehen“ (V. 36). Wie Hyperions und Empedokles' Reaktionen auf ihre jeweilige Krisensituation, so trägt auch die Bewältigungsstrategie des lyrischen Ich in *Andenken* suizidale, entindividualisierende Züge. Der Todeswunsch artikuliert sich in dem Oxymoron des „dunkeln Lichtes“ (V. 26), das in einem „duftenden Becher“

(V. 27) dargereicht werden soll, „[d]amit ich ruhen möge; denn süß / Wär' unter Schatten der Schlummer." (V. 28 f.) Bezogen auf das empirische Sediment des Gedichtes verweist der Becher voll „dunkeln Lichtes" auf den tiefroten Bordeauxwein, auf der symbolischen Ebene kombiniert er die dionysische Ekstase mit der christlichen Eucharistie. Zudem spielt der Vergessen spendende Trank auf die Lethe an, einen der Unterweltsflüsse, aus dem die Toten – so die Sage – trinken müssen, um die Erinnerung an ihr irdisches Dasein zu verlieren. Dass die Krise durch den „Schlummer" (V. 29), mithin durch eine Auslöschung des Gedächtnisses überwunden werden soll, steht zunächst einmal im Widerspruch zu der Erinnerungsbewegung der ersten beiden Strophen sowie zu dem Programm, das *Andenken* mit seinem Titel nahelegt. Ausdrücklich als Intertext eingeführt wird der *Hyperion*-Roman in den ersten beiden Versen der vierten Strophe: „Wo aber sind die Freunde? Bellarmin / Mit dem Gefährten?" (V. 37 f.) Bellarmin ist der deutsche Adressat der Briefe Hyperions, der in ähnlicher Weise wie das lyrische Ich in *Andenken* die Abwesenheit der Liebe, der Freunde und der heroischen Taten beklagt.

Hölderlin und das Meer

Nach dem *Hyperion*-Zitat nimmt die vierte Strophe die nautische Thematik der Eingangsstrophe wieder auf und entfaltet eine Heroik der Seefahrt. Die Techniken der Darstellung, die Funktionen und die semantischen Gehalte des Meeres bei Hölderlin blieben bislang weitestgehend unbeachtet. Das mag dem Umstand geschuldet sein, dass andere Gewässer exponierter seine Texte durchströmen, der Rhein, der Main, der Neckar oder die Donau etwa, denen allesamt eigene Gedichte gewidmet sind. Dies wiederum könnte darauf zurückzuführen sein, dass im Gegensatz zu Flüssen das Meer außerhalb von Hölderlins Erfahrungshorizont lag. Wenn er sich aus der Komfortzone seiner Heimat begab, dann ließ er sich in Städten oder Landstrichen nieder, die wie seine Herkunftsregion terrestrisch geprägt waren: Waltershausen, Jena, Weimar, Frankfurt, Homburg und das alpine Hauptwil. Einzig während seines kurzen Aufenthaltes in Bordeaux kam Hölderlin mit dem Meer und einer maritimen Kultur in Berührung. Trotz der meerfernen Biografie ist das Motiv des Meeres in seinem Werk durchgängig präsent; es breitet sich über alle Schaffensphasen und Gattungen aus, reicht von den frühen Briefen über den *Hyperion*, dessen Kulisse vornehmlich die Inselwelt Griechenlands bildet, bis hin zu späten Gedichten und Gedichtfragmenten wie dem Hexameterhymnus *Der Archipelagus*, *Andenken*, *Kolomb* oder *Wie Meeresküsten* … Bei Hölderlin fungiert das Meer nicht zuletzt als Projektionsfläche für die Sehnsucht nach Entgrenzung. Damit steht es in einem analogen Verhältnis zu dem hesperischen Bildungstrieb, der ins Aorgische, Exzentrische, Ungebundene drängt. Es repräsentiert darüber hinaus die frühe Globalisierung in Form des Überseehandels, durch den die Hafenstadt Bordeaux zu ihrem Wohlstand kam: „Es beginnet nämlich der Reichtum / Im Meere." (KA II, 361, V. 40 f.) Zudem ist das Meer ein interkultureller Raum *par excellence* (vgl. Amann u. a. 2020), in dem heterogene Traditions- und Wissensbestände zirkulieren und sich vermengen – ihm ist folglich die für Hölderlins Poetik maßgebliche Dialektik zwischen dem Eigenen und dem Fremden eingeschrieben. Allerdings bleibt in *Andenken* die Heroik der Schifffahrt – wie zuvor das Landschaftsidyll der Stadt Bordeaux – nicht ungetrübt: „und / Zu wohnen einsam, jahrlang, unter / Dem entlaubten Mast" (KA II, 361, V. 44–46). Die Verse greifen auf die „Schiffer[ ]" (KA II, 360, V. 4) aus der ersten Strophe zurück, eine *Gemeinschaft* an Seeleuten, der in der vierten Strophe die *Einsamkeit* des Wohnens „unter / Dem entlaubten Mast" (KA II, 361, V. 45 f.) gegenübergestellt wird. Ferner korrespondiert die Stelle mit der in den ersten beiden Strophen entwickelten Motivik der Bäume, die nun in einer kulturell verarbeiteten Gestalt vorliegen. Dass von einem „entlaubten Mast" die Rede ist, mag pleonastisch anmuten, da ein Mast im Unterschied zu dem, woraus er gefertigt ist, niemals Laub trägt. Zu der Laublosigkeit des immer schon entlaubten Mastes vermerkte Schmidt: „‚Entlaubt' deutet auf das Einsame und von allen Lebensfreuden Entblößte, gleichsam Kahle des nur seinem unbedingten Streben ausgelieferten heroischen Daseins." (Schmidt 1970, S. 30)

Extraterritorialität

Nicht nur dort, wo die See oder das Meer ausdrücklich genannt werden, gilt es diese mitzudenken. Auch die – aus europäischer Sicht – extraterritorialen Geografien wie die „Kolonie" (StA 2,2, 608; vgl. hierzu Kreutzer 1980/81), das „Kap" (KA I, 16), „Otaheiti" (KA I, 462; es handelt sich um eine ältere Bezeichnung für Tahiti), die „[a]frikanischen dürren / Ebnen" (KA II, 184, V. 1 f.) oder das im Pazifik gelegene „Tinian" im gleichnamigen Hymnenentwurf führen das Meer assoziativ mit sich, da sie lange Zeit nur auf dem Seeweg zu erreichen waren. Auf diese Imaginationen überseeischer Alterität haben wohl Georg Forsters Reisebeschreibungen eingewirkt, die Hölderlin in den Klosterschulen und später während seiner Zeit als Hofbibliothekar in Homburg gelesen haben dürfte (vgl. Beck 2003, S. 16, 97). Einen Niederschlag findet die exotische Ferne in *Andenken* in den „Indiern" zu Beginn der fünften Strophe: „Nun aber sind zu Indiern / Die Männer gegangen" (KA II, 361, V. 49 f.). Anders als Heidegger, der das Reiseziel der „Männer" im Indusgebiet lokalisierte, um *Andenken* für seine philosophischen Ursprungsphantasmen vereinnahmen zu können (vgl. Heidegger 1982, S. 184 f.), deutete Lefebvre die Angabe „zu Indiern" nicht als Hinweis auf Ostindien, sondern als einen solchen auf Westindien: auf Mittelamerika und die Karibik, mit denen Bordeaux Handelsbeziehungen unterhielt (vgl. Lefebvre 1988/89, S. 207 f.). Die Bezeichnung spielt zudem auf Kolumbus an, der aufbrach, um eine Route ostwärts nach Indien zu finden, und stattdessen Neuland im Westen entdeckte. Die Verbindung zwischen dem in spanischen Diensten stehenden Abenteurer und der Heroik der Seefahrt knüpft neben *Andenken* auch der späte Entwurf *Kolomb*: „Wünscht' ich der Helden einer zu sein / Und dürfte frei [Lücke] es bekennen / So wär' es ein Seeheld." (KA II, 408, V. 1–3)

John Vanderlyn: *Christopher Kolumbus' Ankunft in Amerika*

Andenken: Meer vs. Dichtung

Der Schluss des Gedichtes kehrt zu der konkreten Topografie von Bordeaux aus den ersten beiden Strophen zurück: „Dort an der luftigen Spitz' / An Traubenbergen, wo herab / Die Dordogne kommt, / Und zusammen mit der prächt'gen / Garonne meerbreit / Ausgehet der Strom. Es nehmet aber / Und gibt Gedächtnis die See" (KA II, 361 f., V. 51–57). Mit der „luftigen Spitz'" ist der Bec d'Ambès, eine Landzunge gemeint. Sie markiert den Zusammenfluss von Garonne und Dordogne zur Gironde, die sich in einer entgrenzenden Bewegung in die erhabene Weite des Atlantiks ergießt. Nachgerade inflationär zitiert und ausgelegt wurde die Schlussgnome von *Andenken*, die den Zusammenhang zwischen Dichtung und Erinnerung lakonisch zum Ausdruck bringt: „Was bleibet aber, stiften die Dichter." (KA II, 362, V. 59) Wie der in der dritten Strophe artikulierte Regressionswunsch (vgl. „Schlummer", KA II,

361, V. 29) zeigt, ist der Träger des Andenkens letztlich nicht die Instanz des lyrischen Sprechens, sondern dessen Produkt: das konkrete Gedicht *Andenken* sowie die Dichtung im Allgemeinen. Im Unterschied zu dem Geben und Nehmen der See (vgl. KA II, 362, V. 56 f.), dem unsteten Auf und Ab der Wellen und Gezeiten stiften die Dichter etwas Beständiges, Bleibendes. Was sie an Bleibendem stiften, ist zum einen die Dichtung. Dass Hölderlin mit der Seinigen etwas Bleibendes stiftete, die Schlussgnome folglich Gültigkeit beanspruchen darf, bestätigt sich mit jedem Lektüreakt, dem *Andenken* unterzogen wird. Den Gedanken von der Zeitenthobenheit der Dichtung konnte Hölderlin unter anderem bei Ovid in der Sphragis der *Metamorphosen* (vgl. Ovid 2006, 15,871–879) sowie in den *Amores* vorgeprägt finden: „Lieder allein entgehen dem alles verzehrenden Totenfeuer. Das Werk der Dichter hat Dauer" (Ovid 2007, 3,9,28 f.). Zum anderen verewigen die Dichter aber auch das, was in der und durch die Dichtung bleibt. Diese Bestimmung des Bleibens aktualisiert den antiken Topos von der konservatorischen Funktion von Dichtung, ohne die die heroischen Taten dem Vergessen anheimgestellt wären. Dementsprechend heißt es zum Beispiel in der siebten *Nemeischen Ode* Pindars:

> […] denn große Stärke / erfährt weithin Dunkel, wenn sie der Preislieder entbehren muß. / Für schöne Taten wissen wir einen Spiegel nur auf eine Weise, / wenn mit Hilfe der Mnemosyne, die das leuchtende Stirnband trägt, / sie Lohn für die Mühen finden in den Worten der rühmenden Gesänge. (Pindar 2001, 7,12–16)

## 9. Zur Theorie des Flusses: *Der Ister*

Ströme

Mehrfach hat Hölderlin Ströme in den Mittelpunkt seiner Gedichte gestellt, etwa in *Der Main*, *Der Neckar* und *Der Rhein*. Das 18. Jahrhundert kannte zwei Symbolgehalte des Flussmotives, einen poetologischen und einen kulturgeschichtlichen (vgl. Müller 1959). Beide Funktionen lassen sich in Hölderlins Werk nachweisen, nicht selten sind sie miteinander verschränkt. Zum einen symbolisiert der Fluss die Rede, insbesondere die dichterisch gestaltete. Dieser semantische Aspekt geht auf Horaz zurück, der im *Carmen* IV,2 Pindars Sprache mit einem reißenden Fluss vergleicht. Zum anderen ist der Fluss ein Speicher für das kollektive Gedächtnis, eine zivilisatorisch bedeutsame Topografie, in der sich Kultur- und Naturgeschichte überschneiden, wie Herder in seinen *Ideen zur Philosophie der Geschichte der Menschheit* hervorhob:

> So hat also die Natur mit den Bergreihen, die sie zog, wie mit den Strömen, die sie herunter rinnen ließ, gleichsam den rohen aber vesten Grundriß aller Menschengeschichte und ihrer Revolutionen entworfen. [...] das Alles gehört so sehr zur natürlich=fortschreitenden Geschichte des Menschengeschlechts, als zur Naturgeschichte der Erde. (Herder 1887, S. 37)

Flüsse bieten Nahrung, zudem stellen sie eine Infrastruktur für den Handel zur Verfügung und ermöglichen dadurch zivilisatorischen Fortschritt und kulturelle Interaktion. Den Standortvorteil von Flüssen fasst eine Sentenz in *Der Ister*, Hölderlins letztem Stromgedicht, zusammen: „Denn Ströme machen urbar / Das Land." (KA II, 362, V. 16 f.)

Die *re-translatio artis* der Donau

Die um 1803 entstandene, in der Handschrift auf *Andenken* folgende Hymne ist ohne Titel überliefert. Getauft wurde sie von Hellingrath aufgrund des in Vers 21 erwähnten Flussnamens auf *Der Ister*. Indem das Gedicht die vom griechischen „Istros" abgeleitete Bezeichnung „Ister" für die Donau verwendet, weitet es den Blick von der Moderne, für die Hölderlin Hesperien einstehen lässt, hin auf die durch Griechenland und seine orientalischen Wurzeln repräsentierte Antike. Aus einer Vogelperspektive folgt das lyrische Ich dem Verlauf der Donau, die im Westen entspringt und in den Osten mündet. Durch ihre Fließrichtung von West nach Ost verkehrt sie die geografische Ausrichtung der *translatio artis*, die im Orient ihren Ausgang nimmt und in den Ländern jenseits der Alpen ihre (vorläufig) letzte Etappe findet. Das von Herder inspirierte Konzept der Kulturwanderung behandelt auch die Hymne *Am Quell der Donau* aus dem Jahr 1801: [S]o kam / Das Wort aus Osten zu uns, / Und an Parnassos Felsen und am Kithäron hör' ich / O Asia, das Echo von dir und es bricht sich / Am Kapitol und jählings herab von den Alpen" (KA II, 322, V. 35–39).

Dichtungstheorie des *Ister* I

Dass es das „Wort" war, das aus dem Osten kam, gibt die poetologische Bedeutung der Geografie in Hölderlins Werk zu erkennen. Die Überblendung von dichtungstheoretischen mit geschichts- und kulturphilosophischen Erwägungen in topografischen Formationen verdeutlicht gleichfalls *Der Ister*: „Wir singen aber vom Indus her / Fernangekommen und / Vom Alpheus, lange haben / Das Schickliche wir gesucht" (KA II, 362, V. 7–10). Zum Ausdruck gelangt die poetologische Dimension der *Ister*-Hymne durch den Gesang (vgl. „singen"), den nicht allein das lyrische Ich anstimmt, sondern ein „wir", die literaturgeschichtliche Gemeinschaft der Dichter. Auf diese bezieht sich auch das „Schickliche". Wie bereits anhand der Ode *Blödigkeit* herausgestellt wurde, umfasst das semantische Spektrum des Schicklichen die rhetorisch-stilistische Kategorie des *decorum*, dann aber auch die Geschicklichkeit, das technische Vermögen, Sprache kunstvoll, schicklich und geschickt zu bearbeiten. Im *Ister* zeigt sich zudem eine Engführung von Dichtung und Heroismus. Analog zu den Dichtern, die von Ost nach West gezogen und schließlich am Ister, in der hesperischen Moderne, angekommen sind, ist Herkules von Griechenland aus in den hohen Norden aufgebrochen, um den schattenspendenden Ölbaum zu holen, von dem sich die Olympioniken, die der sengenden

Sonne ausgesetzt waren, Kühlung versprachen. An diese Mission des Herkules erinnert die zweite Strophe: „So wundert / Mich nicht, daß er / Den Herkules zu Gaste geladen, / Fernglänzend, am Olympos drunten, / Da der, sich Schatten zu suchen / Vom heißen Isthmos kam" (KA II, 363, V. 26–31).

Dichtungstheorie des *Ister* II

Der *Ister* basiert auf einer gegenläufigen Doppelbewegung, wodurch sich eine interkulturelle und epochenübergreifende Konstellation ergibt: ein wechselseitiger Austausch zwischen Orient und Okzident und, damit korrespondierend, zwischen Antike und Moderne. Mit ihrer Fließrichtung vollzieht die Donau eine Bewegung von West nach Ost, oder, geschichtsphilosophisch gewendet, von der Moderne in die Antike. Und mit der Besinnung auf den orientalischen Ursprung der Dichtung und ihren Gang nach Hesperien ist eine Bewegung von Osten nach Westen, von der Antike in die Moderne verbunden. Im *Ister* überlappen sich die beiden geografischen Ausrichtungen derart, dass sie beim lyrischen Ich zu einer Irritation führen. Faktisch fließt der Ister nach Osten, doch dem Anschein nach ist der Orient nicht das Ziel, sondern die Quelle: „Der scheinet aber fast / Rückwärts zu gehen und / Ich mein, er müsse kommen / Von Osten." (V. 41–44) Die im *Ister* topografisch dargestellte Verschränkung von Antike und Moderne, Griechenland und Hesperien entspricht derjenigen, die Hölderlin in seinem Brief an Böhlendorff vom 4. Dezember 1801 poetologisch erörtert hat. Wie der Ister, so weist der Bildungstrieb des modernen Dichters in Richtung des orientalischen „Feuer[s] vom Himmel" (KA I, 460), des „Nationellen" der Griechen. Damit sich allerdings der hesperische Dichter nicht im Fremden verliert, bedarf es eines Rückganges auf das Eigene, auf die „*Nüchternheit*" (ebd.) oder die „Kühlung" (KA II, 363, V. 34). Poetologisch bedeutsam ist Hölderlins letztes Stromgedicht daher nicht nur, weil es ausdrücklich den Gesang, die Herkunft und die Wanderung der Dichter beschreibt. Mit dem motivischen Kontrast von Feuer und Kühlung und der gegenläufigen Doppelbewegung liegt dem *Ister* auch implizit ein dichtungstheoretisches Programm zugrunde.

Nichtwissen

„Es brauchet aber Stiche der Fels / Und Furchen die Erd', / Unwirtbar wär es, ohne Weile; / Was aber jener tuet der Strom, / Weiß niemand." (KA II, 364, V. 68–72) Die letzten Verse der letzten Strophe kehren zu einem Gedanken zurück, den bereits die letzten Verse der ersten Strophe formuliert haben: Flüsse besitzen, zivilisationsgeschichtlich betrachtet, eine kulturbegründende Funktion. Die Voraussetzung hierfür ist, dass sie der Erde Raum abtrotzen, sie durchfurchen und „stechen" (vgl. „Stiche"). Ihre Wege sind dabei unergründlich, wie die Gnome des Nichtwissens am Ende von *Der Ister* betont: „Was aber jener tuet der Strom / Weiß niemand" (V. 71 f.). Stellt man den kulturgeschichtlichen und den poetologischen Symbolgehalt des Flussmotives in Rechnung, lässt sich das Nichtwissen gleichermaßen auf den historischen wie auf den literarischen Standort Hölderlins beziehen. Seine Zeit erachtete er als einen Kairos des kulturellen Überganges, den günstigen Moment, in dem sich die alte Ordnung auflöst und eine neue in noch nicht absehbarer Gestalt zu formieren beginnt. Es ist eine Zeit fundamentaler Offenheit – sowohl der Geschichte als auch der Dichtung, die sich in der Moderne erst ein eigenes Profil erarbeiten muss. Das Verhältnis zwischen dem Eigenen und dem Offenen reflektierend, heißt es in *Brot und Wein*: „So komm! daß wir das Offene schauen, / Daß ein Eigenes wir suchen, so weit es auch ist." (KA II, 287, V. 41 f.) Eine Dichtung, die ihr noch nicht gänzlich bekanntes Eigenes sucht und daher der Offenheit ausgesetzt ist, verfügt über eine unkonventionelle, bislang nicht gewusste Sprache und Darstellungsart. Damit verunsichert sie gewohnte Wahrnehmungs-, Denk- und Deutungsmuster. Wie Hölderlin, so muss sich folglich auch der Leser einer radikalen Offenheit anvertrauen, die keine hermeneutischen Schließungen und Eindeutigkeiten duldet.

Flussmonster

Anhand der „Stiche" (KA II, 364, V. 68) lässt sich ein Verfahren der semantischen Überdeterminierung veranschaulichen, das zu dem technischen Standardrepertoire des späten Hölderlin gehört. Oftmals überlagern sich bei ihm in Begriffen, aber auch in Eigennamen die metaphorischen, wörtlichen und etymologisch ursprünglichen Bedeutungen. Die bisweilen dadurch erzeugten logischen Spannungen, Unbestimmtheiten und Unbestimmbarkeiten sind ein poetisches Kalkül, das habitualisierte Verstehensprozesse geschickt unterläuft. Schmidt machte darauf aufmerksam, dass die „Stiche" auf die Etymologie des Wortes „Kentaur" anspielen, dem das griechische Verb „κεντεῖν" („stechen") zugrunde liegt (vgl. KA II, 1031). Kentauren sind klassische Monster, halb Mensch, halb Stier. Bereits in der Antike wurden sie mit Flüssen in Verbindung gebracht. An diese mythenallegoretische Tradition knüpft Hölderlin in *Das Belebende* an, dem letzten der *Pindarfragmente*: „Der Begriff von den Centauren ist wohl der vom Geiste eines Stromes, so fern der Bahn und Grenze macht, mit Gewalt, auf der ursprünglich pfadlosen aufwärtswachsenden Erde." (KA III, 772) Indem sich im Körper der Kentauren die menschliche und die tierische Ordnung kreuzen, illustrieren sie symbolisch Hölderlins Dialektik: In den monströsen Schwellenwesen vereinen sich die Gegensätze von Kultur und Natur, so wie sie sich in Flüssen vereinen, ohne jedoch aufgehoben zu werden. Das Harmonischentgegengesetzte (vgl. KA III, 535) der Kentauren kommt durch das ambivalente Bild zum Ausdruck, das *Das Belebende* von ihnen zeichnet. Der Kentaur ist einerseits Vertreter einer archaischen Ursprungs- und Naturnähe, ein „wilder Hirte" (KA III, 772), vergleichbar mit dem ebenfalls monströsen Kyklopen Polyphem aus Homers *Odyssee*: „dem Odysseischen Cyklops gleich" (ebd.). Andererseits repräsentiert er einen höheren Zivilisationsgrad, da er „Lehrer der Naturwissenschaft" (ebd.) und zugleich ein Meister der Dichtkunst ist: „Die Gesänge des Ossian besonders sind wahrhaftige Centaurengesänge, mit dem Stromgeist gesungen, und wie vom griechischen Chiron, der den Achill auch das Saitenspiel gelehrt." (KA III, 773) Dem Kentauren Chiron hat Hölderlin einen prominenten Platz in seinem Werk zugewiesen: Die Ode, die den Gedichtzyklus der *Nachtgesänge* einleitet, trägt seinen Namen als Titel. Dass sich bei Hölderlin im Monströsen eine Problematisierung der Dialektik und geschichtsphilosophische sowie poetologische Aspekte überlagern, zeigt auch seine späte Rezeption des Titanenmythos. Die Titanen stehen nun allerdings nicht mehr wie noch in der Ode *Natur und Kunst oder Saturn und Jupiter* für ein Goldenes Zeitalter ein, sondern werden als ein anarchisches Göttergeschlecht vorgestellt, das die kosmische Ordnung bedroht. Und dennoch stellen sie beim späten Hölderlin kein ausschließlich destruktives Prinzip dar.

Kentaur im Kampf gegen Raubkatzen

Chiron lehrt den jungen Achill das Spiel auf der Kithara

## 10. Titanen II: *Die Titanen* und *Mnemosyne*

Monster und Revolution

Es lässt sich eine Tendenz darin beobachten, wie in Hölderlins Werk die beiden rivalisierenden Titanenbilder verwendet werden. Vor 1800 dominiert das positive Bild der Titanen. In der Tübinger *Hymne an die Harmonie* zum Beispiel, in deren Motto die Titanin Urania Erwähnung findet, steht die titanische Ordnung für einen Zustand kosmischer Vollkommenheit ein, im *Hyperion*, der nach einem Titanen benannt ist, für das Streben nach Liebe und Schönheit, in *Die Eichbäume* für einen prometheischen Autonomie- und

Freiheitsanspruch. Nach 1800 verschiebt sich der Akzent zugunsten des monströsen Titanenbildes, das allerdings eine positive Wendung erfährt. Hölderlin bestreitet nicht, dass es sich bei den Titanen um gewalttätige Mächte handelt, er interpretiert jedoch ihre Gewalttätigkeit als ein revolutionäres Potenzial und progressives Prinzip der Geschichte. In dem Aufruhr der Titanen erkennt er eine produktive Krise, die einen historischen Fortschritt ermöglicht, sobald ein kulturelles Paradigma ausgedient hat. Wie die Ode *Der Tod fürs Vaterland*, so macht Hölderlins Auseinandersetzung mit dem Titanenmythos deutlich, dass das Konzept der kulturellen Evolution die Einsicht in die Notwendigkeit revolutionärer Umbrüche keineswegs verdrängt hat. Hölderlin habe, vermerkte Link, „auch nach seiner ‚Enttäuschung' Revolutionen unter gewissen Umständen weiter als sozusagen naturgeschichtlich notwendige Prozesse aufgefaßt" (1999, S. 13). In seinem Spätwerk hat er dies nur nicht mehr auf den Begriff und explizit zum Ausdruck gebracht wie etwa in *Der Tod fürs Vaterland*, sondern mythologisch übertragen. Die geschichtsphilosophische Aufwertung der titanischen Monstren ist um 1800 alles andere als selbstverständlich. Das Zeitalter der Vernunft schlug sich auf die Seite der Olympier, die allegorisch als Überwindung der archaischen Naturgewalten durch den Geist und die menschliche Kultur ausgelegt wurden. Exemplarisch belegt dies das Kapitel *Der Kampf der alten und neuen Götter* aus dem zweiten Teil von Hegels *Vorlesungen über die Ästhetik* (vgl. Hegel [11]2018a, S. 46–64).

Semantische Verdichtung

In gewisser Weise rahmt der Titanenmythos Hölderlins Spätwerk bereits in formaler Hinsicht. Zur Verhandlung gelangt er in den Entwürfen *Die Titanen* sowie in *Mnemosyne*. Dieser Entwurf ist nach der Göttin des Gedächtnisses und der Mutter der Musen benannt, die dem Titanengeschlecht angehört. Beide Fragmente sind im *Homburger Folioheft* überliefert, bei dem es sich um eine der zwei großen Manuskriptsammlungen aus der Spätzeit handelt; die andere ist das etwas früher angelegte *Stuttgarter Foliobuch*. Am Anfang des im Herbst 1802 begonnenen und bis ins Jahr 1807 geführten *Homburger*

*Folioheftes* steht die Reinschrift der Elegien *Heimkunft, Brot und Wein* und *Stutgard*, es folgen *Der Einzige*, *Patmos* und das Hymnenfragment *Die Titanen*. Den Abschluss des Manuskriptkonvolutes bilden die unterschiedlichen Fassungen von *Mnemosyne*. Obwohl die Titanen in Hölderlins Spätwerk zunehmend an Bedeutung gewinnen, treten sie sprachlich kaum ausdrücklich in Erscheinung. Stattdessen entwickelt Hölderlin eine ausgefeilte Anspielungs- und Verdichtungstechnik. Anke Bennholdt-Thomsen (1986/87) rekonstruierte, dass sich die Titanen mit dem Zorn, entfesselten Rossen, der reißenden Zeit, dem Ungebundenen und Aorgischen, dem Rohen, Wilden und Chthonischen in einem gemeinsamen Vorstellungskomplex befinden, in dem jedes Motiv alle anderen evoziert. In *Mnemosyne* zum Beispiel heißt es: „Aber bös sind / Die Pfade. Nämlich unrecht, / Wie Rosse, gehn die gefangenen / Element' und alten / Gesetze der Erd. Und immer / Ins Ungebundene gehet eine Sehnsucht." (KA II, 364, V. 8–13) Die gefangenen Elemente und die alten Gesetze der Erde rufen die Sage von der Titanomachie auf, an deren Ende das alte Göttergeschlecht der Titanen von den Olympiern in den Abgrund des Tartarus verbannt wurde, von wo aus es ins „Ungebundene", in die Freiheit strebt. Mit dem Ungebundenen und dem Aufbegehren im Abgrund werden die Titanen gleichfalls in dem gleichnamigen Fragment enggeführt: „[U]nd gewaltig dämmerts / Im ungebundenen Abgrund / Im allesmerkenden auf." (KA II, 392, V. 72–74) Spuren von Hölderlins später Beschäftigung mit den Titanen in ihrer monströsen Version finden sich ferner in der Ode *Dichterberuf*, in dem Stromgedicht *Der Rhein* sowie in dem hymnischen Entwurf *An die Madonna*; darüber hinaus schrieb Hellingrath das Fragment *Wenn aber die Himmlischen …* dem titanischen Motivkreis zu (vgl. Hellingrath [3]1943, S. 215).

Die Titanen und die Dichtung der Moderne

Wie oben dargelegt, ist das Ungebundene ein poetisches Prinzip von Hölderlins später Lyrik. Es meint die Befreiung der Sprache von den syntaktischen, logischen und metrischen Einschränkungen und den klanglichen Bindungen durch den Reim. Dass das Ungebundene zugleich mit dem Mythos von den Titanen verschränkt ist, zeigt eine Nähe zwischen diesen und der Dichtung der Moderne an: Wie die Titanen ins Ungebundene streben, so bewegt sich der moderne Dichter gemäß dem hesperischen Bildungstrieb auf einer exzentrischen Bahn vom Organischen zum Aorgischen. Die Titanen sind daher nicht nur Leitfiguren des revolutionären geschichtlichen Überganges, sondern auch solche der Revolution der poetischen Sprache, die Hölderlin in und mit seinem Werk betrieb. Hölderlins Poetik der Exzentrizität birgt allerdings eine Gefahr. Wie die griechische Kultur untergegangen ist, weil sie sich zu sehr der Nüchternheit überantwortet und das Eigene vernachlässigt hat, so droht auch der hesperischen Kultur im Allgemeinen und ihren Dichtern im Besonderen der Untergang durch die einseitige Hingabe an den Bildungstrieb (vgl. KA III, 507). Will sich der Dichter nicht im Ungebundenen verlieren, darf er nicht gänzlich auf die Tradition verzichten, wie der Hymne *Mnemosyne* zu entnehmen ist: „Und immer / Ins Ungebundene gehet eine Sehnsucht. Vieles aber ist / Zu behalten. (KA II, 364, V. 12–14). Was Hölderlin als Gegenpol zum Ungebundenen bewahrt, ist das Gedenken an den Zusammenhang zwischen Heroismus, Liebe und Götternähe in der Antike. Die Erinnerung daran findet sich in der letzten Strophe der dritten Fassung von *Mnemosyne* zu einer Collage mythologischer Prominenz und Topografie verdichtet:

> Am Feigenbaum ist mein
> Achilles mir gestorben,
> Und Ajax liegt
> An den Grotten der See,
> An Bächen, benachbart dem Skamandros.
> An Schläfen Sausen einst, nach
> Der unbewegten Salamis steter
> Gewohnheit, in der Fremd', ist groß
> Ajax gestorben
> Patroklos aber in des Königes Harnisch. Und es starben
> Noch andere viel. Am Kithäron aber lag
> Elevtherä, der Mnemosyne Stadt. Der auch als
> Ablegte den Mantel Gott, das abendliche nachher löste
> Die Locken. (KA II, 365, V. 35–48)

Einspruch gegen die Dialektik

Die Erkenntnis, dass die anarchische Gewalt der Titanen oder, geschichtsphilosophisch übersetzt, revolutionäre Umwälzungen ebenso notwendig sind wie die olympische Ordnung der Bindungen und Begrenzungen, formuliert eine Gnome in *Die Titanen*: „Denn unter dem Maße / Des Rohen brauchet es auch / Damit das Reine sich kenne." (KA II, 392, V. 64–66) Ob sich Hölderlins Auslegung des Titanenmythos noch mit einem eschatologischen Geschichtsmodell verträgt, wie es in der Losung „Reich Gottes" (KA I, 146) oder in den Hymnen *Friedensfeier*, *Der Einzige* und *Patmos* (vgl. Schmidt 1990) zum Ausdruck gelangt, muss bezweifelt werden. Es scheint vielmehr so zu sein, dass Hölderlin in der letzten Schaffensphase vor der Hospitalisierung sein teleologisches Geschichtskonzept durch die Vorstellung einer tendenziell unendlichen Kette von Auflösung und Neuordnung ersetzte, eines immer wiederkehrenden Wechsels von entfesselter titanischer Gewalt und olympischer Herrschaft: Das „Reine" benötigt das „Rohe[ ]", das Gleiche gilt aber auch umgekehrt. Dementsprechend notiert Bennholdt-Thomsen:

> Meine These besagt nun aber nicht nur, daß die Titanen als scheinbar autonomer Gegenpart der himmlischen Götter im Geschichtsprozeß notwendige Kontrahenten einer friedlichen Entwicklung sind, die als solche erscheinen müssen, um dann überwunden, negiert und aufgehoben werden zu können in der Vollendung des Naturgangs. Das wäre dialektisch synthetisierend betrachtet. Ich bin vielmehr der Meinung, daß die Titanen [...] eine fundamentale Entgegensetzung, Feindschaft des göttlichen Geistes selbst besagen, die nie endgültig überwunden werden kann und soll [...]. (Bennholdt-Thomsen 1986/87, S. 252)

Hölderlins späte Auseinandersetzung mit den Titanen darf als einer seiner letzten Einsprüche gegen ein dialektisch strukturiertes Denken gelten, das auf eine neutralisierende Aufhebung von Gegensätzen und eine Auflösung ihres Konflikts mittels Syntheseoperationen abzielt.

# VIII. Wirkung

## *Hölderlin und die Romantik*

Frühromantik

Ausgerechnet die Erkrankung Hölderlins führte dazu, dass seine Wirkungsgeschichte lange Zeit vor seinem Tod einsetzte. Getragen wurde sie vornehmlich von der zweiten Generation der Romantik, von der ersten blieb Hölderlin weitestgehend unbeachtet. Er hatte Jena bereits den Rücken gekehrt, als sich Friedrich und Wilhelm Schlegel 1796 in der Universitätsstadt niederließen und den Zirkel gründeten, der in der Literaturgeschichtsschreibung als Frühromantik bezeichnet wird. Nur ein einziges Zusammentreffen mit einem ihrer Vertreter ist belegt: Im Frühsommer 1795 waren Hölderlin und Novalis gemeinsam zu Gast im Hause Niethammers. Die Frühromantik und Hölderlins Werk haben sich somit unabhängig voneinander entwickelt, ohne dass es zu persönlichen Austauschbeziehungen oder einer nennenswerten gegenseitigen Rezeption gekommen wäre. Dennoch sind auffällige Parallelen zu verzeichnen: Hier wie dort finden sich die Kritik am systemphilosophischen Denken, die von Platon abgeleitete Metaphysik der Liebe und der Schönheit, die Forderung nach einer neuen Mythologie, wie sie zum Beispiel Friedrich Schlegel in der *Rede über die Mythologie* erhoben hat, und die Synthese von Dichtung und Philosophie unter dem Dach einer als Metadisziplin verstandenen Universalpoesie.

Die zweite Generation

Erst eine Generation später entdeckte die romantische Bewegung Hölderlin für sich. Dabei ging allerdings die Faszination weniger von den programmatischen Gemeinsamkeiten als von seinem Leben aus. Galt Hölderlin vor 1806 als einer der vielen unbedeutenden Schriftsteller der Zeit, widerfuhr ihm in den langen Jahren der Hospitalisierung eine unerwartete Anerkennung. In ihr verbanden sich Bewunderung und Mitleid, das zu dem langlebigen Topos des „armen Hölderlin" gerann. Diese Linie der Hölderlinrezeption geht auf Achim von Arnim, seinen Schwager Clemens Brentano, dessen Schwester Bettina, Joseph Görres und Friedrich de la Motte-Fouqué zurück. Achim von Arnim würdigte Hölderlin 1826 in seiner Schrift *Ausflüge mit Hölderlin*; mehrfach erwähnt wird er von seiner Frau Bettina in deren Roman *Die Günderode* aus dem Jahr 1840. Die Faszination, die von Hölderlin ausging, reichte so weit, dass bereits zu seinen Lebzeiten eine erste biografische Skizze, *Friedrich Hölderlins Leben, Dichtung und Wahnsinn*, erschien. Verfasst wurde sie in den Jahren 1827 und 1828 von Wilhelm Waiblinger, der Hölderlin regelmäßig im Turm besuchte und ihn oft zu seinem Gartenhaus auf dem nahe gelegenen Österberg mitnahm. Hölderlins Schicksal stand sogar Modell für den Protagonisten von Waiblingers *Phaeton*-Roman: „Der Held meines Romans [...] ist ein Hölderlin" (StA 7,3, 7), schreibt Waiblinger am 10. August 1822 in sein Tagebuch. Und einen Tag später heißt es: „Hölderlins Geschichte benüz' ich am Ende." (StA, 7,3, 8) In Waiblingers *Phaeton* ist der philologisch umstrittene Text *In lieblicher Bläue ...* enthalten, der womöglich von Hölderlin stammt. Im Roman ist er das Produkt des titelgebenden wahnsinnigen Bildhauers. Zu der Frage nach der Autorschaft notiert Schmidt:

Wilhelm Waiblinger

> Die Vorstellungen und der Stil des Textes lassen keinen Zweifel, daß Waiblinger in der Tat Aufzeichnungen Hölderlins benutzt hat. Es läßt sich aber nicht feststellen, ob Waiblinger Hölderlins Worte genau wiedergibt oder ob er sie verändert und auch Eigenes hinzufügt. (KA II, 1095)

Die erste Gedichtsammlung

In besonderer Weise machten sich die Schwäbischen Romantiker Schwab und Uhland mit ihrer Editionstätigkeit um die Wirkungsgeschichte Hölderlins verdient. Hölderlin selbst hatte lediglich den *Hyperion*, rund 75 in diversen Almanachen und Literaturzeitschriften verstreute Gedichte und die Übersetzungen von Sophokles' *Ödipus* und *Antigone* samt *Anmerkungen* veröffentlicht. Eine erste Gedichtsammlung regten die Prinzessin Marianne von Hessen-Homburg und der preußische Leutnant Heinrich von Diest an. Nach einer mühsamen Sicherstellung und Sichtung von Manuskripten und Drucken erschien 1826 die von Schwab und Uhland herausgegebene Sammlung.

Gustav Schwab

Ludwig Uhland

Hölderlin als Identifikationsfigur

Zu der veränderten Wahrnehmung Hölderlins führte neben den ersten editorischen Vorarbeiten die romantische Deutung seines Schicksals. Sie versperrte den Zugang zu der empirischen Person des Dichters allerdings eher, als dass sie ihn eröffnete. Die geheimnisvolle Krankheit des im Tübinger Turm

Einquartierten kam der romantischen Vorliebe für die Abgründe und Irrwege der Psyche entgegen. Hölderlins Wahnsinn wurde als gottgesandt und als höhere, gleichsam sakrale Erkenntnisform eines Genies stilisiert, die der rein rationalen überlegen sei. Zudem nutzten die Romantiker Hölderlins Leben als Projektionsfläche für ihre eigene soziale Randständigkeit. Zerbrochen sei Hölderlins Geist an der philiströsen bürgerlichen Realität, an der die Romantiker selbst zu scheitern drohten. Dass sie sich in ihm wiederzuerkennen glaubten, wurde zudem durch die Geringschätzung gefördert, die Goethe und Schiller, die autoritären Größen der Weimarer Klassik, Hölderlin entgegenbrachten, wie Katharina Kaspers hervorhebt:

> Da diese [die romantische Generation] sich schwertat, gegen den überwältigenden geistigen Einfluß Goethes und Schillers eine literarische Eigenständigkeit durchzusetzen, bot die Ablehnung, die Hölderlin von diesen erfahren hatte, ein weiteres und bedeutsames Feld der Identifikation. (Kaspers 1990/91, S. 178 f.)

### *Hölderlin und Nietzsche*

Lieblingsdichter

Nachdem sich im Realismus das Interesse an Hölderlin verloren hatte, fand er in Nietzsche eine weitere entscheidende Etappe seiner Rezeptionsgeschichte, die die Wiederentdeckung um 1900 vorbereitete. Die zunächst affirmative Hölderlinlektüre Nietzsches mag verwundern – zu verschieden sind die moralischen, politischen, kultur- und erkenntnistheoretischen Positionen. Dass Nietzsche in Hölderlin dennoch eine Art Geistesverwandten sehen konnte, ihn in einem Schulaufsatz aus dem Jahr 1861 sogar als „meinen Lieblingsdichter“ (Nietzsche 2000, S. 338) pries, beruht weniger auf dessen Werk als auf seiner Biografie. In Anknüpfung an die Romantik interpretierte Nietzsche Hölderlins Wahnsinn als Folge des Scheiterns an der bürgerlichen Gesellschaft:

„Unsere Hölderlin und Kleist und wer nicht sonst verdarben an dieser ihrer Ungewöhnlichkeit und hielten das Clima der sogenannten deutschen Bildung nicht aus" (Nietzsche [6]2003, S. 352), ist der dritten *Unzeitgemäßen Betrachtung* zu entnehmen.

Empedokles, Hölderlin, Nietzsche

Eine inhaltliche Nähe ergab sich durch Hölderlins Rehabilitierung des Empedokles. Wie Hölderlin, so koppelt auch Nietzsche die Kritik an der Gegenwart und die Forderung nach einer kulturellen Erneuerung entgegen den Tendenzen der Zeit an einen Rückgang hinter Sokrates und, damit korrespondierend, an eine Aufwertung der Vorsokratik. Nietzsche versuchte sich im Winter 1870 an einer eigenen Empedoklestragödie, die allerdings unausgeführt blieb. Die wenigen Notizen verdeutlichen, wie weit Nietzsches Figurenanlage von der Gestaltung Hölderlins entfernt ist. Steht bei diesem der Vorsokratiker für ein republikanisches System und einen friedlichen Paradigmenwechsel ein, gerät er bei dem Antidemokraten Nietzsche zu einem Heros der Zerstörung, der allein an seiner Schwäche, dem Mitleid, scheitert. Obwohl das Empedoklesdrama aufgegeben wurde, ist dieses und mit ihm indirekt Hölderlins Einfluss nicht gänzlich aus Nietzsches Werk verschwunden. Hubert Cancik ([2]2000, S. 71–73) stellt heraus, dass Empedokles als ein Prototyp für Nietzsches Zarathustra gelten darf: Beide Protagonisten sind gleichsam messianische Figuren, die über ein exklusives Wissen verfügen und eine neue kulturelle Ordnung errichten wollen, dabei aber auf die Widerstände der ignoranten Masse stoßen.

Abkehr von Hölderlin

Die unüberbrückbaren Differenzen zu seinem Lieblingsdichter blieben Nietzsche nicht verborgen. Einige nachgelassene Fragmente aus den Jahren 1884 und 1885 dokumentieren einen radikalen Bruch. Hatte Nietzsche das Schicksal des „armen Hölderlin" (Nietzsche [6]2003, S. 172) zunächst gegen das Philistertum in Anschlag gebracht, wurde es in den 1880ern für eine Kritik am Platonismus und am Idealismus instrumentalisiert. Der geisteskranke Dichter ist nicht länger Opfer der äußeren, sozialen Umstände. Da sich Hölderlin der

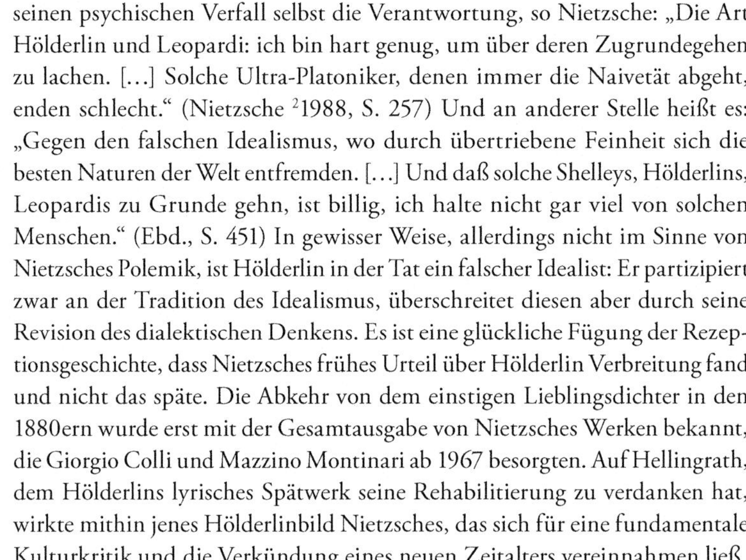

platonischen und idealistischen Philosophie verschrieben habe, trage er für seinen psychischen Verfall selbst die Verantwortung, so Nietzsche: „Die Art Hölderlin und Leopardi: ich bin hart genug, um über deren Zugrundegehen zu lachen. [...] Solche Ultra-Platoniker, denen immer die Naivetät abgeht, enden schlecht." (Nietzsche [2]1988, S. 257) Und an anderer Stelle heißt es: „Gegen den falschen Idealismus, wo durch übertriebene Feinheit sich die besten Naturen der Welt entfremden. [...] Und daß solche Shelleys, Hölderlins, Leopardis zu Grunde gehn, ist billig, ich halte nicht gar viel von solchen Menschen." (Ebd., S. 451) In gewisser Weise, allerdings nicht im Sinne von Nietzsches Polemik, ist Hölderlin in der Tat ein falscher Idealist: Er partizipiert zwar an der Tradition des Idealismus, überschreitet diesen aber durch seine Revision des dialektischen Denkens. Es ist eine glückliche Fügung der Rezeptionsgeschichte, dass Nietzsches frühes Urteil über Hölderlin Verbreitung fand und nicht das späte. Die Abkehr von dem einstigen Lieblingsdichter in den 1880ern wurde erst mit der Gesamtausgabe von Nietzsches Werken bekannt, die Giorgio Colli und Mazzino Montinari ab 1967 besorgten. Auf Hellingrath, dem Hölderlins lyrisches Spätwerk seine Rehabilitierung zu verdanken hat, wirkte mithin jenes Hölderlinbild Nietzsches, das sich für eine fundamentale Kulturkritik und die Verkündung eines neuen Zeitalters vereinnahmen ließ.

Friedrich Nietzsche

*Die Entdeckung der späten Lyrik*

Epochenschwellen: 1800/1900

Das Œuvre Hölderlins ist in doppelter Hinsicht mit einer Epochenschwelle verbunden. Um 1800 entwickelte er Positionen, die sich den gängigen Unterscheidungen der zeitgenössischen philosophischen, literarischen und ästhetischen Diskurse entzogen und dadurch Schriftstellern und Theoretikern nachfolgender Epochen einen alternativen Traditionsbezug zur Verfügung stellten. Und eine Jahrhundertschwelle später, um 1900, gelang der Durchbruch zu einer grundlegenden Neubewertung Hölderlins, die ihm den Weg in den Kanon der Weltliteratur ebnete. Den *Hyperion*-Roman verdrängte allmählich die

Lyrik aus dem Zentrum von Hölderlins Werk, und zwar die späte, auf deren Ungefügigkeit im 20. Jahrhundert Antworten gesucht wurden, die sich nicht mit dem Verweis auf eine wie auch immer zu kategorisierende Geisteskrankheit begnügten. Erst die Rehabilitierung von Hölderlins Spätwerk ermöglichte seinen Aufstieg zu einer Leitfigur für Autoren wie Johannes Bobrowski, Paul Celan, René Char, Michael Hamburger, Peter Handke, Elfriede Jelinek, Friederike Mayröcker, Ernst Meister, Helga M. Novak, Rainer Maria Rilke, Peter Rühmkorf, Georg Trakl, Robert Walser und Andrea Zanzotto. Ohne die Neubewertung um 1900 wäre es wohl auch nicht zu der intensiven literaturtheoretischen Hölderlinrezeption gekommen. Wilhelm Dilthey und Hans-Georg Gadamer, Vertretern der klassischen Hermeneutik, ist Hölderlin ebenso ein beliebter Ansprechpartner wie den kritischen Intellektuellen Theodor W. Adorno, Walter Benjamin, Georg Lukács und Peter Szondi und den poststrukturalistischen Denkern Maurice Blanchot, Jacques Derrida, Michel Foucault, Philippe Lacoue-Labarthe, Paul de Man und Jean-Luc Nancy.

Hölderlin und Hellingrath

Den Beginn der Verschiebung in der Rezeptionsgeschichte markiert die editorische Erschließung von Hölderlins Spätwerk durch Norbert von Hellingrath. Dieser fasste auf Anregung seines akademischen Lehrers Friedrich von der Leyen den Plan, eine Doktorarbeit über Hölderlins Übersetzungen der Sophokleischen Tragödien anzufertigen. Bei Handschriftenstudien in der Stuttgarter Landesbibliothek entdeckte Hellingrath nicht nur die verschollenen *Pindarübertragungen*, die er schließlich zum Thema seiner Dissertation machte, sondern ebenfalls in Stuttgart sowie in Homburg Handschriften mit zahlreichen bislang nicht publizierten Gedichten und Gedichtfragmenten aus der Spätzeit. 1910 wurden die *Pindarübertragungen* veröffentlicht, 1911 folgte die Doktorarbeit *Pindarübertragungen von Hölderlin. Prolegomena zu einer Erstausgabe*, und im Jahr 1913 schlossen sich die ersten Bände der historisch-kritischen Ausgabe an, die Hellingrath zusammen mit Friedrich Seebaß besorgte. Der zentrale, vierte Band (*Gedichte 1800–1806*) wurde kurz vor Ausbruch des Ersten Weltkrieges als Sonderdruck einer kleinen Gruppe handverlesener Literaten und Intellektueller zugänglich gemacht, zu denen Stefan George, Hugo von Hofmannsthal, Rainer Maria Rilke, Georg Simmel, Heinrich Wölfflin und Karl Wolfskehl zählten. Insbesondere der Georgekreis betrieb die Aufwertung des Spätwerkes und mystifizierte Hölderlin im Rahmen eines elitären, ästhetizistischen Kunstprogrammes zum Propheten eines neuen Zeitalters. Die für das breite Publikum bestimmte Ausgabe des vierten Bandes kam 1917 in den Handel, kurze Zeit nachdem Hellingrath vor Verdun gefallen war. Dass die *Gedichte 1800–1806* zunächst nur in einem exklusiven Kreis ausgewählter Kunstsinniger zirkulierten, mag der ablehnenden Haltung geschuldet gewesen sein, mit der sich die institutionalisierte Wissenschaft am Anfang des 20. Jahrhunderts zu Hölderlins später Lyrik verhielt. Die weitestgehend einhellige Meinung der damaligen Forschung spiegelt die 1909 erschienene Schrift des Psychiaters Wilhelm Lange über Hölderlins Krankheit wider. Dort heißt es zum Beispiel über die *Nachtgesänge*: „Diese Gedichte sind nicht etwa nur ‚schlecht' im Verhältnis zu den gesunden Dichtungen Hölderlins, sondern auch an sich betrachtet, sofort als geisteskranke Produkte erkennbar." (Lange 1909, S. 104) Gegen den wissenschaftlichen Mainstream deutete Hellingrath Hölderlins Lyrik aus der Spätphase nicht als pathologischen Kollaps des Werkes, er sah in ihr vielmehr „Herz, Kern und Gipfel […], das eigentliche Vermächtnis." (Hellingrath [3]1943, S. XI)

Norbert von Hellingrath

Hölderlin im Tornister I

1915, als Hellingrath wegen einer Verletzung vom Kriegsdienst beurlaubt war, hielt er in München zwei Vorträge, *Hölderlin und die Deutschen* und *Hölderlins Wahnsinn*, über die Leyen rückblickend urteilte: „[M]anches darin gehört in die damaligen Tage und ist an die damaligen Zuhörer gerichtet" (Leyen 1958–1960, S. 13). So sehr Hellingrath gegen den Zeitgeist der Wissenschaft gefeit war, so wenig war er es gegen den politischen, der sich in seinen Vorträgen in einer kulturhegemonialen Deutschtümelei niederschlug. Gegen die damalige Goethefixierung brachte Hellingrath die These vor, Hölderlin sei der „deutscheste[ ] Dichter“ (Hellingrath 1921, S. 21) und das deutsche Volk ein „Volk Hölderlins“ (ebd., S. 16). In diese Rezeptionslinie reihten sich konservative, gar faschismusaffine Denker wie Heidegger ein bis hin zu den nationalsozialistischen Vorzeigephilosophen Alfred Baeumler und Alfred Rosenberg. Paradoxerweise eröffnete Hellingraths Pionierarbeit so nicht nur eine neue Perspektive, die die Modernität Hölderlins herausstellte und ihn zu einer internationalen Leitfigur für Schriftsteller des 20. und 21. Jahrhunderts machte. Sie bereitete zugleich eine unheilvolle politische Instrumentalisierung Hölderlins vor. Die Propaganda im Vorfeld und während der Weltkriege griff ideologisch verwertbare Vokabeln wie das „Vaterland“ dankbar auf. Ein einschlägiges Zeugnis für die nationalistische Aneignung ist die Interpretationsgeschichte der Ode *Der Tod fürs Vaterland*, deren Bezüge zur Französischen Revolution sei es mutwillig, sei es aus mangelnder Kenntnis gekappt wurden. Vor dem Hintergrund dieser Dekontextualisierung verkam der Aufruf zum Kampf für die Freiheit, Gleichheit und Brüderlichkeit aller Menschen zur Propaganda für die aggressive, kulturimperialistische Politik des Deutschen Reiches: Völkischer Nationalismus verdrängte den aufklärerischen Universalismus, für den zu kämpfen Hölderlin eigentlich appellierte. Während des Zweiten Weltkrieges wurden unter den Soldaten sogar diverse Hölderlinanthologien verteilt, von denen sich die Führung eine Steigerung der Kampfmoral versprach (vgl. Albert 1995).

### *Hölderlin und die Editionsphilologie*

*Große Stuttgarter Ausgabe*

Gänzlich ohne ideologischen Ballast war auch die Editionsphilologie nicht. Die *Große Stuttgarter Ausgabe* (StA) begann als großzügig finanziertes Prestigeprojekt der Nationalsozialisten. Zum 100. Todestag Hölderlins im Jahr 1943, während an der Front die Soldaten den deutschesten aller deutschen Dichter lasen oder zumindest lesen sollten, erschienen die ersten beiden Teilbände der historisch-kritischen Ausgabe. Abgeschlossen wurde sie 1985. Die *Stuttgarter*

*Ausgabe* verantwortete bis zu seinem Tod im Jahr 1977 federführend Friedrich Beißner, der zum Hölderlinjubiläum 1943 auch eine vom Hauptkultusamt der NSDAP in Auftrag gegebene *Feldauswahl* von Texten Hölderlins herausbrachte. Beißners Anliegen war es, Hölderlins Werk in einer übersichtlichen Ausgabe zugänglich zu machen. „Was will nun die neue Ausgabe?" (Hoffmann 1942, S. 16) Wilhelm Hoffmann, seit 1942 Leiter des neu gegründeten Hölderlinarchivs der Württembergischen Landesbibliothek, beantwortete diese Frage in dem Arbeitsbericht zur *Stuttgarter Hölderlin-Ausgabe* folgendermaßen: „Vor allem: einen gereinigten, endgültigen und vollständigen Hölderlin-Text bieten" (ebd.). Aus dem Anspruch der guten Lesbarkeit ergaben sich bestimmte editorische Maßnahmen. Präsentiert wird ein vollständiger, idealtypisch konstituierter Lesetext. In den Apparat eingelagert sind Hinweise zur Entstehungsgeschichte, Beschreibungen der Überlieferungsträger, Varianten, Sachinformationen und Parallelstellen. Die Aufteilung macht Beißners nicht unproblematisches Philologieverständnis anschaulich: Im Zentrum steht eine (vermeintlich) endgültige Textfassung, während Varianten und Entwürfe mit dem Appendix vorliebnehmen müssen. Dieser Hierarchisierung liegt die Annahme zugrunde, dass sich ein Text kontinuierlich und teleologisch zu einer finalen, geschlossenen Fassung hin entwickelt und alle anderen Textzeugen lediglich unvollkommene Vorstufen sind. Aus dieser Sicht ist es, wie Beißner in dem Arbeitsbericht betont, die „Aufgabe des Philologen […], das Verwickelte zu entwickeln und das Werden des einzelnen Gedichts bei letztmöglicher Vollständigkeit doch leicht überschaubar darzustellen." (Beißner 1942, S. 24)

*Frankfurter Hölderlin-Ausgabe*

Auf Beißners Editionsprinzipien reagierte Dietrich Eberhard Sattler mit einer eigenen historisch-kritischen Ausgabe: „Mit der Frankfurter Ausgabe soll die Stuttgarter Ausgabe abgelöst werden" (Sattler 1975–1977, S. 130), lautete das Ziel. Die 1975 begonnene, 2008 fertiggestellte *Frankfurter Hölderlin-Ausgabe* (FHA) war in mehrerlei Hinsicht ein Skandal. Sattler ist gelernter Grafiker und Setzer, als Philologe ein Autodidakt. Die etablierte Literaturwissenschaft provozierte neben der beruflichen Ausbildung Sattlers übrigens auch der Publikationsort: Veröffentlicht wurde die *Frankfurter Ausgabe* von dem ehemaligen SDS-Vorsitzenden Karl Dietrich Wolff im Verlag *Roter Stern*. Beißners Statik einer endgültigen Lesefassung hielt Sattler die Dynamik und Prozessualität der Textentstehung entgegen. Aus diesem Grund hob er die Trennung zwischen dem (vermeintlich) finalen Text und dem Apparat auf. Sämtliche Handschriften werden als Faksimile abgedruckt, es folgen die Transkriptionen; dabei wird keine Variante, keine Überarbeitung, keine Durchstreichung, keine noch so unleserlich gekritzelte Anmerkung ausgespart. Dass alle Fassungen, Entwürfe und Bruchstücke gleichberechtigt, ohne wertenden Eingriff nebeneinanderstehen, ist in gewisser Weise ein Politikum. Als ein solches wollte Sattler seine Ausgabe auch verstanden wissen: „Diese Ausgabe kann und will Hölderlins Werk nicht auf einen leicht verständlichen Nenner oder gar auf eine Linie bringen. […] Anarchie ist ein hohes geistiges Vergnügen, was darunter ist, Barbarei oder Stumpfsinn.“ (Sattler 1975–1977, S. 123) In der *Frankfurter Ausgabe* tritt an die Stelle der Geschlossenheit, die Beißners Editionsmodell konstruiert, das Fragmentarische, Zersplitterte, Dunkle und Labyrinthische – alles Eigenschaften, in denen Sattler ein subversives Potenzial erkannte. Aufgrund ihrer Akzentsetzung befindet sich die *Frankfurter Ausgabe* ganz im Einklang mit der antiautoritären und ideologiekritischen Denkströmung des Poststrukturalismus. Dieser sich in den 1960ern ausbildende Theoriekomplex verabschiedete traditionelle Kategorien wie Identität, Teleologie und Einheit und rückte stattdessen das Offene und Gebrochene in den Vordergrund. Die Editionshistorie von Hölderlins Werk zeigt, dass dessen Sperrigkeit wissenschaftsgeschichtliche Umbrüche indiziert und einen Anlass bietet, methodische Grundlagen und vermeintliche Selbstverständlichkeiten zu überprüfen. Hölderlin ist vor diesem Hintergrund nicht nur der Prophet einer Kulturrevolution, sondern auch eine Galionsfigur für ein neues Zeitalters der Philologie.

Hölderlin und Szondi

Betont wird durch Sattlers Editionsmodell die Individualität der Textzeugen, die nicht länger als unfertige Glieder in einer teleologischen Entwicklungskette behandelt werden, sondern als eigenständige Gebilde. Auch Szondi priorisierte das Einzelne vor dem Allgemeinen. Dies schlägt sich in seiner Kritik an zwei traditionellen hermeneutischen Techniken, der Lesarten- und der Parallelstellenmethode nieder, auf die sich Beißner stützt. Bei der Lesartenmethode wird die Bedeutung eines Wortes erschlossen, indem diejenigen Wörter herangezogen werden, die in früheren Textfassungen an der gleichen Stelle wie das zu erklärende Wort stehen. Problematisch ist dieses Verfahren, da es auf der aus fremden Disziplinen importierten Annahme beruht, dass die einzelnen Fassungen in einem genetischen Verhältnis zueinanderstehen und eine Entwicklungsdynamik vom unvollständigen Prototyp hin zur Vollendung darstellen. Die Parallelstellenmethode greift demgegenüber bei der Auslegung eines Wortes auf andere Stellen zurück, an denen dasselbe Wort im gleichen Kontext vorkommt. Ein derartiges Verfahren ist jedoch, wie es in *Über philologische Erkenntnis*, dem einleitenden Kapitel von Szondis *Hölderlin-Studien* heißt, „deutlich naturwissenschaftlichen Ursprungs. Es gehört zu den Prinzipien der Naturwissenschaften, die in der Eigenart ihres Gegenstands begründet sind, daß sie nicht einzelne Erscheinungen verstehen, sondern allgemeine Gesetze erkennen und die Erscheinungen daraus erklären wollen." (Szondi [6]2015, S. 20) Zwar können die durch die Lesarten- und die Parallelstellenmethode gewonnenen Einsichten wichtige *Hinweise* liefern, sie sind aber keine *Beweise* und führen, als solche bewertet, zu einer semantischen Homogenisierung, die die Einzigartigkeit der Wörter, ihrer Bedeutung und ihrer Kontexte verdeckt. Szondi, dessen Familie 1944 im Konzentrationslager Bergen-Belsen interniert war, erfuhr als ungarischer Jude ganz unmittelbar und persönlich die millionenfache mörderische Verachtung des Einzelnen und die unseligen Folgen von Homogenisierung, die sich politisch im Rassenwahn und Nationalismus manifestiert. Gerade in der Beschäftigung mit Hölderlin, den die Nationalsozialisten für ihre Barbarei missbraucht haben, entwickelte

Peter Szondi

er ein philologisches Ethos, das konsequent das Einzelne bewahrt und die einzelnen Fassungen sowie jedes einzelne Wort als das anerkennt, was sie sind: sprachliche Individuen mit je eigenen Regeln und Rechten.

### *Theorie und Wahnsinn*

Hölderlin und Foucault

In der zweiten Hälfte des 20. Jahrhunderts kam es zu einer Neuauflage der Theoretisierung von Hölderlins Wahnsinn. Sah die Romantik in ihm das göttliche Privileg eines *poeta vates*, eines Dichter-Sehers, wurde er nun mit sprach- und subjektkritischen Überlegungen verbunden, die ausgerechnet von Nietzsche entscheidende Impulse empfangen haben. Mit dem Essay *Le « non » du père* (*Das ‚Nein' des Vaters*) schloss Foucault 1962 an Laplanches Studie *Hölderlin et la question du père* (*Hölderlin und die Suche nach dem Vater*) an. In Hölderlins hermetischem Stil der späten Hymnen erkannte Foucault eine Öffnung der Sprache auf ein Jenseits der Bedeutung hin, die in dem doppelten Vaterverlust begründet liegen soll. In den 1960ern war es Foucault darum zu tun, literarische Inseln des Wahnsinns zu erkunden, die er mit Überlegungen zum Verhältnis von Sein und Sprache und mit einer kritischen Analyse des Subjektes als eines sinn- und bedeutungsstiftenden Zentrums verbinden konnte. Den historischen Formen der Unvernunft, so lautet die Diagnose in *Histoire de la folie à l'age Classique* (*Wahnsinn und Gesellschaft. Eine Geschichte des Wahns im Zeitalter der Vernunft*), ist in der abendländischen Kultur seit der Frühen Neuzeit eine eigene Sprache verwehrt geblieben. In Autoren wie Hölderlin, Nietzsche, Gérard de Nerval, Stéphane Mallarmé, Raymond Roussel und Antonin Artaud hingegen sah Foucault eine Allianz von Wahnsinn und Sprache, die ein gegendiskursives Außen erschließt:

> Während des ganzen neunzehnten Jahrhunderts und bis in unsere Zeit – von Hölderlin zu Mallarmé, zu Antonin Artaud – hat die Literatur nun aber nur in ihrer Autonomie existiert, von jeder andern Sprache durch einen

Michel Foucault

> tiefen Einschnitt nur sich losgelöst, indem sie eine Art „Gegendiskurs" bildete und indem sie so von der repräsentativen oder bedeutenden Funktion der Sprache zu jenem rohen Sein zurückging, das seit dem sechzehnten Jahrhundert vergessen war. (Foucault [12]1993, S. 76)

Hölderlins Spätwerk ist für Foucault ein Erfüllungsort seiner Vision vom Ende des Subjektes als eines historisch bedingten, damit veränderlichen Verhältnisses des Menschen zu sich selbst. Insbesondere der erste Vers der zweiten Fassung von *Mnemosyne* ist es, der Foucault den Zusammenhang zwischen dem „rohen Sein" der Sprache und dem Wahnsinn bestätigt:

> Doch zugleich eröffnet sich der Bereich einer an ihren äußersten Begrenzungen verlorenen Sprache, dort, wo sie sich selbst am fremdesten ist, der Bereich der Zeichen, die auf nichts hinzeigen, und eine Ausdauer, die nicht leidet: *„Ein Zeichen sind wir deutungslos…"* Die Eröffnung der letzten Lyrik ist selbst die Eröffnung des Wahnsinns. (Foucault 2003, S. 43)

Foucault zufolge findet die Sprache in der Literatur der Moderne zu einer Souveränität zurück, die sie im Jenseits der Repräsentation verortet und zugleich den Status des Subjektes unterläuft. Auch bei Adorno verschränken sich Hölderlins Wahnsinn und seine späte Dichtung mit einer kritischen Reflexion auf das Subjekt.

Hölderlin und Adorno

Hölderlins Bevorzugung der parataktischen Satzorganisation ging Adorno in dem Vortrag *Parataxis. Zur späten Lyrik Hölderlins* nach, den er 1963 auf der Jahresversammlung der Hölderlin-Gesellschaft hielt. Die erste Hälfte der Ausführungen hat er für eine teils polemische Abrechnung mit Heideggers Hölderlinrezeption reserviert. Adornos Kritik besteht unter anderem darin, dass Heidegger eine Lektüre betreibe, die Hölderlins Texte auf den Inhalt, auf Aussagen, Themen und Thesen verkürze, dies zudem in einer tendenziösen

Art und Weise, um das von Hölderlin Ausgesagte für ideologisch verwertbare Aspekte wie das Vaterländische zu vereinnahmen. Doch wie Heidegger, so bleibt auch Adorno einem philosophisch befrachteten Wahrheitsbegriff verpflichtet: „Was in den Werken sich entfaltet und sichtbar wird; wodurch sie an Autorität gewinnen, ist nichts anderes als die objektiv in ihnen erscheinende Wahrheit“ (Adorno [6]2017, S. 449). Immerhin folgt Adorno einem philologischen Impuls, wenn er sich mit den „kunstvolle[n] Störungen“ (ebd., S. 471) der Parataxen einer konkreten sprachlichen Struktur zuwendet. In Hölderlins später Lyrik erkennt er nicht nur eine systematische Demontage der logischen Ordnung, sondern auch ein Attentat auf das Subjekt. Hölderlin schreibe, so Adorno, gegen die Subjektkonstitution in der und durch die Lyrik an; er bewege sich „in der Gegenrichtung zum Subjektivierungsprozeß“ (ebd., S. 477). Während Hegel in der Lyrik der Moderne ein ästhetisches Instrument sieht, mittels dessen das Subjekt sich reflektieren und seiner selbst bewusst werden kann, führen Hölderlins sprachliche Störungs- und Verfremdungsoperationen – laut Adorno – zu einer Entmachtung des Subjektes als eines sinnstiftenden Zentrums.

Theodor W. Adorno

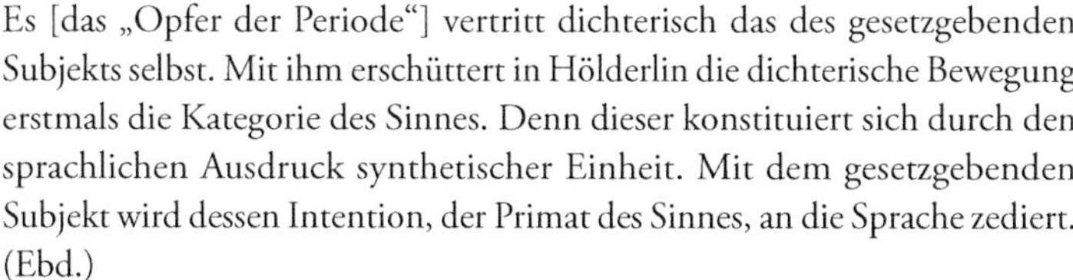
> Es [das „Opfer der Periode“] vertritt dichterisch das des gesetzgebenden Subjekts selbst. Mit ihm erschüttert in Hölderlin die dichterische Bewegung erstmals die Kategorie des Sinnes. Denn dieser konstituiert sich durch den sprachlichen Ausdruck synthetischer Einheit. Mit dem gesetzgebenden Subjekt wird dessen Intention, der Primat des Sinnes, an die Sprache zediert. (Ebd.)

Hölderlin und die Philologie

Adornos Erläuterungen ist zu entnehmen, dass die Erosion der logischen Ordnung „der Zone des Wahnsinns abgezwungen“ (ebd., S. 479) ist. Kurz darauf heißt es: „Ebenso nähert dem Wahn sich Hölderlins reife Sprache“ (ebd.). Wie Foucault, so behauptet folglich auch Adorno einen substanziellen Zusammenhang zwischen Hölderlins lyrischem Spätwerk und dem Wahnsinn.

Ein Ziel der vorliegenden Einführung war es zu zeigen, dass die Fremdheit der späten Gedichte Hölderlins nicht das Symptom eines pathologisch zerrütteten Geistes, sondern vielmehr programmatischer Natur ist: Es ist das Ergebnis eines exzentrischen Schreibens, das in vielschichtigen Werkkontexten und Traditionsbezügen steht. Hölderlins widerständige Sprache ist ein Fall für die Poetik, nicht für die Psychiatrie. Problematisch ist des Weiteren Adornos Auffassung, dass das „Dunkle an den Dichtungen [...] zur Philosophie [nötigt]" (ebd., S. 450), dass „die Hölderlinsche Dichtung, gleich jeder nachdrücklichen, der Philosophie als des Mediums bedarf, das ihren Wahrheitsgehalt zutage fördert" (ebd., S. 452). Ferner spricht Adorno davon, dass es etwas gibt, „was an Hölderlins Dichtung philosophisch bedürftig ist" (ebd., S. 468). Tatsächlich muss aber jede Lektüre von Hölderlins Texten in die Irre gehen, die deren Dunkelheit aufzuhellen sucht, da diese eines ihrer konstitutiven Merkmale ist. Statt Adornos vermeintlich benötigter, letztlich aber nötigender und bevormundender Philosophie erfordert Hölderlins Spätwerk eine Philologie, die das Dunkle behütet. Eine kulturelle Revolution kann Sprache nicht unangetastet lassen. Eine Kulturrevolution ist immer auch Sprachrevolution. Das rhetorische Register, das die poetische Revolution der Sprache verantwortet, ist dabei die *obscuritas*: eine Schreibpraxis, die die Sprache mit Irritationen bevorratet und infolgedessen hermeneutische Automatismen durchkreuzt. Was diese Verunsicherung des Verstehens für das philologische Geschäft bedeutet, stellt Werner Hamacher heraus:

> Die Anstrengung der literaturwissenschaftlichen Forschung, wie sie sich von der Textkritik bis zur Gattungsgeschichte, von der Interpretationsmethodik bis zur Ästhetik erstreckt, richtet sich [...] auf die Konstruktion einer Logik der Dichtkunst. Ist sie das Ziel, so muß die zentrale Leistung der Forschung dort placiert sein, wo es ihr gelingt, die Wirrnis ineinander verstrickter Bedeutungen, in sich widersprüchliche oder auch nur äquivoke Gebilde als strukturiert durch einen sie synthetisierenden Sinn zu erweisen.

> Die Hölderlinschen Dichtungen nehmen, anders als die der Klassiker, einen so hervorragenden Platz in der Forschung wohl deshalb ein, weil sie zu einer solchen Leistung die Gelegenheit bieten, aber weiterhin, weil sie die vielleicht bedrohlichste Herausforderung an ihre wissenschaftstheoretische Fundierung stellen: an die Möglichkeit, von einem Text den Sinn zu eruieren. (Hamacher 2020, S. 13)

Durch ihre Dunkelheit und die konsequente Erschütterung der Kategorie ‚Sinn' stellen Hölderlins Texte eine Bewährungsprobe für jede Theorie des Verstehens und jede Methode der Interpretation dar. Für die Philologie sind sie Risiko und Chance gleichermaßen: ein Risiko, da sie lieb gewonnene, tradierte Routinen außer Kraft setzen, und eine Chance, da sie einen Reflexionsprozess auslösen, der eine Überprüfung und gegebenenfalls Revision der Grundlagen der Philologie initiiert und dadurch Fortschritt ermöglicht.

## *Hölderlin und die Literatur nach 1945*

Hölderlinsprache

Hölderlin avancierte über die Grenzen der deutschsprachigen Literatur hinweg zum Orientierungspunkt eines neuen poetischen Ausdruckssystems, auf das gerade die verdunkelte, schwer zugängliche Sprache der späten Hymnen einwirkte. Mit ihren rhetorischen Stör- und Verfremdungsaktionen – den unverbundenen Aufzählungen (Asyndeta), den Auslassungen (Ellipsen), Inversionen und Parataxen – sowie mit ihrem fragmentarischen Charakter führten sie das Modell einer Sprache vor, die sich dem Diskursiven entzieht und ein Gegenstück zu Kohärenz und einer zuverlässigen Sinnsteuerung bildet. Hölderlin wurde jedoch nicht nur zum Vorbild für eine Neuerung der poetischen Sprache, sondern gleichfalls zu einer literarischen Figur.

Hölderlin im Tornister II

Dass Hölderlin im Zweiten Weltkrieg im Tornister an die Fronten und in die Schützengräben verschleppt wurde, um dort die deutschen Soldaten bis zum

Adam Zagajewski

Äußersten anzuspornen, hat in der Nachkriegsliteratur ein lautes Echo gefunden, zum Beispiel bei Jean Améry, Wolfgang Borchert, Günter Eich, Hans Magnus Enzensberger und Adam Zagajewski. Das Gedicht *Thema: Brodsky* (Orig.: *Temat: Brodski*) des polnischen Schriftstellers Zagajewski etwa hebt mit folgender Strophe an: „Bitte aufschreiben: geboren im Mai, / in einer feuchten Stadt (daher das Motiv Wasser), / die kurz darauf von einer Armee / belagert wurde, deren Offiziere im Rucksack / einen Band Hölderlin trugen, doch leider hatten sie / keine Zeit zum Lesen. Zuviel Arbeit im Gelände." (Zagajewski 2012, S. 37, V. 1–6) Joseph Brodsky war ein russischer Dichter, dessen Heimatstadt, Leningrad, 1941 von der Wehrmacht jahrelang belagert wurde.

Der linke Hölderlin

Die Entnazifizierung nach dem Ende des Zweiten Weltkrieges schlug sich auch in der Hölderlinrezeption nieder. Insbesondere im Zuge der 68er-Bewegung wurde der „wahnsinnige" Dichter zu einem linken Sozialrevolutionär erhoben. Befördert hat den politischen Paradigmenwechsel Bertaux' umstrittene These, Hölderlin sei ein überzeugter Jakobiner gewesen und in die Rolle des Wahnsinnigen emigriert, um der politischen Verfolgung zu entgehen. Nach dem Fronteinsatz für das deutsche Vaterland befand sich Hölderlin plötzlich im Kampf gegen die repressive bürgerlich-kapitalistische Gesellschaft. Zum 200. Geburtstag Hölderlins im Jahr 1970 schrieb Peter Weiss das Theaterstück *Hölderlin. Stück in zwei Akten*. In ihm treten Fichte, Goethe, Hegel, Schelling und Schiller auf, zudem Karl Marx und Mitglieder des Proletariats. Das Bestreben der früheren Weggefährten, die gesellschaftlichen Verhältnisse zu ändern, erweist sich als nicht allzu wetterfest, einzig Hölderlin steht unbeirrt zu den jakobinischen Idealen. Als Marx Hölderlin im Tübinger Turm besucht, holt der einen alten Entwurf zu einem Drama über den Spartakusaufstand hervor, den er in einer Schublade versteckt hat, so wie er sich hinter der Maske des Verrückten. Widerstandkämpfer, politischer Aktivist, anarchischer Außenseiter – diese Rollen übernahm Hölderlin gleichfalls bei Johannes

Becher, Wolf Biermann, Volker Braun, Erich Fried, Stephan Hermlin und Heiner Müller.

Literarische Hölderlinbiografik

Parallel zu der politischen Verbrüderung mit Hölderlin begann sich eine literarische Hölderlinbiografik (vgl. Schwarze 1987) zu entwickeln, vertreten durch Peter Härtling (*Hölderlin. Ein Roman*), Jürgen K. Hultenreich (*Hölderlin. Das halbe Leben. Eine poetische Biographie*), Thomas Knubben (*Hölderlin. Eine Winterreise*), Erich Witschke (*Hegel, Hölderlin, Schelling. Roman einer Männerfreundschaft*) und Gerhard Wolf (*Der arme Hölderlin*). Die Vermengung von Faktischem und Fiktion fasste Härtling programmatisch zu Beginn des ersten Kapitels seines Hölderlinromans zusammen: „[I]ch schreibe keine Biographie. Ich schreibe vielleicht eine Annäherung. Ich schreibe von jemandem, den ich nur aus seinen Gedichten, Briefen, aus seiner Prosa, aus vielen anderen Zeugnissen kenne." (Härtling 1994, S. 11)

Hölderlintürme

Als literarische Figur diente Hölderlin ferner der poetologischen Selbstverständigung. Der Fokus lag dabei auf dem Scheitern seiner Dichterexistenz und der Zeit der Hospitalisierung, in der Hölderlin das Pseudonym ‚Scardanelli' annahm. Poetisch gestaltet wurde das Motiv des Hölderlinturmes unter anderem von Celan, Bobrowski und Mayröcker.

Paul Celan

Auf Hölderlins Arbeit an den *Pindarfragmenten* bezieht sich Celan, wenn er in der Gedichtsammlung *Zeitgehöft* schreibt: „ICH TRINK WEIN aus zwei Gläsern / und zackere an / der Königszäsur / wie Jener / am Pindar" (Celan 2018, S. 572, V. 1–5; vgl. Manger 1982/83). Die Verse sind nicht nur ein Beleg für Celans intensive Hölderlinrezeption, sondern indirekt auch eines für das zeitgenössische Urteil über Hölderlin. Entnommen hat Celan das ungewöhnliche Wort ‚zackern' (= ‚umpflügen') einem Brief Johann Isaak von Gernings aus dem Jahr 1805, in dem er Hölderlins Auseinandersetzung mit Pindar verunglimpft: „Hölderlin, der immer halb verrückt ist, zackert auch am Pindar."

Paul Celan

(StA 7,2, 287) Das wohl wichtigste Zeugnis von Celans lebenslangem, dichtungstheoretisch produktivem Gespräch mit Hölderlin stellt das Gedicht *Tübingen, Jänner* dar. Entstanden ist es am 29. Januar 1961 in Paris, kurz nachdem Celan eine Reise nach Tübingen zu Walter Jens unternommen hatte, von dem er sich Unterstützung im Kampf gegen Claire Golls Plagiatsvorwürfe erhoffte. Hölderlins zertrümmerte Sprache in der zweiten Lebenshälfte erscheint in *Tübingen, Jänner* als paradigmatisch für Celans Poetik der Involution, der Ein- im Gegensatz zur Entwicklung, der Rückbildung und des Verfalls (vgl. Böschenstein 2006, S. 307–313). Damit antwortet Celan auf Adornos Verdikt über die Lyrik nach Auschwitz: „[N]ach Auschwitz ein Gedicht zu schreiben, ist barbarisch, und das frißt auch die Erkenntnis an, die ausspricht, warum es unmöglich ward, heute Gedichte zu schreiben." (Adorno 1975, S. 65) Gerade die Erosion des Diskursiven eröffnet den Raum für eine neue poetische Ausdrucksweise, die Celan als die einzig adäquate nach der historischen Katastrophe des Zweiten Weltkrieges und des Holocaust gilt. Es ist das Lallen, eine Störung der signifikativen Funktion, die einen Widerstand gegen die überkommenen Sprachformen bereitzuhalten vermag: „Käme, / käme ein Mensch, / käme ein Mensch zur Welt, heute, mit / dem Lichtbart der / Patriarchen: er dürfte, /spräch er von dieser / Zeit, er / dürfte / nur lallen und lallen, / immer-, immer- / zuzu." (Celan 2018, S. 137, V. 12–22) Die abgesetzte Schlusszeile „(‚Pallaksch. Pallacksch.')" spielt auf eine Tagebuchnotiz Christoph Theodor Schwabs aus dem Jahr 1841 über Hölderlins „unsinnige Worte" an, die sich wie das Lallen einer klaren Bedeutung verweigern: „Die 2te Ausgabe seines Hyperion lag auf dem Simsen […]. Ich bat ihn, eine Stelle vorzulesen, er sprach aber nur unsinnige Worte, das Wort *pallaksch* scheint bei ihm ja zu bedeuten." (StA 7,3, 203) Auch Zanzotto erkannte in Hölderlin-Scardanelli eine Leitfigur für die Überwindung der Sprachkrise nach dem Zweiten Weltkrieg. Wie Celan, so gilt ihm die Erschütterung von Bedeutung durch Gestammel und Schweigen als Matrix einer neuen Dichtung nach Auschwitz (vgl. Lorenzini 2014). Im Hinblick auf Zanzottos Sprachtheorie spielte Celan eine entscheidende Rolle:

> Egli rappresenta la realizzazione di ciò che non sembrava possibile: non solo scrivere poesia dopo Auschwitz, ma scrivere «dentro» queste ceneri, arrivare a un'altra poesia piegando questo annichilimento assoluto, e pur rimanendo in certo modo nell'annichilimento. (Zanzotto 2011, S. 34)

Andrea Zanzotto

> Er [Celan] repräsentiert die Verwirklichung dessen, was unmöglich schien: nach Auschwitz nicht nur Gedichte zu schreiben, sondern *in* die Asche *hinein* zu schreiben, zu einer anderen Dichtung zu gelangen, indem man die absolute Vernichtung bezwingt und doch in gewisser Weise in der Vernichtung bleibt. (Übersetzung T. E.)

Johannes Bobrowski

Bobrowskis Gedicht *Hölderlin in Tübingen* entstand am 30. Mai 1961, nachdem er an der Jahresversammlung der Hölderlin-Gesellschaft vom 26. bis zum 28. Mai teilgenommen hatte. Seine Auseinandersetzung mit Hölderlin reicht weit zurück. Bereits zu Beginn der 1940er Jahre orientierte sich Bobrowskis Stromlyrik an derjenigen Hölderlins, lehnte sich zum Beispiel an das mnemotechnische Verfahren an, Ströme als kollektives Erinnerungsmedium zu inszenieren (vgl. Bennholdt-Thomsen 1995). Im Unterschied zu Hölderlin assoziierte Bobrowski seine Ströme allerdings nicht mehr mit einem kulturgeschichtlichen Fortschritt, im Gegenteil: Es sind Topografien, die an die Gräuel des Zweiten Weltkrieges, mithin an den Zerfall der Zivilisation gemahnen. In der Erzählung *Boehlendorff* setzte Bobrowski Hölderlins selbst literarisch tätigem, darin jedoch wenig erfolgreichem Freund ein Denkmal. In zentralen Aspekten stattete er seinen Protagonisten mit Zügen Hölderlins aus, zudem finden sich Verweise auf *Das älteste Systemprogramm des deutschen Idealismus* und die beiden poetologisch wie kulturgeschichtlich bedeutsamen Briefe Hölderlins an Böhlendorff unmittelbar vor und nach dem Aufenthalt in Frankreich. In *Hölderlin in Tübingen* nimmt Bobrowski das Strommotiv wieder auf (vgl. „Neckar", Bobrowski 1987, S. 107, V. 7) und fokussiert die letzte Etappe in Hölderlins Biografie. Die Zweistrophigkeit des Widmungs-

Johannes Bobrowski,
Foto: Roger Melis

gedichtes imitiert den Aufbau von *Hälfte des Lebens*, Bobrowski folgt diesem aber auch motivisch. Wie bei Hölderlin, so stehen sich bei Bobrowski der Bereich einer harmonischen Natur (vgl. „Bäume", V. 1; „Wiesen und Uferweiden", V. 9) und eine unwirtliche kulturelle Sphäre (vgl. „Turm", V. 10; „der Mauern / Schwere", V. 12 f.; „eisernen Fahnen", V. 20) gegenüber, ohne zu einer Versöhnung oder Vermittlung zu gelangen.

Friederike Mayröcker

2009 erschien Mayröckers *Scardanelli*, ein Gedichtzyklus, der um zwei miteinander verschränkte Themenkomplexe kreist. Zum einen tritt Mayröcker in einen Dialog mit Hölderlins Werk – eine „Prise Hölderlin" (Mayröcker 2009, S. 7, V. 1), wie es in dem Auftaktgedicht *Hölderlinturm, am Neckar, im Mai* heißt, ist allen Gedichten der Sammlung beigegeben. Zum anderen bildet die intertextuelle Auseinandersetzung das Verbindungsglied zu einem „schwer artikulierbaren, nicht durch herkömmliche Trauerarbeit abschließbaren Schmerz" (Philipsen 2020, S. 117).

Friederike Mayröcker

Zum Schluss: Hölderlin und kein Ende

Eine konstitutive Wirkung Hölderlins ist sowohl auf die Literatur als auch auf die literatur- und philologietheoretischen Diskurse in der zweiten Hälfte des 20. Jahrhunderts festzustellen. Sie belegt exemplarisch, dass nicht nur sein Œuvre, sondern auch die Auseinandersetzung mit diesem über ein erhebliches Innovationspotenzial verfügt. Hölderlin ist dabei zum Ausgangs- oder Referenzpunkt von Anfängen geworden, beispielsweise des Anfangs eines neuartigen literarischen Sprechens nach Auschwitz oder von subjekt- und sprachphilosophischen sowie literatur- und editionswissenschaftlichen Reformierungen. Dazu haben nicht zuletzt die Fremdheit und die damit einhergehende hermeneutische Widerständigkeit gerade der späten, oft dem Wahnsinn zugeschriebenen Texte geführt. Nach einem eher epigonalen, insbesondere an Schillers Reimhymnik ausgerichteten Frühwerk und Experimenten mit den Gattungen des Romans und der Tragödie wagte sich Hölderlin in ein unbekanntes lyrisches Terrain vor, das jenseits der literarischen Konventionen und der ästhetischen Erwartungen der ‚Sattelzeit' um 1800 zu lokalisieren ist. Seine Dichtung stand in Opposition zum vorherrschenden Geschmack, wie Hölderlin selbst schonungslos diagnostizierte. Dennoch ist er weder von den literarischen noch von den philosophischen Tendenzen seiner Zeit noch von jeglichen Traditionsbezügen losgelöst. Das nonkonforme, unverkennbar individuelle Gepräge seines Werkes basiert auf einer komplexen Rezeptionsdynamik: auf einem intensiven Durch- und Überarbeiten des Gegebenen, einem An- und Ablehnen, auf Akzentverschiebungen, Revisionen, Ergänzungen und Fortentwicklungen. Auffällig an Hölderlins Traditionsverhalten ist dessen oftmals anachronistischer Charakter. Longin und Pindar etwa dienten um 1800 allenfalls als Untersuchungsgegenstände der altphilologisch-literaturwissenschaftlichen Forschung, für Hölderlin jedoch waren sie weitaus mehr, nämlich Ansprechpartner, die die Anatomie seiner Dichtung maßgeblich beeinflussten. Unzeitgemäß ist gleichfalls die Rehabilitierung des alten, von der Ästhetik aufgekündigten Bündnisses zwischen Rhetorik und Poetik. Das Bekenntnis zu dieser Allianz unterscheidet Hölderlin nicht nur von seinem einstigen Vorbild Schiller, sondern auch von seinem Stiftskameraden Hegel. Während Hegel die Dichtung lediglich einer historisierenden Betrachtung unter der Schirmherrschaft der Philosophie wert erschien, war für Hölderlin die Poetik, verstanden als Theorie und Praxis der Dichtkunst, die Patronin eines kulturellen Paradigmenwechsels im Zeichen einer neuen Mythologie. Hölderlins Revolution der poetischen Sprache ist weder pathologisierend noch mystifizierend zu begreifen; sie ist das Produkt eines poeto-

Hölderlingedenktafel, Heidelberg, Philosophenweg

logischen Kalküls, das Techniken der semantischen Verdichtung und Verfremdung wie die rhetorischen Figuren der Inversion oder der Parataxe umfasst. Denken und Dichten fallen dabei in eins. So entspricht zum Beispiel die unorthodoxe Aufwertung der monströsen Ordnung der Titanen einem Schreiben ins Ungebundene, das die Richtung des hesperischen Bildungstriebes bezeichnet. Des Weiteren entzieht sich Hölderlins geschichtsphilosophisch sowie gattungspoetologisch relevante Verschränkung des Eigenen mit dem Fremden der dualen Logik der *Querelle des Anciens et des Modernes* und führte zu interlingualen Formationen: zu einer Verdeutschung des Griechischen beziehungsweise einer Gräzisierung des Deutschen. All dies und vieles Weitere bedingt Hölderlins ungeminderte Modernität. Nächstens mehr …

# IX. Literatur

## 1. Hölderlinausgaben

Hölderlin, Friedrich: *Sämtliche Werke.* Historisch-kritische Ausgabe. Hg. von Norbert von Hellingrath. München, Leipzig und Berlin 1913–1923 [Bd. 2 und Bd. 6: Begonnen von Norbert von Hellingrath, fortgeführt durch Friedrich Seebaß und Ludwig von Pigenot]

Hölderlin, Friedrich: *Sämtliche Werke. Stuttgarter Hölderlin-Ausgabe.* Hg. von Friedrich Beißner, Adolf Beck und Ute Oelmann. Stuttgart 1943–1985 = StA

Hölderlin, Friedrich: *Sämtliche Werke. ‚Frankfurter Ausgabe'.* Historisch-kritische Ausgabe. Hg. von Dietrich Eberhard Sattler. Frankfurt am Main und Basel 1975–2008 = FHA

Hölderlin, Friedrich: *Sämtliche Werke und Briefe.* Hg. von Michael Knaupp. München 1992/93 = MA

Hölderlin, Friedrich: *Sämtliche Werke und Briefe.* Hg. von Jochen Schmidt. Frankfurt am Main 1992–1994 = KA

Hölderlin, Friedrich: *Sämtliche Werke und Briefe.* Hg. von Günter Mieth. Berlin [1970] [2]1995

Hölderlin, Friedrich: *Sämtliche Werke, Briefe und Dokumente in zeitlicher Folge. Bremer Ausgabe.* Hg. von Dietrich Eberhard Sattler. München 2004 = BA

## 2. Primärliteratur

Alle Hölderlinzitate und Dokumente beziehen sich auf folgende Ausgaben:

Hölderlin, Friedrich: *Sämtliche Werke*, Bd. 4: *Gedichte 1800–1806*. Hg. von Norbert von Hellingrath. Berlin [3]1943

Hölderlin, Friedrich: *Sämtliche Werke. Stuttgarter Hölderlin-Ausgabe*, Bd. 1,2: *Gedichte bis 1800. Lesarten und Erläuterungen*. Hg. von Friedrich Beißner. Stuttgart 1947 = **StA 1,2**

Hölderlin, Friedrich: *Sämtliche Werke. Stuttgarter Hölderlin-Ausgabe*, Bd. 2,2: *Gedichte nach 1800. Lesarten und Erläuterungen*. Hg. von Friedrich Beißner. Stuttgart 1951 = **StA 2,2**

Hölderlin, Friedrich: *Sämtliche Werke. Stuttgarter Hölderlin-Ausgabe*, Bd. 7,1: *Briefe an Hölderlin. Dokumente 1770–1793*. Hg. von Adolf Beck. Stuttgart 1968 = **StA 7,1**

Hölderlin, Friedrich: *Sämtliche Werke. Stuttgarter Hölderlin-Ausgabe*, Bd. 7,2: *Dokumente 1794–1822*. Hg. von Adolf Beck. Stuttgart 1972 = **StA 7,2**

Hölderlin, Friedrich: *Sämtliche Werke. Stuttgarter Hölderlin-Ausgabe*, Bd. 7,3: *Dokumente 1822–1846*. Hg. von Adolf Beck. Stuttgart 1974 = **StA 7,3**

Hölderlin, Friedrich: *Sämtliche Werke. Stuttgarter Hölderlin-Ausgabe*, Bd. 7,4: *Rezensionen. Würdigungen 1791–1847*. Hg. von Adolf Beck. Stuttgart 1977 = **StA 7,4**

Hölderlin, Friedrich: *‚Bevestigter Gesang'. Die neu zu entdeckende hymnische Spätdichtung bis 1806*. Hg. von Dietrich Uffhausen. Stuttgart 1989

Hölderlin, Friedrich: *Sämtliche Werke und Briefe*. 3 Bde. Hg. von Jochen Schmidt. Frankfurt am Main 1992–1994

Bd. 1: *Die Briefe. Briefe an Hölderlin. Dokumente* = **KA I**

Bd. 2: *Sämtliche Gedichte* = **KA II**

Bd. 3: *Hyperion. Empedokles. Aufsätze. Übersetzungen* = **KA III**

Die dreibändige Lese- und Studienausgabe von Jochen Schmidt basiert weitestgehend auf der StA und gibt den Text in modernisierter Orthografie wieder. Den Schwerpunkt des umfangreichen Kommentars bildet die Rekonstruktion der antiken, philosophischen, pietistischen und poetologischen Traditionsbezüge. Die dreibändige Lese- und Studienausgabe von Michael Knaupp präsentiert den Text in der Originalorthografie und bewahrt eine möglichst große Nähe zu den Überlieferungsträgern. Aufgrund ihres reichhaltigen Kommentarteiles wird die Ausgabe von Schmidt zugrunde gelegt. Die Textbestände bei Schmidt und Knaupp wurden stets miteinander verglichen. Unterschiede, die für die Interpretationen der vorliegenden Einführung relevant wären, konnten dabei nicht festgestellt werden.

*Sonstige Primärliteratur*

Adorno, Theodor W.: *Kulturkritik und Gesellschaft.* In: Ders.: *Gesellschaftstheorie und Kulturkritik.* Frankfurt am Main 1975, S. 46–65

Adorno, Theodor W.: *Parataxis. Zur späten Lyrik Hölderlins.* In: Ders.: *Gesammelte Schriften*, Bd. 11: *Noten zur Literatur.* Hg. von Rolf Tiedemann. Frankfurt am Main [2003] [6]2017, S. 447–491

Aristoteles: *Poetik.* Griechisch/Deutsch. Hg. und übers. von Manfred Fuhrmann. Stuttgart 2006

Batteux, Charles: *Les Beaux-Arts réduits à un même principe.* Hg. von Jean-Rémy Mantion. Paris 1989

Benjamin, Walter: *Die Aufgabe des Übersetzers.* In: Ders.: *Gesammelte Schriften*, Bd. IV,1. Hg. von Tillman Rexroth. Frankfurt am Main 1972, S. 9–21

Benjamin, Walter: *Zwei Gedichte von Friedrich Hölderlin. ‚Dichtermuth' – ‚Blödigkeit'.* In: Ders.: *Gesammelte Schriften*, Bd. II,1. Hg. von Rolf Tiedemann und Hermann Schweppenhäuser. Frankfurt am Main 1977, S. 105–126

Blanchot, Maurice: *La parole sacrée de Hölderlin.* In: *Critique* 7 (1946), S. 579–596

Blanchot, Maurice: *Der literarische Raum*. Hg. von Marco Gutjahr. Aus dem Französischen übers. von Marco Gutjahr und Jonas Hock. Zürich 2012

Bobrowski, Johannes: *Gesammelte Werke*, Bd. 1: *Die Gedichte*. Hg. von Eberhard Haufe. Stuttgart 1987

Celan, Paul: *Die Gedichte. Neue kommentierte Gesamtausgabe in einem Band*. Hg. von Barbara Wiedemann. Berlin 2018

Danto, Arthur Coleman: *Die philosophische Entmündigung der Kunst*. Aus dem Englischen übers. von Karen Lauer. München 1993

Derrida, Jacques: *Positionen. Gespräch mit Jean-Louis Houdebine und Guy Scarpetta*. In: Ders.: *Positionen. Gespräche mit Henri Ronse, Julia Kristeva, Jean-Louis Houdebine, Guy Scarpetta*. Hg. von Peter Engelmann. Aus dem Französischen übers. von Dorothea Schmidt. Wien [1986] [2]2009, S. 63–129

Derrida, Jacques: *Mnemosyne*. In: Ders.: *Mémoires. Für Paul de Man*. Aus dem Französischen übers. von Hans-Dieter Gondek. Wien [1988] [3]2012, S. 17–49

Diels, Hermann (Hg., Übers.): *Die Fragmente der Vorsokratiker*, Bd. I. Griechisch/Deutsch. Berlin [1903] [3]1912

Diogenes Laërtius: *Leben und Meinungen berühmter Philosophen*. Hg. von Klaus Reich. Aus dem Griechischen übers. von Otto Apelt. Hamburg 2015

Foucault, Michel: *Die Ordnung der Dinge. Eine Archäologie der Humanwissenschaften*. Aus dem Französischen übers. von Ulrich Köppen. Frankfurt am Main [1974] [12]1993

Foucault, Michel: *Das ‚Nein' des Vaters*. In: Ders.: *Schriften zur Literatur*. Hg. von Daniel Defert und François Ewald. Aus dem Französischen übers. von Michael Bischoff, Hans-Dieter Gondek und Hermann Kocyba. Frankfurt am Main 2003, S. 28–46

Foucault, Michel: *Die Ordnung des Diskurses*. Aus dem Französischen übers. von Walter Seitter. Frankfurt am Main [1991] [10]2007

Härtling, Peter: *Gesammelte Werke*, Bd. 5: *Hölderlin. Ein Roman*. Hg. von Klaus Siblewski. Hamburg 1994

Hegel, Georg Wilhelm Friedrich: *Briefe von und an Hegel*, Bd. I (1785–1812). Hg. von Johannes Hoffmeister. Hamburg [1952] [3]1969

Hegel, Georg Wilhelm Friedrich: *Werke*, Bd. 12: *Vorlesungen über die Philosophie der Geschichte*. Hg. von Eva Moldenhauer und Karl Markus Michel. Frankfurt am Main 1970

Hegel, Georg Wilhelm Friedrich: *Werke*, Bd. 13: *Vorlesungen über die Ästhetik I*. Hg. von Eva Moldenhauer und Karl Markus Michel. Frankfurt am Main [1986] [14]2017

Hegel, Georg Wilhelm Friedrich: *Werke*, Bd. 14: *Vorlesungen über die Ästhetik II*. Hg. von Eva Moldenhauer und Karl Markus Michel. Frankfurt am Main [1986] [11]2018a

Hegel, Georg Wilhelm Friedrich: *Werke*, Bd. 15: *Vorlesungen über die Ästhetik III*. Hg. von Eva Moldenhauer und Karl Markus Michel. Frankfurt am Main [1986] [11]2018b

Hegel, Georg Wilhelm Friedrich: *Werke*, Bd. 18: *Vorlesungen über die Geschichte der Philosophie I*. Hg. von Eva Moldenhauer und Karl Markus Michel. Frankfurt am Main [1986] [11]2020

Heidegger, Martin: *Gesamtausgabe*, Bd. 52: *II. Abteilung: Vorlesungen 1923–1944. Hölderlins Hymne ‚Andenken'*. Hg. von Curd Ochwadt. Frankfurt am Main 1982

Heidegger, Martin: *Hölderlin und das Wesen der Dichtung*. In: Ders.: *Erläuterungen zu Hölderlins Dichtung*. Frankfurt am Main [1944] [7]2012, S. 33–48

Heinse, Wilhelm: *Ardinghello und die glückseligen Inseln*. Kritische Studienausgabe. Hg. von Max L. Baeumler. Stuttgart 1975

Herder, Johann Gottfried: *Sämtliche Werke*, Bd. 17: *Briefe zu Beförderung der Humanität*. Hg. von Bernhard Suphan. Berlin 1881

Herder, Johann Gottfried: *Sämtliche Werke*, Bd. 13: *Ideen zur Philosophie der Geschichte der Menschheit.* Hg. von Bernhard Suphan. Berlin 1887

Homer: *Ilias*. Hg. und übers. von Roland Hampe. Stuttgart 2005

Kant, Immanuel: *Beantwortung der Frage: Was ist Aufklärung?* In: Ders.: *Politische Schriften*. Hg. von Otto Heinrich von der Gablentz. Köln und Opladen 1965, S. 1–8

Kant, Immanuel: *Kritik der Urteilskraft*. Hg. von Heiner Klemme. Hamburg 2003

Klopstock, Friedrich Gottlieb: *Geistliche Lieder*, Bd. I: Text. Hg. von Laura Bolognesi. Berlin und New York 2010

Longin: *Vom Erhabenen*. Griechisch/Deutsch. Hg. und übers. von Otto Schönberger. Stuttgart 2002

Mayröcker, Friederike: *Scardanelli*. Frankfurt am Main 2009

Nietzsche, Friedrich: *Kritische Studienausgabe*, Bd. 11: *Nachgelassene Fragmente (1884–1885).* Hg. von Giorgio Colli und Mazzino Montinari. München [1980] ²1988

Nietzsche, Friedrich: *Brief an meinen Freund, in dem ich ihm meinen Lieblingsdichter zum Lesen empfehle*. In: Ders.: *Werke. Kritische Gesamtausgabe*, Bd. 1,2: *Nachgelassene Aufzeichnungen (Herbst 1858 – Herbst 1862).* Hg. von Johann Figl. Berlin und New York 2000, S. 338–341

Nietzsche, Friedrich: *Unzeitgemäße Betrachtungen I–IV.* In: Ders.: *Kritische Studienausgabe*, Bd. 1: *Die Geburt der Tragödie. Unzeitgemäße Betrachtungen I–IV. Nachgelassene Schriften (1870–1873).* Hg. von Giorgio Colli und Mazzino Montinari. München [1980] ⁶2003, S. 157–549

Ovid (Publius Ovidius Naso): *Metamorphosen*. Lateinisch/Deutsch. Hg. und übers. von Michael von Albrecht. Stuttgart 2006

Ovid (Publius Ovidius Naso): *Amores*. Lateinisch/Deutsch. Hg. und übers. von Michael von Albrecht. Stuttgart 2007

Pindar: *Oden*. Griechisch/Deutsch. Hg. und übers. von Eugen Dönt. Stuttgart 2001

Said, Edward W.: *Orientalismus*. Aus dem Amerikanischen übers. von Liliane Weissberg. Frankfurt am Main, Berlin und Wien 1981

Schiller, Friedrich: *Sämtliche Gedichte*. Text und Kommentar. Hg. von Georg Kurscheidt. Frankfurt am Main 2008

Schlegel, Friedrich: *Athenäums-Fragmente*. In: Ders.: *Kritische Friedrich-Schlegel-Ausgabe*, Bd. 2,1: *Charakteristiken und Kritiken I (1796–1801)*. Hg. von Hans Eichner. München, Paderborn, Wien u. a. 1967, S. 165–272

Schlegel, Friedrich: *Über die Unverständlichkeit*. In: Ders.: *Kritische Friedrich-Schlegel-Ausgabe*, Bd. 2,1: *Charakteristiken und Kritiken I (1796–1801)*. Hg. von Hans Eichner. München, Paderborn, Wien u. a. 1967, S. 363–372

Schlegel, Friedrich: *Über die Diotima*. In: Ders.: *Kritische Friedrich-Schlegel-Ausgabe*, Bd. 1,1: *Studien des klassischen Altertums*. Hg. von Ernst Behler. München, Paderborn, Wien u. a. 1979, S. 70–115

Szondi, Peter: *Poetik und Geschichtsphilosophie I. Antike und Moderne in der Ästhetik der Goethezeit. Hegels Lehre von der Dichtung*. Hg. von Senta Metz und Hans-Hagen Hildebrandt. Frankfurt am Main [1974] [2]1976

Szondi, Peter: *Hölderlin-Studien. Mit einem Traktat über philologische Erkenntnis*. Frankfurt am Main [1970] [6]2015

Turner, Victor: *Liminality and Communitas*. In: Ders.: *The Ritual Process: Structure and Anti-Structure*. New York 1995, S. 94–130

Vergil (Publius Vergilius Maro): *Aeneis*. 5. und 6. Buch. Lateinisch/Deutsch. Hg. und übers. von Edith und Gerhard Binder. Stuttgart 1998

Winckelmann, Johann Joachim: *Gedancken über die Nachahmung der Griechischen Wercke in der Mahlerey und Bildhauer-Kunst*. Hg. von Max Kunze. Stuttgart 2013

Zagajewski, Adam: *Unsichtbare Hand. Gedichte*. Aus dem Polnischen übers. von Renate Schmidgall. München 2012

Zanzotto, Andrea: *A 90 Anni. Pensando Celan*. In: *L'Unità*, 10.10.2011, S. 34–36

## 3. Überblicks- und Forschungsliteratur

Das folgende Literaturverzeichnis ist als Auswahlbibliografie zu verstehen. Es beinhaltet neben den im Text zitierten Titeln empfehlenswerte weiterführende Literatur. Eine fortlaufend aktualisierte Gesamtbibliografie bietet die *Internationale Hölderlin-Bibliographie.*

### *Biografien, Dokumentarisches, Überblicksdarstellungen*


Beck, Adolf: *Hölderlin. Chronik seines Lebens.* Frankfurt am Main und Leipzig 2003

Beck, Adolf/Raabe, Paul (Hg.): *Hölderlin. Eine Chronik in Text und Bild.* Frankfurt am Main 1970

Bertaux, Pierre: *Hölderlin und die Französische Revolution.* Frankfurt am Main [1969] [2]1970

Bertaux, Pierre: *Friedrich Hölderlin.* Frankfurt am Main 1981

Bothe, Henning: *Hölderlin zur Einführung.* Hamburg 1994

Brauer, Ursula: *Isaac von Sinclair. Eine Biographie.* Stuttgart 1993

Brauer, Ursula: *Hölderlin und Susette Gontard. Eine Liebesgeschichte.* Hamburg 2002

Burdorf, Dieter: *Friedrich Hölderlin.* München 2011

Dolde, Ingrid/Ehrenfeld, Eva: *‚Wohl geh ich täglich andere Pfade'. Friedrich Hölderlin und seine Orte.* Stuttgart 2016

Franz, Michael (Hg.): *Materialien zum bildungsgeschichtlichen Hintergrund von Hölderlin, Hegel und Schelling.* 3 Bde. Tübingen und Eggingen 2004–2007

Gaier, Ulrich: *Hölderlin. Eine Einführung.* Tübingen und Basel 1993

Jamme, Christoph: *Isaak von Sinclair. Politiker, Philosoph und Dichter zwischen Revolution und Restauration.* Anhand von Originaldokumenten dargestellt. Bonn 1988

Kirchner, Werner: *Der Hochverratsprozeß gegen Sinclair. Ein Beitrag zum Leben Hölderlins*. Frankfurt am Main [1949] [2]1969

Kohler, Maria: *Hölderlins Antiquen*. Tübingen 2003

Kreuzer, Johann (Hg.): *Hölderlin-Handbuch. Leben – Werk – Wirkung*. Stuttgart und Weimar [2002] [2]2020

Langner, Beatrix: *Hölderlin und Diotima. Eine Biographie*. Frankfurt am Main und Leipzig 2001

Martens, Gunter: *Friedrich Hölderlin*. Reinbek 1996

Michel, Wilhelm: *Das Leben Friedrich Hölderlins*. Frankfurt am Main 1967

Mück, Hans-Dieter (Hg.): *Friedrich Hölderlin. Chronik: Leben – Werke – Dokumente*. 2 Bde. Wiesbaden 2020

Nicolin, Friedhelm: *Zu Hölderlins Bildungsgang. Dokumente – Hinweise – Berichtigungen*. In: *HJb* 16 (1969/70) S. 228–253

Ott, Karl-Heinz: *Hölderlins Geister*. München 2019

Potsch, Sandra/Ratzeburg, Wiebke (Hg.): *Hölderlins Orte*. Fotografien von Barbara Klemm. Bielefeld und Berlin 2020

Safranski, Rüdiger: *Hölderlin. Komm! ins Offene, Freund! Biographie*. München 2019

Selg, Peter: *Friedrich Hölderlin. Die Linien des Lebens*. Stuttgart 2009

Wackwitz, Stephan: *Friedrich Hölderlin*. Stuttgart und Weimar [1985] [2]1997

Wittkop, Gregor (Hg.): *Hölderlin, der Pflegsohn. Texte und Dokumente 1806–1843 mit den neu entdeckten Nürtinger Pflegschaftsakten*. Stuttgart und Weimar 1993

Zweig, Stefan: *Der Kampf mit dem Dämon. Hölderlin – Kleist – Nietzsche*. Frankfurt am Main [2007] [4]2016

*Hilfsmittel*

Böschenstein, Bernhard: *Konkordanz zu Hölderlins Gedichten nach 1800*. Auf Grund des zweiten Bandes der Großen Stuttgarter Ausgabe. Göttingen 1964

Dannhauer, Heinz-Martin/Horch, Hans Otto/Schuffels, Klaus: *Wörterbuch zu Friedrich Hölderlin I. Die Gedichte*. Auf der Textgrundlage der Großen Stuttgarter Ausgabe. Tübingen 1983

Hederich, Benjamin: *Gründliches mythologisches Lexicon*. Leipzig 1724 [mythografisches Handbuch, das Hölderlin zur Verfügung stand]

Horch, Hans Otto/Schuffels, Klaus/Kammer, Manfred: *Wörterbuch zu Friedrich Hölderlin II. Hyperion*. Auf der Textgrundlage der Großen Stuttgarter Ausgabe. Tübingen 1992

*Periodika*

*Bad Homburger Hölderlin-Vorträge*. Hg. von der Stadt Bad Homburg in Zusammenarbeit mit der Hölderlin-Gesellschaft. Bad Homburg 1986–2004

*Hölderlin-Jahrbuch*. Hg. von der Hölderlin-Gesellschaft. Tübingen, Stuttgart, Eggingen u. a. seit 1944 = **HJb**

*Hölderlin Texturen*. Hg. von der Hölderlin-Gesellschaft in Zusammenarbeit mit der Deutschen Schillergesellschaft. Tübingen seit 1995

*Le pauvre Holterling. Blätter zur Frankfurter Ausgabe*. Frankfurt am Main und Basel 1976–2003

*Turm-Vorträge*. Hg. von der Hölderlin-Gesellschaft. Tübingen 1985–2011

*Sonstige Forschungsliteratur*

*Sammelbände*


Bay, Hansjörg (Hg.): *‚Hyperion' – Terra Incognita. Expeditionen in Hölderlins Roman*. Opladen und Wiesbaden 1998

Beyer, Uwe (Hg.): *Neue Wege zu Hölderlin*. Würzburg 1994

Beyer, Uwe (Hg.): *Hölderlin. Lesarten seines Lebens, Dichtens und Denkens.* Würzburg 1997

Bomski, Franziska/Seemann, Hellmut/Valk, Thorsten (Hg.): *Die Erfindung des Klassischen. Winckelmann-Lektüren in Weimar*. Göttingen 2017

Borio, Gianmario/Polledri, Elena (Hg.): *‚Wechsel der Töne'. Musikalische Elemente in Friedrich Hölderlins Dichtung und ihre Rezeption bei den Komponisten*. Heidelberg 2019

Brokoff, Jürgen/Jacob, Joachim/Lepper, Marcel (Hg.): *Norbert von Hellingrath und die Ästhetik der europäischen Moderne*. Göttingen 2014

Bubner, Rüdiger (Hg.): *Das älteste Systemprogramm. Studien zur Frühgeschichte des deutschen Idealismus*. Bonn [1973] [2]1982

Hildebrand, Olaf/Pittrof, Thomas (Hg.): *‚auf klassischem Boden begeistert'. Antike-Rezeptionen in der deutschen Literatur. Festschrift für Jochen Schmidt zum 65. Geburtstag*. Freiburg im Breisgau 2004

Jamme, Christoph/Pöggeler, Otto (Hg.): *Frankfurt aber ist der Nabel der Erde. Das Schicksal einer Generation der Goethezeit*. Stuttgart 1983

Jamme, Christoph/Lemke, Anja (Hg.): *‚Es bleibet aber eine Spur / Doch eines Wortes'. Zur späten Hymnik und Tragödientheorie Friedrich Hölderlins*. München und Paderborn 2004

Kurz, Gerhard (Hg.): *Interpretationen. Gedichte von Friedrich Hölderlin*. Stuttgart 2010

Kurz, Gerhard/Lawitschka, Valérie/Wertheimer, Jürgen (Hg.): *Hölderlin und die Moderne. Eine Bestandsaufnahme*. Tübingen 1995

Reuß, Roland (Hg.): *Friedrich Hölderlin: Neun ‚Nachtgesänge'. Interpretationen.* Göttingen 2020

Roberg, Thomas (Hg.): *Friedrich Hölderlin. Neue Wege der Forschung.* Darmstadt 2003

Schmitz, Walter/Mottel, Helmut (Hg.): *‚Menschlich ist das Erkenntniß'. Hölderlins Werk und die Wissensordnung um 1800.* Dresden 2017

Vollhardt, Friedrich (Hg.): *Hölderlin in der Moderne. Kolloquium für Dieter Henrich zum 85. Geburtstag.* Berlin 2014

*Monografien und Aufsätze*

Albert, Claudia: *‚Dient Kulturarbeit dem Sieg?' – Hölderlin-Rezeption von 1933–1945.* In: *Hölderlin und die Moderne. Eine Bestandsaufnahme.* Hg. von Gerhard Kurz, Valérie Lawitschka und Jürgen Wertheimer. Tübingen 1995, S. 153–173

Allemann, Beda: *Hölderlin zwischen Antike und Moderne.* In: *HJb* 24 (1984/85), S. 29–62

Alt, Peter-André: *Das Problem der inneren Form. Zur Hölderlin-Rezeption Benjamins und Adornos.* In: *Deutsche Vierteljahrsschrift für Literaturwissenschaft und Geistesgeschichte* 61 (1987), H. 3, S. 531–562

Amann, Wilhelm/Dembeck, Till/Heimböckel, Dieter/Mein, Georg/Schiewer, Gesine Lenore/Sieburg, Heinz (Hg.): *Das Meer als Raum transkultureller Erinnerungen. Zeitschrift für interkulturelle Germanistik* 11 (2020), H. 2

Baigorria, Martín Rodríguez: *Hölderlin und die Sattelzeit: Enthusiastische Rhetorik und geschichtliche Beschleunigung.* In: *Archiv für Begriffsgeschichte* 57 (2015), S. 145–174

Bartel, Heike: *‚Centaurengesänge'. Friedrich Hölderlins ‚Pindarfragmente'.* Würzburg 2000

Bay, Hansjörg: *‚Ohne Rückkehr'. Utopische Intention und poetischer Prozeß in Hölderlins ‚Hyperion'.* München und Paderborn 2003

Behre, Maria: *Hölderlins Stromdichtung. Zum Spannungsfeld von Naturwahrnehmung und Kunstauffassung.* In: *Neue Wege zu Hölderlin.* Hg. von Uwe Beyer. Würzburg 1994, S. 17–40

Beißner, Friedrich: *Bedingungen und Möglichkeiten der Stuttgarter Ausgabe.* In: *Die Stuttgarter Hölderlin-Ausgabe. Ein Arbeitsbericht.* Hg. von Theophil Frey. Stuttgart 1942, S. 18–30

Beißner, Friedrich: *Palingenesie. Ein neuentdeckter Entwurf Hölderlins.* In: *Iduna* 1 (1944), S. 76–87

Bennholdt-Thomsen, Anke: *Die Bedeutung der Titanen in Hölderlins Spätwerk.* In: *HJb* 25 (1986/87), S. 226–254

Bennholdt-Thomsen, Anke: *Das topographische Verfahren bei Hölderlin und in der Lyrik nach 1945.* In: *Hölderlin und die Moderne. Eine Bestandsaufnahme.* Hg. von Gerhard Kurz, Valérie Lawitschka und Jürgen Wertheimer. Tübingen 1995, S. 300–322

Bennholdt-Thomsen, Anke: *Antike und Moderne in der Landschaft des Spätwerks.* In: *HJb* 33 (2002/03), S. 145–152

Bennholdt-Thomsen, Anke/Guzzoni, Alfredo: *Analecta Hölderliana. Zur Hermetik des Spätwerks.* Würzburg 1999

Bennholdt-Thomsen, Anke/Guzzoni, Alfredo: *Analecta Hölderliniana II. Die Aufgabe des Vaterlands.* Würzburg 2004

Bennholdt-Thomsen, Anke/Guzzoni, Alfredo: *Analecta Hölderliniana III. Hesperische Verheißungen.* Würzburg 2007

Bennholdt-Thomsen, Anke/Guzzoni, Alfredo: *Marginalien zu Hölderlins Werk.* Würzburg 2010

Bennholdt-Thomsen, Anke/Guzzoni, Alfredo: *Analecta Hölderliniana IV. Zur Dreidimensionalität der Natur.* Würzburg 2017

Binder, Wolfgang: *Hölderlins Namenssymbolik.* In: *HJb* 12 (1961/62), S. 95–204

Birkenhauer, Theresia: *Legende und Dichtung. Der Tod des Philosophen und Hölderlins Empedokles.* Berlin 1996

Bohrer, Karl Heinz: *Das Erscheinen des Dionysos. Antike Mythologie und moderne Metapher*. Frankfurt am Main 2015

Böschenstein, Bernhard: *Hölderlins späteste Gedichte*. In: *HJb* 14 (1965/66), S. 35–56

Böschenstein, Bernhard: *Winckelmann, Goethe und Hölderlin als Deuter antiker Plastik*. In: *HJb* 15 (1967/68), S. 158–179

Böschenstein, Bernhard: *Von Morgen nach Abend. Filiationen der Dichtung von Hölderlin zu Celan*. München und Paderborn 2006

Bothe, Henning: *‚Ein Zeichen sind wir, deutungslos'. Die Rezeption Hölderlins von ihren Anfängen bis zu Stefan George*. Stuttgart 1992

Brecht, Martin: *Hölderlin und das Tübinger Stift 1788–1793*. In: *HJb* 18 (1973/74), S. 20–61

Brecht, Martin: *Die Anfänge der idealistischen Philosophie und die Rezeption Kants in Tübingen (1788–1795)*. In: *Beiträge zur Geschichte der Universität Tübingen 1477–1977*. Hg. von Hansmartin Decker-Hauff, Gerhard Fichtner und Klaus Schreiner. Tübingen 1977, S. 381–428

Bremer, Dieter: *‚Versöhnung ist mitten im Streit'. Hölderlins Entdeckung Heraklits*. In: *HJb* 30 (1996/97), S. 173–199

Breuer, Dieter: *‚Wörter so voll Licht so finster'. Hölderlingedichte von Günter Eich bis Rolf Haufs*. In: *Deutsche Lyrik nach 1945*. Hg. von Dieter Breuer. Frankfurt am Main 1988, S. 354–393

Burdorf, Dieter: *Hölderlins späte Gedichtfragmente: ‚Unendlicher Deutung voll'*. Stuttgart und Weimar 1993

Campe, Rüdiger: *Erscheinen und Verschwinden. Metaphysik der Bühne in Hölderlins ‚Empedokles'*. In: *Tragödie – Trauerspiel – Spektakel*. Hg. von Bettine Menke und Christoph Menke. Berlin 2007, S. 53–71

Cancik, Hubert: *Nietzsches Antike. Vorlesung*. Stuttgart und Weimar [1995] [2]2000

Castellari, Marco: *Hölderlin und das Theater. Produktion – Rezeption – Transformation*. Berlin und Boston 2018

Christ, Tobias: *,Nachtgesänge'. Hölderlins späte Lyrik und die zeitgenössische Lesekultur*. Paderborn, Leiden, Boston u. a. 2020

Christen, Felix: *Eine andere Sprache. Friedrich Hölderlins ,Große Pindar-Übertragung'*. Basel, Weil am Rhein und Wien 2007

Christen, Felix: *Das Jetzt der Lektüre. Hölderlins ,Ister'. Zur Edition und Deutung von Friedrich Hölderlins ,Ister'-Entwürfen*. Frankfurt am Main und Basel 2013

Cunningham, Andrew/Williams, Perry (Hg.): *The Laboratory Revolution in Medicine*. Cambridge 1992

Dahlke, Karin: *Äußerste Freiheit. Wahnsinn/Sublimierung/Poetik des Tragischen der Moderne. Lektüren zu Hölderlins ,Grund zum Empedokles' und zu den ,Anmerkungen zum Oedipus' und ,zur Antigonä'*. Würzburg 2008

Degner, Uta: *Bilder im Wechsel der Töne. Hölderlins Elegien und ,Nachtgesänge'*. Heidelberg 2008

Düsing, Klaus: *Die Theorie der Tragödie bei Hölderlin und Hegel*. In: *Jenseits des Idealismus. Hölderlins letzte Homburger Jahre (1804–1806)*. Hg. von Christoph Jamme und Otto Pöggeler. Bonn 1988, S. 55–82

Emmrich, Thomas: *Zum Verhältnis von Tragödie, Lyrik und Moderne: Hegel – Hölderlin – Foucault*. In: *Recherches germaniques* 50 (2020), S. 5–25

Ennen, Jörg: *Hölderlin auf der Bühne*. In: *Hölderlin – Entdeckungen. Studien zur Rezeption. Texte – Klänge – Bilder*. Hg. von Ute Oelmann. Stuttgart 2008, S. 97–117

Epple, Johannes: *Transformationen schöpferischer Vernunft. Kant – Hölderlin – Nietzsche*. Paderborn, Leiden, Boston u. a. 2021

Eschenbach, Gunilla: *Wie dichtet der Urgeist? Hellingraths Konzept der harten Fügung*. In: *Norbert von Hellingrath und die Ästhetik der europäischen*

*Moderne*. Hg. von Jürgen Brokoff, Joachim Jacob und Marcel Lepper. Göttingen 2014, S. 107–118

Etzold, Jörn: *Gegend am Aetna. Hölderlins Theater der Zukunft*. Paderborn, Leiden, Boston u. a. 2019

Fantoni, Francesca: *Deutsche Dithyramben. Geschichte einer Gattung im 18. und 19. Jahrhundert*. Würzburg 2009

Frank, Manfred: *Der kommende Gott. Vorlesungen über die neue Mythologie*. Frankfurt am Main 1982

Franz, Michael: *‚Platons frommer Garten'. Hölderlins Platonlektüre von Tübingen bis Jena*. In: *HJb* 28 (1992/93), S. 111–127

Franz, Michael: *Tübinger Platonismus. Die gemeinsamen philosophischen Anfangsgründe von Hölderlin, Schelling und Hegel*. Tübingen 2012

Franz, Michael: *‚…wenn die Dunkelheit einsickert…' Über die Unverständlichkeit in Hölderlins Dichtung*. In: *HJb* 38 (2012/13), S. 187–198

Friedrich, Jürg: *Dichtung als ‚Gesang'. Hölderlins ‚Wie wenn am Feiertage…' im Kontext der Schriften zur Philosophie und Poetik*. München und Paderborn 2007

Fuhrmann, Manfred: *Obscuritas. Das Problem der Dunkelheit in der rhetorischen und literarästhetischen Theorie der Antike*. In: *Poetik und Hermeneutik*, Bd. 2: *Immanente Ästhetik. Ästhetische Reflexion. Lyrik als Paradigma der Moderne. Kolloquium Köln 1964. Vorlagen und Verhandlungen*. Hg. von Wolfgang Iser. München 1966, S. 47–72

Fuhrmann, Manfred: *Einführung in die antike Dichtungstheorie*. Darmstadt 1973

Gaier, Ulrich: *Hölderlins vaterländischer Gesang ‚Andenken'*. In: *HJb* 26 (1988/89), S. 175–201

Gaier, Ulrich: *Neubegründung der Lyrik auf Heinses Musiktheorie*. In: *HJb* 31 (1998/99), S. 129–138

Gaier, Ulrich: *‚Bald sind wir aber Gesang' – Vom Sinn des Hymnischen nach 1800*. In: *‚Es bleibet aber eine Spur / Doch eines Wortes'. Zur späten Hymnik und Tragödientheorie Friedrich Hölderlins*. Hg. von Christoph Jamme und Anja Lemke. München und Paderborn 2004, S. 177–195

Gaskill, Howard: *Hölderlin und Ossian*. In: *HJb* 27 (1990/91), S. 100–130

Gehrmann, Michael: *‚Bereit an übrigem Orte'. Irritationen und Initiationen zu Hölderlins mythopoetischem Zyklus der ‚Nachtgesänge'*. Würzburg 2009

Geisenhanslüke, Achim: *Nach der Tragödie. Lyrik und Moderne bei Hegel und Hölderlin*. München und Paderborn 2012

Geisenhanslüke, Achim: *Poetik. Eine literaturtheoretische Einführung*. Bielefeld 2018

Geisenhanslüke, Achim: *Narben des Geistes. Zur Kritik der Erfahrung nach Hegel*. Paderborn, Leiden, Boston u. a. 2020

Geisenhanslüke, Achim: *Am Scharfen Ufer. Hölderlin, Frankreich und die Heideggersprache*. Paderborn, Leiden, Boston u. a. 2021

Geulen, Eva: *Das Ende der Kunst. Lesarten eines Gerüchts nach Hegel*. Frankfurt am Main 2002

Gonther, Uwe/Schlimme Jann E.: *Hölderlin. Das Klischee vom umnachteten Genie im Turm*. Köln 2020

Görner, Rüdiger: *Hölderlin und die Folgen*. Stuttgart und Weimar 2016

Groppe, Carola: *Lebenslauf im Zeichen der Bürgerlichkeit? Erziehung, Bildung und Sozialisation in Friedrich Hölderlins Leben*. In: *HJb* 36 (2008/09), S. 9–29

Hamacher, Werner: *Parusie, Mauern. Mittelbarkeit und Zeitlichkeit, später Hölderlin*. In: *HJb* 34 (2004/05), S. 93–142

Hamacher, Werner: *Studien zu Hölderlin. Version der Bedeutung – Studie zur späten Lyrik Hölderlins*. Hg. von Shinu Sara Ottenburger und Peter Trawny. Frankfurt am Main 2020

Hamlin, Cyrus: *Hölderlins Mythos der heroischen Freundschaft: Die Sinclair-Ode ‚An Eduard' (2. Fassung, 1801).* In: *HJb* 17 (1971/72), S. 74–95

Hamlin, Cyrus: *Die Poetik des Gedächtnisses. Aus einem Gespräch über Hölderlins ‚Andenken'.* In: *HJb* 24 (1984/85), S. 119–138

Haut, Anna: *Konzepte und Praxis der Freundschaft im aufgeklärten Bürgertum des 18. Jahrhunderts (1750–1800).* Freiburg im Breisgau 2016

Haverkamp, Anselm: *Laub voll Trauer. Hölderlins späte Allegorie.* München 1991

Hayden-Roy, Priscilla A.: *Zwischen Himmel und Erde: der junge Friedrich Hölderlin und der württembergische Pietismus.* In: *HJb* 35 (2006/07), S. 30–66

Heimböckel, Dieter/Weinberg, Manfred: *Interkulturalität als Projekt.* In: *Zeitschrift für interkulturelle Germanistik* 5 (2014), H. 2, S. 119–144

Hellingrath, Norbert von: *Pindarübertragungen von Hölderlin. Prolegomena zu einer Erstausgabe.* Jena 1911

Hellingrath, Norbert von: *Hölderlin. Zwei Vorträge. Hölderlin und die Deutschen. Hölderlins Wahnsinn.* München 1921

Henrich, Dieter: *Der Gang des Andenkens. Beobachtungen und Gedanken zu Hölderlins Gedicht.* Stuttgart 1986

Henrich, Dieter: *Der Grund im Bewußtsein. Untersuchungen zu Hölderlins Denken (1794–1795).* Stuttgart 1992

Henrich, Dieter: *Eine philosophische Konzeption entsteht. Hölderlins Denken in Jena.* In: *HJb* 28 (1992/93), S. 1–28

Henrich, Dieter: *Hegel im Kontext.* Mit einem Nachwort zur Neuauflage. Berlin 2010

Herrmann, Ulrich: *Erziehungserfahrung und pädagogische Reflexion bei Friedrich Hölderlin.* In: *Hölderlin und die Moderne. Eine Bestandsaufnahme.* Hg. von Gerhard Kurz, Valérie Lawitschka und Jürgen Wertheimer. Tübingen 1995, S. 195–212

Hiller, Marion: *Umschlag. Zu Hölderlins ‚Hälfte des Lebens‘.* In: *Im Garten der Philosophie. Festschrift für Hans-Dieter Bahr zum 65. Geburtstag.* Hg. von Oya Erdoğan und Dietmar Koch. München und Paderborn 2005, S. 105–114

Hiller, Marion: *‚Harmonisch entgegengesetzt‘. Zur Darstellung und Darstellbarkeit in Hölderlins Poetik um 1800.* Tübingen 2008

Hoffmann, Wilhelm: *Die Stuttgarter Hölderlin-Ausgabe. Vorgeschichte und Aufbau.* In: *Die Stuttgarter Hölderlin-Ausgabe. Ein Arbeitsbericht.* Hg. von Theophil Frey. Stuttgart 1942, S. 9–17

Hölscher, Uvo: *Empedokles und Hölderlin.* Eggingen [1965] [3]2001

Honold, Alexander: *‚Der scheinet aber fast / Rükwärts zu gehen‘. Zur kulturgeographischen Bedeutung der ‚Ister‘-Hymne.* In: *HJb* 32 (2000/01), S. 175–197

Honold, Alexander: *Nach Olympia. Hölderlin und die Erfindung der Antike.* Berlin 2002

Honold, Alexander: *Hölderlins Kalender. Astronomie und Revolution um 1800.* Berlin 2005

Jähnig, Dieter: *Dichtung und Geschichte. Beiträge Hölderlins zur Geschichtsphilosophie und zur Philosophie der Künste.* Hildesheim, Zürich und New York 2019

Jakob, Michael: *‚Schwanengefahr‘. Das lyrische Ich im Zeichen des Schwans.* München und Wien 2000

Jakobson, Roman/Lübbe-Grothues, Grete: *Ein Blick auf ‚Die Aussicht‘ von Hölderlin.* In: Jakobson, Roman: *Hölderlin, Klee, Brecht. Zur Wortkunst dreier Gedichte.* Hg. von Elmar Holenstein. Frankfurt am Main 1976, S. 29–96

Jauß, Hans Robert: *Ästhetische Normen und geschichtliche Reflexion in der ‚Querelle des Anciens et des Modernes‘.* In: Perrault, Charles: *Parallèle des Anciens et des Modernes.* Hg. von Hans Robert Jauß. München 1964, S. 8–64

Kaiser, Gerhard: *Pietismus und Patriotismus im literarischen Deutschland. Ein Beitrag zum Problem der Säkularisation*. Wiesbaden 1961

Kasper, Monika: *‚Das Gesez von allen der König'. Hölderlins Anmerkungen zum Oedipus und zur Antigonä*. Würzburg 2000

Kaspers, Katharina: *‚Der arme Hölderlin'. Die stilisierte Dichterfigur in der Rezeption der Romantik*. In: *HJb* 27 (1990/91), S. 159–182

Kempter, Lothar: *Herder, Hölderlin und der Zeitgeist. Zur Frühgeschichte eines Begriffs*. In: *HJb* 27 (1990/91), S. 51–76

King, Martina/Rütten, Thomas: *Introduction*. In: *Contagionism and Contagious Diseases. Medicine and Literature 1880–1933*. Hg. von Martina King und Thomas Rütten. Berlin und Boston 2013, S. 1–16

Kirchner, Werner: *Hölderlin und das Meer*. In: *HJb* 12 (1961/62), S. 74–94

Knigge, Meinhard: *Hölderlin und Aias oder Eine notwendige Identifikation*. In: *HJb* 24 (1984/85), S. 264–282

Knoop, Ulrich: *‚Hälfte des Lebens'. Das siebte der Gedichte Hölderlins im ‚Taschenbuch für das Jahr 1805'*. In: *Friedrich Hölderlin: Neun ‚Nachtgesänge'. Interpretationen*. Hg. von Roland Reuß. Göttingen 2020, S. 205–226

Koch, Manfred: *Hölderlin in Frankreich*. In: *Hölderlin – Entdeckungen. Studien zur Rezeption. Texte – Klänge – Bilder*. Hg. von Ute Oelmann. Stuttgart 2008, S. 61–74

Kocziszky, Éva: *Mythenfiguren in Hölderlins Spätwerk*. Würzburg 1997

Kocziszky, Éva: *Hölderlins Orient*. Würzburg 2009

Koppenfels, Martin von: *Der Moment der Übersetzung. Hölderlins ‚Antigonä' und die Tragik zwischen den Sprachen*. In: *Zeitschrift für Germanistik* 6 (1996), H. 2, S. 349–367

Kortum, Hans: *Charles Perrault und Nicolas Boileau. Der Antike-Streit im Zeitalter der klassischen französischen Literatur*. Berlin 1966

Koselleck, Reinhart: *Das achtzehnte Jahrhundert als Beginn der Neuzeit*. In: *Poetik und Hermeneutik*, Bd. 12: *Epochenschwelle und Epochenbewusstsein*.

Hg. von Reinhart Herzog und Reinhart Koselleck. München 1987, S. 269–282

Kreutzer, Hans Joachim: *Kolonie und Vaterland in Hölderlins später Lyrik.* In: *HJb* 22 (1980/81), S. 18–46

Kreuzer, Johann: *Hölderlin im Gespräch mit Hegel und Schelling.* In: *HJb* 31 (1998/99), S. 51–72

Kreuzer, Johann: *Adornos und Heideggers Hölderlin.* In: *Adorno im Widerstreit. Zur Präsenz seines Denkens.* Hg. von Wolfram Ette, Günter Figal, Richard Klein und Günter Peters. Freiburg im Breisgau und München 2004, S. 363–393

Kreuzer, Johann: *‚So wäre alle Religion ihrem Wesen nach poëtisch.' Hölderlins Rede von Gott.* In: *Coincidentia. Zeitschrift für europäische Geistesgeschichte* 7 (2016), H. 2, S. 239–272

Lacoue-Labarthe, Philippe: *Hölderlin, L'Antigone de Sophocle.* Paris 1978

Lacoue-Labarthe, Philippe: *Metaphrasis. Das Theater Hölderlins. Zwei Vorträge.* Aus dem Französischen übers. von Bernhard Nessler. Freiburg im Breisgau 2001

Lange, Wilhelm: *Hölderlin. Eine Pathologie.* Stuttgart 1909

Laplanche, Jean: *Hölderlin et la question du père.* Paris 1961

Lefebvre, Jean-Pierre: *Auch die Stege sind Holzwege.* In: *HJb* 26 (1988/89), S. 202–223

Lefebvre, Jean-Pierre: *Abschied von ‚Andenken'. Erörtern heißt hier verorten.* In: *HJb* 35 (2006/07), S. 227–251

Lefebvre, Jean-Pierre: *Frankreich (Dezember 1801 – Juni 1802).* In: *Hölderlin-Handbuch. Leben – Werk – Wirkung.* Hg. von Johann Kreuzer. Stuttgart und Weimar [2002] ²2020, S. 52–56

Lemke, Anja: *Die Tragödie der Repräsentation – Theater und Politik in Hölderlins ‚Empedokles'-Projekt.* In: *HJb* 37 (2010/11), S. 68–88

Leyen, Friedrich von der: *Norbert von Hellingrath und Hölderlins Wiederkehr.* In: *HJb* 11 (1958–1960), S. 1–16

Link, Jürgen: *Hölderlin-Rousseau: Inventive Rückkehr.* Opladen und Wiesbaden 1999

Link, Jürgen: *Naturgeschichtliche Modellsymbolik und Hermetik in Hölderlins Hymne nach 1802 (mit einem näheren Blick auf ‚Die Titanen').* In: *Krisen des Verstehens um 1800.* Hg. von Sandra Heinen und Harald Nehr. Würzburg 2004, S. 153–167

Link, Jürgen: *Hölderlins Fluchtlinie Griechenland.* Göttingen 2020

Link, Jürgen/Parr, Rolf (Hg.): *Hölderlin: Deutsch-Französisch. kultuRRevolution. Zeitschrift für angewandte Diskurstheorie* 35 (1997)

Lorenzini, Niva: *Dire il silenzio: la poesia di Andrea Zanzotto.* Rom 2014

Lörincz, Csongor: *Haptopoetik: Bilder an der Grenze (Hölderlin: Hälfte des Lebens).* In: *Das lyrische Bild.* Hg. von Gottfried Boehm, Ralf Simon, Nina Herres und Csongor Lörincz. München und Paderborn 2010, S. 181–221

Louth, Charlie: *Hölderlin and the Dynamics of Translation.* Oxford 1998

Lübcke, Sebastian: *Erfüllungspoetiken. Nachleben des ewigen Lebens bei Klopstock, Hölderlin, Rückert, George und den Surrealisten.* Berlin 2019

Manger, Klaus: *Die Königszäsur. Zu Hölderlins Gegenwart in Celans Gedicht.* In: *HJb* 23 (1982/83), S. 156–165

Martens, Gunter: *Hölderlin-Rezeption in der Nachfolge Nietzsches – Stationen der Aneignung eines Dichters.* In: *HJb* 23 (1982/83), S. 54–78

Martens, Gunter: *‚Das Eine in sich selber unterschiedne'. Das Wesen der Schönheit als Strukturgesetz in Hölderlins ‚Hyperion'.* In: *Neue Wege zu Hölderlin.* Hg. von Uwe Beyer. Würzburg 1994, S. 185–198

Meier, Lars: *Konzepte ästhetischer Erziehung bei Schiller und Hölderlin.* Bielefeld 2015

Menninghaus, Winfried: *Zwischen Überwältigung und Widerstand. Macht und Gewalt in Longins und Kants Theorie des Erhabenen*. In: *Poetica* 23 (1991), S. 1–19

Menninghaus, Winfried: *Hälfte des Lebens. Versuch über Hölderlins Poetik*. Frankfurt am Main 2005

Meuer, Marlene: *Polarisierungen der Antike. Antike und Abendland im Widerstreit – Modellierungen eines Kulturkonflikts im Zeitalter der Aufklärung*. Heidelberg 2017

Mieth, Günter: *Friedrich Hölderlin. Zeit und Schicksal. Vorträge 1962–2006*. Würzburg 2007

Mohagheghi, Yashar: *Fest und Zeitenwende. Französische Revolution und die Festkultur des 18. Jahrhunderts bei Hölderlin*. Berlin 2019

Mommsen, Momme: *Hölderlins Lösung von Schiller. Zu Hölderlins Gedichten ‚An Herkules' und ‚Die Eichbäume' und den Übersetzungen aus Ovid, Vergil und Euripides*. In: *Jahrbuch der Deutschen Schillergesellschaft* 9 (1965), S. 202–244

Most, Glenn W.: *Die Poetik der frühen griechischen Philosophie*. In: *Handbuch frühe griechische Philosophie. Von Thales bis zu den Sophisten*. Hg. von A. A. Long. Aus dem Englischen übers. von Karlheinz Hülser. Stuttgart und Weimar 2001, S. 304–331

Mounier, Jacques: *La fortune des écrits de Jean-Jacques Rousseau dans les pays de langue allemande de 1782 à 1813*. Paris 1980

Müller, Richard Matthias: *Die deutsche Klassik. Wesen und Geschichte im Spiegel des Strommotivs*. Bonn 1959

Nägele, Rainer: *Andenken an ‚Hyperion'*. In: *‚Hyperion' – Terra Incognita. Expeditionen in Hölderlins Roman*. Hg. von Hansjörg Bay. Opladen und Wiesbaden 1998, S. 17–38

Nägele, Rainer: *Hölderlins Kritik der poetischen Vernunft*. Basel, Weil am Rhein und Wien 2005

Nägele, Rainer: *Vom Deuten und Missdeuten. Hölderlin und seine Komponisten.* In: *Hölderlin – Entdeckungen. Studien zur Rezeption. Texte – Klänge – Bilder.* Hg. von Ute Oelmann. Stuttgart 2008, S. 75–95

Nebrig, Alexander: *Der Standort des lyrischen Wir. Hölderlins kontrastive Exposition zum ‚Ister' und das Ende der traditionellen Stromdichtung.* In: *Deutsche Vierteljahrsschrift für Literaturwissenschaft und Geistesgeschichte* 94 (2020), H. 3, S. 319–346

Neumann, Peter: *Sternstunden. Jena 1800 und der Aufbruch in die Moderne.* München 2019

Oelmann, Ute: *‚Der Frühling' und ‚Der Herbst'.* In: *Interpretationen. Gedichte von Friedrich Hölderlin.* Hg. von Gerhard Kurz. Stuttgart 2010, S. 200–212

Ota, Koji: *Der freie Gebrauch des Eigenen. Zur Konzeption von Bildung und ästhetischer Erziehung bei Friedrich Hölderlin.* Würzburg 2021

Peters, Uwe Henrik: *Hölderlin. Wider die These vom edlen Simulanten.* Reinbek 1982

Pfotenhauer, Helmut: *Dionysos. Heinse – Hölderlin – Nietzsche.* In: *HJb* 26 (1988/89), S. 38–59

Philipsen, Bart: *Die List der Einfalt. NachLese zu Hölderlins spätesten Dichtungen.* München 1995

Philipsen, Bart: *„Knallharte Gedächtniskunst". Friedrich Hölderlin als Intertext in Friederike Mayröckers ‚Scardanelli'.* In: *Fragen zum Lyrischen in Friederike Mayröckers Poesie.* Hg. von Inge Arteel und Eleonore De Felip. Berlin 2020, S. 115–135

Previšić, Boris: *Hölderlins Rhythmus. Ein Handbuch.* Frankfurt am Main und Basel 2008

Prignitz, Christoph: *Friedrich Hölderlin. Die Entwicklung seines politischen Denkens unter dem Einfluss der Französischen Revolution.* Hamburg 1976

Raabe, Paul: *Die Briefe Hölderlins. Studien zur Entwicklung und Persönlichkeit des Dichters*. Stuttgart 1963

Reisinger, Peter: *Hölderlin zwischen Fichte und Spinoza oder Der Weg zu Hegel*. In: *Poetische Autonomie? Zur Wechselwirkung von Dichtung und Poesie in der Epoche Goethes und Hölderlins*. Hg. von Helmut Bachmaier und Thomas Rentsch. Stuttgart 1987, S. 15–69

Reitani, Luigi: *Ortserkundungen, Raumverwandlungen. Zur poetischen Topographie Hölderlins*. In: *HJb* 35 (2006/07), S. 9–29

Reuß, Roland: *‚… / Die eigene Rede des andern'. Hölderlins ‚Andenken' und ‚Mnemosyne'*. Frankfurt am Main und Basel 1990

Roth, Stefanie: *Friedrich Hölderlin und die deutsche Frühromantik*. Stuttgart 1991

Ryan, Lawrence: *Hölderlins Lehre vom Wechsel der Töne*. Stuttgart 1960

Ryan, Lawrence: *Hölderlins ‚Hyperion'. Exzentrische Bahn und Dichterberuf*. Stuttgart 1965

Ryan, Lawrence: *‚So kam ich unter die Deutschen.' Hyperions Weg in die Heimat*. In: *HJb* 31 (1998/99), S. 99–122

Ryan, Lawrence: *‚Vaterländisch und natürlich, eigentlich originell'. Hölderlins Briefe an Böhlendorff*. In: *HJb* 34 (2004/05), S. 246–276

Sattler, Dietrich E.: *Friedrich Hölderlin. ‚Frankfurter Ausgabe'. Editionsprinzipien und Editionsmodell*. In: *HJb* 19/20 (1975–1977), S. 112–130

Schadewaldt, Wolfgang: *Das Bild der exzentrischen Bahn*. In: *HJb* 6 (1952), S. 1–16

Schadewaldt, Wolfgang: *Die Empedokles-Tragödie Hölderlins*. In: *HJb* 11 (1958–1960), S. 40–54

Schmidt, Jochen: *Der Begriff des Zorns in Hölderlins Spätwerk*. In: *HJb* 15 (1967/68), S. 128–157

Schmidt, Jochen: *Hölderlins letzte Hymnen. ‚Andenken' und ‚Mnemosyne'*. Tübingen 1970

Schmidt, Jochen: *Sobria ebrietas. Hölderlins ‚Hälfte des Lebens'*. In: *HJb* 23 (1982/83), S. 182–190

Schmidt, Jochen: *Hölderlins geschichtsphilosophische Hymnen ‚Friedensfeier', ‚Der Einzige', ‚Patmos'*. Darmstadt 1990

Schmidt, Jochen: *Deutschland und Frankreich als Gegenmodelle in Hölderlins Geschichtsdenken. Evolution statt Revolution*. In: *Dichter und ihre Nation*. Hg. von Helmut Scheuer. Frankfurt am Main 1993, S. 176–199

Schmidt, Jochen: *Stoischer Pantheismus als Medium des Säkularisierungsprozesses und als Psychotherapeutikum um 1800. Hölderlins ‚Hyperion'*. In: *Jahrbuch der Deutschen Schillergesellschaft* 51 (2007), S. 183–204

Schmidt, Johannes: *‚So wäre alle Religion ihrem Wesen nach poetisch'. Herders Wirkung auf Hölderlin*. In: *Herder und seine Wirkung/Herder and His Impact. Beiträge zur Konferenz der Internationalen Herder-Gesellschaft, Jena 2008*. Hg. von Michael Maurer. Heidelberg 2014, S. 121–134

Schmidt, Thomas (Hg.): *Hölderlin. 2020. Programm. Das Jubiläumsjahr*. Marbach 2020

Schröder, Thomas: *Poetik als Naturgeschichte. Hölderlins fortgesetzte Säkularisation des Schönen*. Lüneburg 1995

Schütze, Oliver: *Natur und Geschichte im Blick des Wanderers. Zur lyrischen Situation bei Bobrowski und Hölderlin*. Würzburg 1990

Schwarze, Axel: *Poetische Selbstverständigung im Anderen. Die literarische Hölderlin-Biographik der 70er Jahre als Doppelportrait*. Essen 1987

Schwerte, Hans: *Aorgisch*. In: *Germanisch-Romanische Monatsschrift* 3 (1953), S. 29–38

Seifert, Albrecht: *Untersuchungen zu Hölderlins Pindar-Rezeption*. München 1982

Simon, Ralf: *Bildpolitiken der Erhabenheit. Herder (‚Kalligone'), Jean Paul (‚Vorschule'), Kleist (‚Cäcilie'), Hölderlin (‚Friedensfeier')*. In: *Germanisch-Romanische Monatsschrift* 57 (2007), H. 1, S. 91–111

Stanitzek, Georg: *Blödigkeit. Beschreibungen des Individuums im 18. Jahrhundert.* Tübingen 1989

Stefa, Niketa: *Schiller und Hölderlin. Die Bedeutung der Tragödie um 1800.* In: *Weimarer Beiträge* 54 (2008), H. 1, S. 5–24

Stefa, Niketa: *Die Entgegensetzung in Hölderlins Poetologie.* Würzburg 2011

Stierle, Karlheinz: *Die Friedensfeier. Sprache und Fest im revolutionären und nachrevolutionären Frankreich und bei Hölderlin.* In: *Poetik und Hermeneutik*, Bd. 14: *Das Fest.* Hg. von Walter Haug und Rainer Warning. München 1989, S. 481–525

Stolzenberg, Jürgen: *‚Subjektivität ist das Absolute nicht und nicht das Letzte'. Hölderlin-Vertonungen nach 1945.* In: *Hölderlin in der Moderne. Kolloquium für Dieter Henrich zum 85. Geburtstag.* Hg. von Friedrich Vollhardt. Berlin 2014, S. 171–194

Theunissen, Michael: *Pindar. Menschenlos und Wende der Zeit.* München 2000

Vöhler, Martin: *Hölderlins Longin-Rezeption.* In: *HJb* 28 (1992/93), S. 152–172

Vöhler, Martin: *‚Danken möcht' ich, aber wofür?' Zur Tradition und Komposition von Hölderlins Hymnik.* München 1997

Vöhler, Martin: *Hölderlins Pindar. Zum Öffentlichkeitsbezug von Hölderlins ‚Spätwerk'.* In: *HJb* 41 (2018/19), S. 33–54

Waibel, Violetta L.: *Hölderlin und Fichte: 1794–1800.* Paderborn, Leiden, Boston u. a. 2000

Walde, Christine/Brandt, Rüdiger/Fröhlich, Jürgen/Seidel, Kurt Otto: *Obscuritas.* In: *Historisches Wörterbuch der Rhetorik*, Bd. 6 (Must–Pop). Hg. von Gert Ueding. Tübingen 2003, Sp. 358–383

Wegenast, Margarethe: *Hölderlins Spinoza-Rezeption und ihre Bedeutung für die Konzeption des ‚Hyperion'.* Tübingen 1990

Wegenast, Margarethe: *Markstein Spinoza. Schönheit als ‚Nahme deß, das Eins ist und Alles'.* In: *Neue Wege zu Hölderlin.* Hg. von Uwe Beyer. Würzburg 1994, S. 361–385

Weinberg, Manfred: *‚Nächstens mehr.' Erinnerung und Gedächtnis in Hölderlins ‚Hyperion'.* In: *Erinnern und Vergessen in der europäischen Romantik.* Hg. von Günter Oesterle. Würzburg 2001, S. 97–116

Witte, Bernd: *‚ChristosDionysos'. Hölderlin als Stifter einer neuen Religion.* In: *Arcadia* 51 (2016), H. 2, S. 344–362

Wokalek, Marie: *Die schöne Seele als Denkfigur. Zur Semantik von Gewissen und Geschmack bei Rousseau, Wieland, Schiller, Goethe.* Göttingen 2011

Zelle, Carsten: *Die doppelte Ästhetik der Moderne. Revisionen des Schönen von Boileau bis Nietzsche.* Stuttgart und Weimar 1995

Zimmermann, Hans Dieter: *‚Die Götter Griechenlands'. Zu Friedrich Schiller und Friedrich Hölderlin.* In: *Schiller und die Antike.* Hg. von Paolo Chiarini und Walter Hinderer. Würzburg 2008, S. 75–89

## 4. Sonstiges

*Hölderlinfilme*

Bergmann, Harald: *Lyrische Suite. Das untergehende Vaterland.* Deutschland 1992

Bergmann, Harald: *Hölderlin Comics.* Deutschland 1994

Bergmann, Harald: *Scardanelli.* Deutschland 2000

Bergmann, Harald: *Passion Hölderlin.* Deutschland 2003

Huillet, Danièle: *Der Tod des Empedokles.* Westdeutschland 1987

Huillet, Danièle/Straub, Jean-Marie: *Die Antigone des Sophokles nach der Hölderlinschen Übertragung für die Bühne bearbeitet von Brecht.* Deutschland 1992

Schmutte, Hedwig/Lambert, Rolf: *Friedrich Hölderlin – Dichter sein. Unbedingt!* Deutschland 2020

Zschoche, Herrmann: *Hälfte des Lebens.* DDR 1985

*Weblinks*


https://homburgfolio.wlb-stuttgart.de [Homburger Folioheft]

https://www.wlb-stuttgart.de/sammlungen/hoelderlin-archiv/bestand/erschliessung/internationale-hoelderlin-bibliographie [Internationale Hölderlin-Bibliographie]

https://www.wlb-stuttgart.de/sammlungen/hoelderlin-archiv/sammlung-digital/zur-stuttgarter-hoelderlin-ausgabe-online [Stuttgarter Hölderlin-Ausgabe]

https://www.hoelderlin-gesellschaft.de [Website der Hölderlin-Gesellschaft]

https://www.wlb-stuttgart.de/index.php?id=25 [Website des Hölderlin-Archivs]

https://www.tuebingen.de/hoelderlinturm [Website des Hölderlinturms]

# Abbildungsverzeichnis

35 Herzog Carl Eugen von Württemberg, Gemälde von Pompeo Batoni (1753); https://commons.wikimedia.org/wiki/Category:Charles_Eugene,_Duke_of_W%C3%BCrttemberg#/media/File:Carl_Eugen_von_Pompeo_Batoni.jpg

36 Christian Ludwig Neuffer (1829); https://commons.wikimedia.org/wiki/Category:Christian_Ludwig_Neuffer?uselang=de#/media/File:Ludwig_Neuffer.jpg

43 Haus der Familie Gontard, Lithografie von J. Fay (um 1840); https://de.wikipedia.org/wiki/Wei%C3%9Fer_Hirsch_(Frankfurt_am_Main)#/media/Datei:Frankfurt_Wei%C3%9Fer_Hirsch_um_1840.jpg

43 Susette Gontard, gemalt von Elisabeth Sömmering; https://de.wikipedia.org/wiki/Susette_Gontard#/media/Datei:Susette_Gontard_1.jpg

43 Hölderlin, Schattenriss (um 1797); https://commons.wikimedia.org/w/index.php?curid=32471422

46 Isaac von Sinclair, Gemälde von Favorin Lerebours (1808); https://de.wikipedia.org/wiki/Isaac_von_Sinclair#/media/Datei:Isaac-von-Sinclair.jpg

49 Friedrich Georg Weitsch: *Die Friedensgöttin tröstet Germania*, Allegorie auf den Frieden von Lunéville (1801) https://de.wikipedia.org/wiki/Friede_von_Lun%C3%A9ville#/media/Datei:Bilderrevolution0057.jpg

51 Musée Napoléon https://commons.wikimedia.org/wiki/File:Mus%C3%A9e_Napol%C3%A9on_III.jpg

52 Georg Friedrich Kersting: *Apoll lenkt den Sonnenwagen* (1822); https://de.wikipedia.org/wiki/Apollon#/media/Datei:Kersting_-_Apoll_mit_den_Stunden.jpg

56 Autenrieth'sche Masken, Zeichnung aus einem psychiatrischen Lehrbuch; https://de.wikipedia.org/wiki/Johann_Heinrich_Ferdinand_Autenrieth#/media/Datei:Autenrieth_mask.jpg

56 Hölderlinturm; von Felix König – Eigenes Werk, CC BY 3.0, https://commons.wikimedia.org/w/index.php?curid=50497801

56 Hölderlin, Bleistiftzeichnung von Johann Georg Schreiner und Rudolf Lohbauer (1823), Deutsches Literaturarchiv Marbach

56 Hölderlin, Bleistiftzeichnung von Louise Keller (1842), Deutsches Literaturarchiv Marbach

59 Hölderlins Grab in Tübingen; https://commons.wikimedia.org/wiki/File:T%C3%BCbingen_Grab_H%C3%B6lderlin_2009.jpg

64 Charles Perrault, Gemälde von Charles Le Brun; https://en.wikipedia.org/wiki/File:ChPerrault.jpg#/media/File:Charles.Perrault.jpg

64 Nicolas Boileau, Gemälde von Hyacinthe Rigaud; https://de.wikipedia.org/wiki/Nicolas_Boileau#/media/Datei:Nicolas_Boileau.jpg

65 Johann Joachim Winckelmann, Gemälde von Christian Ferdinand Sebastian Hartmann; https://de.wikipedia.org/wiki/Datei:WinckelmannJJ.jpg

88 Napoleon, Gemälde von Jacques-Louis David; https://en.wikipedia.org/wiki/File:Jacques-Louis_David_-_The_Emperor_Napoleon_in_His_Study_at_the_Tuileries_-_Google_Art_Project.jpg

88 Jacques-Louis David: *Die Krönung in Notre Dame* (1804). Napoleon, der sich zuvor selbst gekrönt hat, setzt seiner Gemahlin Joséphine die Krone auf; https://de.wikipedia.org/wiki/Franz%C3%B6sische_Revolution#/media/Datei:Jacques-Louis_David,_The_Coronation_of_Napoleon.jpg

90 Immanuel Kant, Gemälde von Johann Gottlieb Becker (1768); https://en.wikipedia.org/wiki/File:Kant_gemaelde_3.jpg

92 Baruch de Spinoza, Gemälde (um 1665); https://de.wikipedia.org/wiki/Baruch_de_Spinoza#/media/Datei:Spinoza.jpg

94 Johann Gottlieb Fichte, Zeichnung von Friedrich Bury (1801); https://commons.wikimedia.org/wiki/Category:Johann_Gottlieb_Fichte?uselang=de#/media/File:Friedrich_Bury_-_Johann_Gottlieb_Fichte_1801.jpg

97 Johann Moreelse: Heraklit (um 1630); https://de.wikipedia.org/wiki/Heraklit#/media/Datei:Heraclitus,_Johannes_Moreelse.jpg

99 Friedrich Wilhelm Joseph Schelling, Gemälde von Joseph Karl Stieler (1835); https://de.wikipedia.org/wiki/Friedrich_Wilhelm_Joseph_Schelling#/media/Datei:Nb_pinacoteca_stieler_friedrich_wilhelm_joseph_von_schelling.jpg

104 Hegel (rechts) und Napoleon in Jena 1806, Illustration aus *Harper's Magazine* (1895); https://de.wikipedia.org/wiki/Georg_Wilhelm_Friedrich_Hegel#/media/Datei:Hegel-and-Napoleon-in-Jena-1806.jpg

104 Hegel, Porträt von Carl Mittag; https://upload.wikimedia.org/wikipedia/commons/d/d4/Hegel_by_Mittag.jpg

104 Hegel, Porträt von Jakob Schlesinger; https://de.wikipedia.org/wiki/Georg_Wilhelm_Friedrich_Hegel#/media/Datei:1831_Schlesinger_Philosoph_Georg_Friedrich_Wilhelm_Hegel_anagoria.JPG

104 Hegel, Lithografie von Ludwig Sebbers; https://de.wikipedia.org/wiki/Georg_Wilhelm_Friedrich_Hegel#/media/Datei:Georg_Wilhelm_Friedrich_Hegel_by_Julius_Ludwig_Sebbers.jpg

111 Römische Kopie eines griechischen Platonporträts; https://de.wikipedia.org/wiki/Platon#/media/Datei:Head_Platon_Glyptothek_Munich_548.jpg

111 Platons Akademie; https://www.wikiwand.com/de/Platonische_Akademie

114 Anselm Feuerbach: *Das Gastmahl Platons*; https://de.wikipedia.org/wiki/Datei:1874_Feuerbach_Gastmahl_Platon_anagoria.JPG

114 József Simmler: *Diotima von Mantinea* (1855); https://en.wikipedia.org/wiki/Diotima_of_Mantinea#/media/File:Simmler-Deotyma.jpg

121 Pindar, Nachbildung aus römischer Zeit nach einem griechischen Original aus dem 5. Jh. v. Chr.; https://de.wikipedia.org/wiki/Pindar#/media/Datei:Pindar_Musei_Capitolini_MC586.jpg

180 Rousseau, Porträt von Allan Ramsay (1766); https://de.wikipedia.org/wiki/Jean-Jacques_Rousseau#/media/Datei:Ramsey_Jean_Jacques_Rousseau_1766.jpg

182 Sebastiaen Vranx: *Das Elysium* (um 1600); https://en.wiktionary.org/wiki/Elysian#/media/File:Enee_meeting_with_his_father_in_the_Elysium-Sebastien_Vrancx-MBA_Lyon_H1153-IMG_0415.jpg

183 Schiller, Ölgemälde von Anton Graff (1791); https://de.wikipedia.org/wiki/Friedrich_Schiller#/media/Datei:Anton_Graff_-_Friedrich_Schiller.jpg

184 Manuskriptseite von *Die Eichbäume*; https://www.wikiwand.com/de/Die_Eichb%C3%A4ume_(H%C3%B6lderlin)

187 François Rude: *Die Ankunft des Marseiller Bataillons im Jahr 1792*; https://en.wikipedia.org/wiki/La_Marseillaise#/media/File:Le_D%C3%A9part_des_Volontaires_(La_Marseillaise)_par_Rude,_Arc_de_Triomphe_Etoile_Paris.jpg

188 Marseillaise; https://francesays.com/2018/12/06/la-marseillaise/

191 Herder, Porträt von Gerhard von Kügelgen (1809); https://commons.wikimedia.org/wiki/Johann_Gottfried_Herder?uselang=de#/media/File:Herder_by_K%C3%BCgelgen.jpg

192 Gioacchino Assereto: *Tantalus* (um 1640); https://de.wikipedia.org/wiki/Datei:Tantalus_Gioacchino_Assereto_circa1640s.jpg

193 Hesiod, Teil des Monnus-Mosaiks, 3. oder 4. Jahrhundert, Rheinisches Landesmuseum Trier; https://livingpoets.dur.ac.uk/w/File:The_Monnus-Mosaic_Hesiod.jpg

193 Die *Theogonie* (mit Scholien) in einer 1319 geschriebenen Handschrift Venedig, Biblioteca Marciana, Gr. 464, fol. 158v; https://de.wikipedia.org/wiki/Theogonie#/media/Datei:Hesiod,_Theogony,_Venice,_Gr._464.jpg

194 Cornelis van Haarlem: *Der Fall der Titanen* (1588); https://de.wikipedia.org/wiki/Titanomachie#/media/Datei:Cornelis_Cornelisz._van_Haarlem_002.jpg

196 Lucas Cranach d. Ä.: *Das Goldene Zeitalter* (um 1530); https://de.wikipedia.org/wiki/Goldenes_Zeitalter#/media/Datei:Goldenes-Zeitalter-1530-2.jpg

207 Jacques-Raymond Brascassat: *Sicht auf Bordeaux* (1822); https://commons.wikimedia.org/wiki/Category:Paintings_of_Bordeaux#/media/File:Jacques-Raymond_Brascassat_-_Deux_vues_de_Bordeaux_(1).jpg

207 Claude-Joseph Vernet: *Der Hafen von Bordeaux* (1759); https://en.wikipedia.org/wiki/Bordeaux#/media/File:Deuxieme_vue_du_port_de_Bordeaux_prise_du_ch%C3%A2teau_Trompette.jpg

213 John Vanderlyn: *Christopher Kolumbus' Ankunft in Amerika* (1847); https://commons.wikimedia.org/wiki/Category:Landing_of_Columbus_by_John_Vanderlyn#/media/File:Landing_of_Columbus_(2).jpg

220 Kentaur im Kampf gegen Raubkatzen, Mosaik aus der Villa Hadriana bei Tivoli (118–138 n. Chr.); https://de.wikipedia.org/wiki/Kentaur#/media/Datei:Kentauren_Mosaik.jpg

Der Autor hat alle Angaben zum Bildmaterial nach bestem Wissen und Gewissen zusammengestellt. Urheber beziehungsweise Rechtsinhaber werden gebeten, mit dem Verlag Kontakt aufzunehmen, sofern trotz sorgfältiger Prüfung Bildrechte verletzt wurden. Herzlich gedankt sei der Freien Universität Berlin, der Johann Wolfgang Goethe-Universität in Frankfurt am Main, der Württembergischen Landesbibliothek in Stuttgart sowie Mathias Bertram für die unkomplizierte Bereitstellung von Bildmaterial.

# Register

## Werkregister

## Personenregister

## Sachregister

# Strophenformen

## Alkäische Ode

◡ – ◡ – ◡ – ◡ ◡ – ◡ –

◡ – ◡ – ◡ – ◡ ◡ – ◡ –

◡ – ◡ – ◡ – ◡ – ◡

– ◡ ◡ – ◡ ◡ – ◡ – ◡

## Asklepiadische Ode

– ◡ – ◡ ◡ – – ◡ ◡ – ◡ –

– ◡ – ◡ ◡ – – ◡ ◡ – ◡ –

– ◡ – ◡ ◡ – ◡

– ◡ – ◡ ◡ – ◡ –

## Elegisches Distichon

– ◡ ◡ – ◡ ◡ – ◡ ◡ – ◡ ◡ – ◡ ◡ – ◡ (= Hexameter)

– ◡ ◡ – ◡ ◡ – – ◡ ◡ – ◡ ◡ – (= Pentameter)

## Sapphische Ode

– ◡ ◡ – ◡ – ◡ – ◡ – ◡

– ◡ – ◡ ◡ – ◡ – ◡ – ◡

– ◡ – ◡ – ◡ – ◡ ◡ – ◡

– ◡ ◡ – ◡

Bisher erschienen

268 Seiten , 14,90 €
Paperback 17 x 17 cm
ISBN 978-3-8288-2924-4

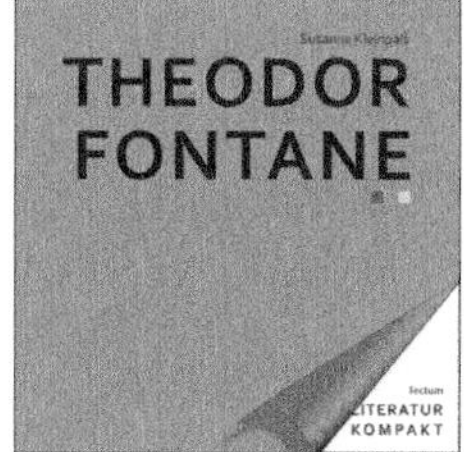


240 Seiten, 14,90 €
Paperback 17 x 17 cm
ISBN 978-3-8288-2925-1

240 Seiten, 14,90 €
Paperback 17 x 17 cm
ISBN 978-3-8288-2969-5

192 Seiten, 14,90 €
Paperback 17 x 17 cm
ISBN 978-3-8288-2970-1

270 Seiten, 14,90 €
Paperback 17 x 17 cm
ISBN 978-3-8288-3118-6

224 Seiten, 14,90 €
Paperback 17 x 17 cm
ISBN 978-3-8288-3119-3

270 Seiten, 14,90 €
Paperback 17 x 17 cm
ISBN 978-3-8288-3291-6

224 Seiten, 14,90 €
Paperback 17 x 17 cm
ISBN 978-3-8288-3327-2

208 Seiten, 14,90 €
Paperback 17 x 17 cm
ISBN 978-3-8288-3486-6

Bisher erschienen

208 Seiten , 14,90 €
Paperback 17 x 17 cm
ISBN 978-3-8288-3531-3

216 Seiten, 14,90 €
Paperback 17 x 17 cm
ISBN 978-3-8288-3758-4

240 Seiten, 14,90 €
Paperback 17 x 17 cm
ISBN 978-3-8288-3908-3

252 Seiten, 14,90 €
Paperback 17 x 17 cm
ISBN 978-3-8288-4016-4

252 Seiten, 14,90 €
Paperback 17 x 17 cm
ISBN 978-3-8288-4208-3

216 Seiten, 14,90 €
Paperback 17 x 17 cm
ISBN 978-3-8288-4228-1

228 Seiten, 14,90 €
Paperback 17 x 17 cm
ISBN 978-3-8288-4448-3

306 Seiten, 14,90 €
Paperback 17 x 17 cm
ISBN 978-3-8288-4449-0

258 Seiten, 14,90 €
Paperback 17 x 17 cm
ISBN 978-3-8288-4467-4

Bisher erschienen

256 Seiten, 14,90 €
Paperback 17 x 17 cm
ISBN 978-3-8288-4667-8

242 Seiten, 14,90 €
Paperback 17 x 17 cm
ISBN 978-3-8288-4624-1

306 Seiten, 14,90 €
Paperback 17 x 17 cm
ISBN 978-3-8288-4285-4